俄语时政报刊阅读

主编 王晓捷 姜丽娜 苏崇阳 王钰茹 李 静

东南大学出版社
SOUTHEAST UNIVERSITY PRESS
·南京·

内容简介

本教材分为十二个专题，每个专题设置两篇文章，既有对专题内容的总体介绍，也有对所涉专题中重点和热点问题的单独把握，以方便学习者在学习语言知识的同时，了解有关俄罗斯的方方面面。每篇文章后还设置了形式多样的练习，以供巩固和提高。

本书适用于相关专业及从事相关研究的学生及专业人士。

图书在版编目(CIP)数据

俄语时政报刊阅读 / 王晓捷等主编. — 南京：东南大学出版社，2023.1
 ISBN 978-7-5766-0346-0

Ⅰ.①俄… Ⅱ.①王… Ⅲ.①俄语-阅读教学-自学参考资料 Ⅳ.①H359.4

中国版本图书馆 CIP 数据核字(2022)第 229127 号

责任编辑：刘 坚 责任校对：张万莹 封面设计：余武莉 责任印制：周荣虎

俄语时政报刊阅读
Eyu Shizheng Baokan Yuedu

主　编	王晓捷等
出版发行	东南大学出版社
社　址	南京市四牌楼2号(邮编:210096　电话:025-83793330)
经　销	全国各地新华书店
印　刷	南京京新印刷有限公司
开　本	787 mm×1092 mm　1/16
印　张	14.75
字　数	350 千字
版　次	2023 年 1 月第 1 版
印　次	2023 年 1 月第 1 次印刷
书　号	ISBN 978-7-5766-0346-0
定　价	68.00 元

本社图书若有印装质量问题，请直接与营销部联系，电话:025-83791830。

前言 PREFACE

随着科学技术的不断进步，互联网、移动终端等新媒体为大众媒体的发展注入了新的活力，但作为传统媒体的纸媒报刊仍然具有旺盛的生命力。俄语报刊是俄罗斯社会的一面镜子，它具有贴近时代和大众、贴近现实和生活、内容丰富、语言新颖等特点，从不同视角反映了俄罗斯社会生活的各个领域，内容包含了俄罗斯的政治、经济、社会、文化、科技、教育、医疗、娱乐、军事、体育和国际事务等。

随着我国与"一带一路"沿线国家的各领域交往不断发展和深化，对于外语人才的能力和素质提出了更高要求，俄语报刊阅读课的重要性因而也日益凸显，越来越多的高校为俄语专业和非俄语专业开设了这门课程。

《俄语时政报刊阅读》的选材标准为：专题引领，题材广泛，内容丰富，语言鲜明，知识面广，时效性长。教材的最大特色在于文章的选择，所选文章均来自俄罗斯各大主流报纸和具有一定知名度、影响力的杂志，绝大多数所选文章是2017年后刊载的，展现当代俄罗斯风貌。本教材适用于俄语专业高年级和同等俄语水平者使用。

教材全面系统介绍俄罗斯政治、经济、社会、文化、国情等领域的最新动向，使读者学习语言知识的同时，了解俄罗斯气候环境、政治体制、经济金融、法律法制、科技教育、文化艺术、医疗卫生、灾害事故、体育与运动、社会问题、军事建设、外交与国际关系等各个领域的最新情况，掌握俄罗斯时政报刊文章的基本语言特色和表述方法，了解相关领域俄语词汇和短语的意义与用法。

本教材分为十二个专题，分别为俄罗斯政治活动、经济金融、法律法制、社会问题、文化教育、卫生健康、企业经营、气候与环境、灾害与事故、体育娱乐、国际事务、军队建设等等；每个专题设置两篇文章，两篇文章既有对专题内容的总体介绍，也有对所涉专题中重点和热点问题的单独把握，这样，读者能够深入理解专题内容和相关知识，在学习语言知识的同时，了解并掌握俄罗斯社会生活的方方面面。每篇阅读文章后设置相应生词词组释义，并围绕文章内容搭配配套课后习题，练习题涵盖单项选择、俄汉翻译、按内容回答问题和开放型讨论等多种题型，旨在从说、读、写、译几个方面进行针对性练习。读者通过阅读和学习后能够快速了解俄罗斯的方方面面，扩宽自己的视野，在进行语言技能训练的同时又丰富了国情知识储备。

目录 CONTENTS

ГЛАВА I ПОЛИТИЧЕСКИЕ ДЕЯТЕЛЬНОСТИ ·················· 001

    1.1 «Единая Россия» дала пять ·················· 001

    1.2 Пятый элемент: сколько партий проходит в Госдуму восьмого созыва ·················· 009

ГЛАВА II ЭКОНОМИКА И ФИНАНСЫ ·················· 019

    2.1 В 2020 году экономика России сократилась меньше, чем ожидалось, но проблемы на пути к восстановлению остаются ·················· 019

    2.2 Закрыто навсегда ·················· 026

ГЛАВА III ЗАКОНЫ ·················· 033

    3.1 Расставить сеть: Путин поручил МВД усилить мониторинг интернет-пространства и реагировать на вовлечение детей в незаконные акции ·················· 033

    3.2 Дела внутренние: количество преступлений в России за 10 лет снизилось на 22% ·················· 041

ГЛАВА IV СОЦИАЛЬНЫЕ ПРОБЛЕМЫ ·················· 051

    4.1 Когда вечная память изменяет ·················· 051

    4.2 Ячейка общества ·················· 060

ГЛАВА V КУЛЬТУРА И ОБРАЗОВАНИЕ ·················· 071

    5.1 Дачная культура России ·················· 071

    5.2 ЕГЭ-2021: сдачи не найдется? ·················· 081

ГЛАВА VI МЕДИЦИНА И ЗДРАВООХРАНЕНИЕ ·················· 093

    6.1 Как изменится российская медицина ·················· 093

6.2 Коронавирус навсегда? ····· 106

ГЛАВА VII ДЕЯТЕЛЬНОСТИ ПРЕДПРИЯТИЙ ····· 119
7.1 Ozon: прибыль на горизонте? ····· 119
7.2 «Аэрофлот» отправляется на юг ····· 131

ГЛАВА VIII КЛИМАТ И ОКРУЖАЮЩАЯ СРЕДА ····· 138
8.1 Росгидрометцентр: Глобальное потепление увеличит площади пахотных земель РФ ····· 138
8.2 События 2019 года, которые повлияли на окружающую среду ····· 149

ГЛАВА IX КАТАСТРОФЫ И АВАРИИ ····· 156
9.1 Столкновение масловоза и пассажирского автобуса в Ростовской области ····· 156
9.2 Наводнение. Год спустя ····· 167

ГЛАВА X СПОРТ И ДОСУГ ····· 174
10.1 Призеры 25 лет спустя: Россия впечатляет в гимнастике и плавании ····· 174
10.2 Худрук МХАТ Эдуард Бояков: "Скоро здесь будет абсолютно другая реальность" ····· 180

ГЛАВА XI МЕЖДУНАРОДНЫЕ СОБЫТИЯ ····· 188
11.1 Выбор президентов: чем Путин и Байден обнадежили мировое сообщество ····· 188
11.2 Фрау-эффект: о чем Меркель три часа говорила с президентом РФ ····· 197

ГЛАВА XII ВОЕННОЕ СТРОИТЕЛЬСТВО ····· 203
12.1 Вооружённые Силы России сделали огромный рывок в развитии ····· 203
12.2 Мужские игры на свежем воздухе Сергей Шойгу - о танковом биатлоне ····· 219

ГЛАВА I ПОЛИТИЧЕСКИЕ ДЕЯТЕЛЬНОСТИ

1.1 «Единая Россия» дала пять

Список «Единой России» впервые с 2007 года возглавил не один человек, а пять. Дмитрия Медведева среди них нет. Региональные группы возглавили 48 губернаторов, при этом единороссы не выставили кандидатов в пяти округах.

Без Медведева

На прошедшем в субботу, 19 июня, предвыборном съезде партии власти разрешилась интрига с федеральной частью списка единороссов. Фамилии пятерых лидеров списка предложил президент Владимир Путин: это министр обороны Сергей Шойгу, министр иностранных дел Сергей Лавров, главврач больницы в Коммунарке Денис Проценко, руководитель фонда «Талант и успех» (развивает сочинский центр для одаренных детей «Сириус»), сопредседатель Центрального штаба ОНФ Елена Шмелева и уполномоченный по правам ребенка Анна Кузнецова.

Таким образом, впервые с 2007 года единороссов поведет на выборы не один, а несколько человек. В 2007 году список партиивозглавлял Путин, в 2011-м и 2016-м – Дмитрий Медведев.

Состав лидеров списка был окончательно определен накануне съезда, сказал РБК собеседник в «Единой России».

РБК направил запрос в Минобороны, намерен ли Шойгу взять мандат после выборов или планирует отказаться от него. В МИДе в ответ на аналогичный запрос относительно планов министра посоветовали обратиться в партию. Денис Проценко не ответил на запрос РБК. (Ранее он рассказал, что согласился принять участие в выборах после звонка Путина в день съезда.)

Елена Шмелева сказала РБК, что пока преждевременно говорить о том, возьмет она мандат или откажется от него: «Я пока ничего не планировала, не на том этапе находится кампания». Говорить о чем-то предметно можно будет только после подведения итогов выборов ЦИК, добавила она. По словам Шмелевой, предложение войти в список «Единой России» ей поступило от президента за день до съезда, 18 июня. На вопрос РБК, долго ли она раздумывала, Шмелева ответила отрицательно.

Анна Кузнецова заявила ТАСС, что в случае победы на выборах вопрос о ее дальнейшем месте работы будет зависеть от президента: «Мы команда президента, скажет, куда идти, мы туда пойдем». Предложение войти в список единороссов ей также поступило за день до съезда.

Представляя кандидатов в федеральную часть списка, Путин объяснил, каким подходом руководствовался. Первая пятерка должна выглядеть таким образом, чтобы там были и люди, которые давно в политике, и люди относительно новые, но при этом представляющие наиболее важные направления развития, жизни: «...это поддержка семей с детьми, поддержка детства в целом, это образование в широком смысле слова, от школы до университета, это здравоохранение, это представление интересов страны, отстаивание ее интересов во внешней сфере, на международной арене, и это, конечно, одно из фундаментальных направлений нашей работы – укрепление обороноспособности государства».

Списки обсуждались с Дмитрием Медведевым и другими лидерами партии, уточнил президент.

Медведев в состав пятерки не попал, как и в другие части списка. Объяснения этому Путин не дал.

Ранее источники РБК допускали, что председателя партии может не оказаться в предвыборном списке. Причиной этому они называли низкие рейтинги Медведева.

Какие губернаторы возглавят списки

Как ранее сообщал РБК, «Единая Россия» разделила свой список на 57 региональных групп, большинство из которых возглавили губернаторы. Лидерами или вторыми номерами списков стали 48 глав регионов. В их числе и врио губернаторов, которым в единый день голосования 19 сентября предстоит избираться на первый срок: Артем Здунов (Мордовия), Вячеслав Гладков (Белгородская область), Олег Мельниченко (Пензенская область), Сергей Меликов (Дагестан), Сергей Меняйло (Северная Осетия).

Возглавили региональные группы и некоторые беспартийные губернаторы: Владимир Уйба (Коми), Андрей Бочаров (Волгоградская область), Александр Евстифеев (Марий Эл), Игорь Кобзев (Иркутская область), Игорь Бабушкин (Астраханская область).

В некоторые региональные группы вошли не один, а сразу два главы региона: это Игорь Бабушкин и Бату Хасиков (группа, объединяющая Астраханскую область и Калмыкию), Сергей Аксенов и Михаил Развожаев (Крым – Севастополь), Глеб Никитин и Николай Любимов (Нижегородская область – Рязанская область – Чувашия), Олег Кувшинников и Андрей Никитин (Вологодская – Новгородская области).

Группу по Алтаю и Алтайскому краю, как и сообщал РБК, возглавил председатель думского комитета по обороне Владимир Шаманов, список по Саратовской области – спикер Госдумы Вячеслав Володин, по Воронежской – вице-спикер Алексей Гордеев. В Санкт-Петербурге произошла замена предполагаемого лидера списка – его возглавил директор Эрмитажа Михаил Пиотровский, хотя ранее партия обещала первое место уходящему в Госдуму спикеру городского заксобрания Вячеславу Макарову. По итогам съезда Макаров стал в списке номером два.

Самую крупную группу, как ранее предсказывал РБК, возглавил вице-премьер – полпред президента в Дальневосточном федеральном округе Юрий Трутнев. В состав группы вошли девять из одиннадцати регионов федерального округа. Группу, объединяющую Курганскую и Тюменскую области, ХМАО и ЯНАО, возглавил полпред президента в Уральском федеральном округе Владимир Якушев. Вторым номером списка стал замсекретаря генсовета «Единой России», бывший министр природных ресурсов Дмитрий Кобылкин.

Кто попал в списки без праймериз

Лидеры региональных групп, как и предусматривалось изначально, в подавляющем большинстве не участвовали в партийных праймериз. Однако по итогам съезда на проходные места в списках оказались включены и другие люди, которые в предварительном голосовании не участвовали. В частности, это замминистра труда и социального развития, бывший замсекретаря генсовета партии Ольга Баталина (Пензенская область), бывший зампред ЦИК Леонид Ивлев (Крым – Севастополь), замначальника кремлевского управления по внутренней политике, куратор Думы и Совета Федерации Денис Степанюк (Московская область). (Включение Степанюка в списки – это промежуточное решение, окончательно вопрос о его дальнейшей карьере будет решаться после выборов, сказали два близких к администрации президента источника РБК.)

Попал в списки без праймериз и бывший глава Пенсионного фонда Максим Топилин – о том, что его приход в Госдуму обсуждается, ранее сообщал РБК. Топилин идет в парламент по Татарстану, в списках он занимает проходное пятое место. Два близких к руководству региона источника РБК рассказали, что глава Татарстана Рустам Минниханов пытался отказаться от включения Топилина в списки, считая, что наличие такой малопопулярной персоны может потянуть результат партии вниз.

Округа без кандидатов

«Единая Россия» выдвинула кандидатов в 220 из 225 одномандатных округов, хотя ранее секретарь генсовета «Единой России» Андрей Турчак заявлял, что партия будет выдвигать кандидатов везде. «Самовыдвиженцы, естественно, могут выдвигаться. Но это не значит, что «Единая Россия» не выдвигает своего кандидата в этом же округе. Партия будет выдвигать своих кандидатов и за них бороться», – уверял он.

Источники в «Единой России» и близкие к Кремлю говорили РБК, что не намерены повторять опыт 2016 года (тогда внутриполитическим блоком Кремля руководил нынешний спикер Госдумы Вячеслав Володин), когда единороссы не выставили кандидатов в 17 округах, уступив их оппозиции. Нежелание повторять этот опыт собеседники РБК объясняли тем, что не намерены играть в поддавки, а также возможными негативными последствиями таких решений. В качестве примера они приводили экс-губернатора Хабаровского края Сергея Фургала, который в 2016 году выиграл в одном из договорных округов. Статус одномандатника, по мнению источников РБК, помог ему набрать популярность и впоследствии одержать победу во втором туре выборов губернатора.

Еще в одном округе – в Адыгее – партия не выставляла никого, чтобы дать возможность избраться в качестве самовыдвиженца одному из влиятельных депутатов фракции ЕР – Владиславу Резнику.

На этот раз по округу Резника единороссы вновь не выставили никого на праймериз, при этом в других бывших договорных территориях кандидаты на праймериз выдвигались, отмечали «Ведомости».

Однако еще на этапе предварительного голосования в партии и администрации президента стали обсуждать возможность, чтобы все-таки освободить ряд округов под других согласованных в Кремле кандидатов и не выдвигать никого, рассказал РБК один из единороссов. По итогам съезда кандидатов от «Единой России» помимо округа Резника в Адыгее не оказалось в 177-м Тамбовском округе и трех московских округах: 198-м (Ленинградский), 200-м (Медведковский), 205-м (Преображенский).

Округ в Тамбове освободили для лидера «Родины» Алексея Журавлева, который и на прошлых выборах побеждал на согласованной территории, но в Воронежской области. Ленинградский округ в Москве, как и в прошлой кампании, «зачистили» в пользу главы комитета по ЖКХ Галины Хованской («Справедливая Россия – За правду»), Медведковский – в пользу актера Дмитрия Певцова (пойдет самовыдвиженцем), Преображенский – в пользу публициста Анатолия Вассермана («Справедливая Россия – За правду»).

Замсекретаря генсовета «Единой России» Сергей Перминов, к которому РБК обратился за комментарием, сказал, что когда партийцы проводили анализ и формировали тактическую модель кампании, то собирали информацию и о том, кто где может выдвинуться от других партий или в качестве самовыдвиженцев. С кандидатами, против которых партия никого не выставила, «у нас общий взгляд на задачи, которые предстоит решить, путь развития страны, и, мы думаем, у нас сложатся конструктивные отношения в Госдуме», заявил единоросс.

Блок видео рекомендаций

Социологическая конструкция

Общефедеральная пятерка списка сформирована, с одной стороны, из рейтинговых политиков, с другой – из представителей социально одобряемых профессий и сред, имеющих свой персональный уровень авторитета, говорит политолог Дмитрий Бадовский. «Состав пятерки отражает еще и приоритеты программы «Единой России», о которой на съезде говорил президент. Эта пятерка сконструирована социологически, чтобы поднять рейтинг партии во время избирательной кампании», – добавляет эксперт. Точно такой же подход воспроизводится и в региональных группах, которые возглавляют рейтинговые губернаторы и политики, отмечает он.

Что касается невхождения в список Дмитрия Медведева, то, по мнению Бадовского, это отражает прежде всего политтехнологическую логику – чтобы его антирейтинг не отражался на всей «Единой России». «На мой взгляд, это именно политтехнологическое решение, я бы не стал делать глубоких выводов о политических перспективах Медведева на основании того, что он не вошёл в список. Политические перспективы председателя «Единой России» определяются гораздо бо́льшим количеством факторов», – уверен эксперт.

Газета РБК Понедельник, 21 июня 2021 г.

СЛОВА И СЛОВОСОЧЕТАНИЯ

возглавить	[完] 率领，主持
интрига	阴谋，倾轧
главврач	主任医生
сопредседатель	[阳] 联合主席
уполномоченный	全权代表
мандат	委任状，全权范围
кампания	运动
руководствоваться	[未] 遵循
здравоохранение	卫生
отстаивание	维护
обороноспособность	[阴] 防御能力，国防能力
врио	临时代办
спикер	议长
полпред	全权代表
праймериз	预选
генсовет	总会，中央委员会
промежуточный	中间的
самовыдвиженец	毛遂自荐者
поддавки	跳棋（以先净手为赢）
депутат	代表，议员
фракция	党团，派别
предварительный	预先的
тактический	策略的，战术上的
конструктивный	建设性的
одобрять	[未] 同意，赞许

сконструировать	[完]组成，建立
ХМАО: Ханты-Мансийский автономный округ	汉特－曼西自治区
ЯНАО: Ямало-Ненецкий автономный округ	亚马尔－涅涅茨自治区
ЦИК: Центральная избирательная комиссия	中央选举委员会
одномандатный округ	单席位选区
ЖКХ: жилищно-коммунальное хозяйство	住宅公用事业

УПРАЖНЕНИЯ

I. Выберите правильный вариант.

1. _____ может возглавить Александр Шохин.

   A) Рабочей группы B) Рабочую группу
   C) Рабочей группой D) Рабочей группе

2. Недостаточно просто _____ товар из комнаты, чтобы люди его покупали, тем более несколько раз, повышая чек от случая к случаю.

   A) выставить B) доставить
   C) заставить D) оставить

3. – Я _____ лететь – проснулся и решил не лететь. Останусь здесь, шофер потом за мной приедет.

   A) придумал B) обдумал
   C) раздумал D) подумал

4. Не стоит ожидать, что однажды руководители всех компаний по своей собственной инициативе начнут руководствоваться _____ прозрачности и предоставления пользователю свободы выбора.

   A) принципы B) принципами
   C) принципов D) принципам

5. Теперь мне нужно, что называется, _____ побольше воздуху, потому что примерно с этого момента события вдруг начали развиваться в ускоренном темпе.

   A) собрать B) выбрать
   C) набрать D) подобрать

II. **Переведите следующие предложения на китайский язык.**

1. Список «Единой России» впервые с 2007 года возглавил не один человек, а пять. Дмитрия Медведева среди них нет. Региональные группы возглавили 48 губернаторов, при этом единороссы не выставили кандидатов в пяти округах.

2. Лидеры региональных групп, как и предусматривалось изначально, в подавляющем большинстве не участвовали в партийных праймериз. Однако по итогам съезда на проходные места в списках оказались включены и другие люди, которые в предварительном голосовании не участвовали.

3. «Единая Россия» выдвинула кандидатов в 220 из 225 одномандатных округов, хотя ранее секретарь генсовета «Единой России» Андрей Турчак заявлял, что партия будет выдвигать кандидатов везде.

4. Еще в одном округе – в Адыгее – партия не выставляла никого, чтобы дать возможность избраться в качестве самовыдвиженца одному из влиятельных депутатов фракции ЕР – Владиславу Резнику.

5. Что касается невхождения в список Дмитрия Медведева, то, по мнению Бадовского, это отражает прежде всего политтехнологическую логику – чтобы его антирейтинг не отражался на всей «Единой России».

III. **Ответьте на вопросы по тексту.**

1. Кто попал в состав лидеров списка «Единой России»? И когда он был окончательно определен?

2. От кого будет зависеть вопрос о дальнейшем месте работы Анны Кузнецовы в случае победы на выборах? И почему?

3. Каким подходом руководствовались лидеры партии «Единой России», когда решали кандидатов в федеральную часть списка?

4. Кто попал в списки без праймериз?

5. Почему источники в «Единой России» и близкие к Кремлю не намерены повторять опыт 2016 года?

6. Для чего в Адыгее партия не выставляла никого в 2016 году?

7. Из чего сформирована общефедеральная пятерка списка и что отражаете состав пятерки по мнению Дмитрия Бадовского?

IV. **Вопросы для обсуждения.**

1. Как вы думаете, почему Дмитрий Медведев не попал в федеральную часть списка «Единой России»?

2. Что значит по вашему мнению политтехнологическая логика?

1.2 Пятый элемент: сколько партий проходит в Госдуму восьмого созыва

На выборах в Госдуму восьмого созыва лидирует «Единая Россия»: после обработки 25,32% бюллетеней партия набирает больше 44,38% голосов. Успех единороссов, как и появление в парламенте пятой фракции (ей может стать партия «Новые люди»), вполне закономерны, считает глава ВЦИОМ Валерий Федоров. Согласны с результатами и в других партиях, при этом представители ряда политических сил заявили о выявленных во время голосования нарушениях. По мнению экспертов, в 2021 году «ЕР» не только выиграет выборы, но с учетом одномандатников получит и конституционное большинство в Госдуме, а вот политические старожилы – КПРФ, ЛДПР и «Справедливая Россия» – могут потерять позиции.

Не поддаваться давлению

По предварительным результатам ЦИК (после обработки 25,32% бюллетеней), на выборах лидирует «Единая Россия» (44,38%). Следом идут КПРФ (чуть более 22,26%), ЛДПР (8,47%), «Справедливая Россия – За правду» (7,31%) и «Новые люди» (6,56%). Именно эти партии предварительно преодолевают необходимый для прохождения в Думу пятипроцентный барьер.

Все результаты оказались предсказуемы – пять партий в Госдуме были ожидаемы, заявил генеральный директор ВЦИОМ Валерий Федоров.

– Выборы прошли без каких-то сюрпризов. Запрос противоречивый – хотим стабильности и перемен. Под этот запрос пришлось всем партиям подстраиваться, – пояснил он «Известиям». – Страх перемен тоже присутствует, но есть и страх застоя. К тому же эмоциональный фон тяжелый, коронавирус еще не побежден. У нас получился противоречивый коктейль эмоций и ожиданий. В результате мы получили на первом месте партию стабильности – «Единую Россию», которая гарантирует, что резких срывов не будет. К тому же в самой партии теперь много новых лиц и новая программа, она про перемены. На запросы вынуждены реагировать все. Ну а те, кто плохо среагировал, получили и результаты хуже.

Предварительная явка на выборах к 18:00 составила более 45% (по состоянию на 23:00 новые данные ЦИК не объявлял). Рекордной явка оказалась на онлайн-голосовании, которое в этом году проходило в этих субъектах: В Москве и в Нижегородской, Ярославской, Курской, Мурманской, Ростовской областях и т.д. По официальным данным, в каждом из субъектов она превысила 90%, а в Москве достигла 95,5%.

— Электронное голосование в очередной раз показало свою востребованность не только в Москве, но и в других регионах. Явка ожидаемо высокая. Самое главное, что голосование по интернету обеспечивает безопасность для здоровья граждан в сложной эпидемиологической обстановке, — объяснил «Известиям» высокий интерес населения к онлайн-голосованию руководитель рабочей группы ОП по общественному наблюдению за ДЭГ Александр Малькевич.

Не исключено, что в ближайшее время этот формат будет распространен более широко, считает эксперт. Неслучайно этим способом голосования воспользовались многие известные российские политики, включая президента страны Владимира Путина и премьер-министра Михаила Мишустина. К слову, именно при электронном волеизъявлении было зафиксировано и наименьшее количество нарушений.

А вот офлайн-голосование проходило более напряженно — с самого утра 19 сентября глава Центризбиркома Элла Памфилова призвала коллег не поддаваться давлению.

— Прошу всех своих коллег беречь друг друга, всем непросто сейчас. Все эти дни и предстоящая ночь связаны с невероятными нагрузками. Это обратная сторона той беспрецедентной открытости и прозрачности, в которой мы работаем. Но усложняя жизнь себе, мы облегчили голосование для избирателей, — заявила она.

Действительно, день у членов избиркома оказался напряженный. Уже к полудню глава ЦИК сообщила о том, что вбросы бюллетеней подтвердились на некоторых участках в шести регионах. В общей сложности предварительно были признаны недействительными 8539 бюллетеней на 54 участках в 17 субъектах.

Хотя были и курьезные случаи, которые потребовали принятия жестких кадровых мер. Так, в Ставропольском крае видеокамеру в одном из избирательных участков закрыли шваброй. В итоге наказанием за такой проступок стала отставка главы местного избиркома. Неприятный случай зафиксировали и в Санкт-Петербурге, где ночью с одного из участков вынесли сейф с бюллетенями. Тут Элла Памфилова также потребовала принять меры в отношении главы комиссии, назвав произошедшее «из ряда вон выходящим случаем».

За процессом в регионах в течение всех этих дней следили в том числе партийные и общественные наблюдатели.

— В наш центр поступают обращения, подавляющая часть которых связана с разъяснительной работой по ДЭГ и «Мобильному избирателю». Именно жалоб не очень много, информация пока обрабатывается, — сообщила Элла Памфилова, отвечая на вопрос «Известий». — Идет поток, надо выбрать из эмоций по разным аспектам, которые мало относятся к избирательным процессам. Поток большой, но именно жалоб не так много. Мы скажем об этом на днях – завтра или в ближайшее время.

Как подтвердили в МВД России, проблем во время подсчета голосов зафиксировано не было.

В ожидании результатов

Заявления о лидерстве «Единой России» начала поступать с 14:00 по московскому времени. Замсекретаря президиума генсовета партии Сергей Перминов сообщил, что кандидаты партии лидируют в 14 одномандатных округах в регионах Дальнего Востока. В их числе, например, оказались Ирина Яровая на Камчатке и Антон Басанский в Магаданской области. Ближе к 23:00 о победе объявили и в руководстве партии.

— Позвольте поздравить мне всех вас с чистой и честной победой. Дмитрий Медведев просил всем передать слова благодарности, кто внес свой вклад в наш общий результат. Хочу сказать отдельные слова благодарности всей нашей команде – штабам, волонтерам, кандидатам, губернаторам за их личный вклад в нашу победу, — заявил секретарь генсовета «Единой России» Андрей Турчак.

А вот в КПРФ о признании итогов выборов традиционно сообщать не торопятся.

— Надо дождаться, когда ЦИК будут оглашены официальные итоги голосования. Руководство партии даст оценки кампании в ближайшее время. Пока у нас приходят результаты по ряду территорий Дальнего Востока, и они неплохие. Это Уссурийск, Южно-Сахалинск и другие города, — пояснил «Известиям» руководитель пресс-службы ЦК КПРФ Александр Ющенко.

В «Справедливой России» считают, что партия может занять третье место.

— Мы провели успешную кампанию, — заявил «Известиям» руководитель штаба на выборах в Госдуму, исполнительный секретарь президиума центрального совета Дмитрий Гусев. – Об этом говорит, во-первых, мощное объединение на левом фланге партий «Справедливая Россия», «Патриотов» и «За правду». Во-вторых, именно мы на этих выборах вышли с идеей базового дохода и единовременной выплаты базового дохода в сумме 10 тыс. рублей. В-третьих, с помощью системы «Справедливый наблюдатель» мы сумели оперативно выявлять все нарушения на выборах.

По его словам, наиболее успешными для справедроссов стали Краснодарский край, Москва, Хабаровск, Челябинск и многие регионы Центральной России.

– Все три дня у нас работала горячая линия. На текущий момент на нее поступило порядка 1600 звонков, по итогам которых зафиксировано 384 нарушения. Большая их часть незначительная, в ЦИК было отправлено всего 123 жалобы, – сообщил «Известиям» руководитель штаба ЛДПР Сергей Каргинов.

По его словам, о признании или непризнании итогов в ближайшее время должен объявить лидер партии Владимир Жириновский.

В «Новых людях» не хотят доверять экзитполам, но уже считают свою избирательную кампанию успешной. Об этом «Известиям» сообщила второй номер федерального списка партии «Новые люди» на выборах в Госдуму – экс-глава Якутска Сардана Авксентьева.

– Эти выборы для нас в любом случае успешны, потому что уровень поддержки, который мы наблюдаем сейчас, зашкаливающе позитивный. Я в эти дни получаю тысячи сообщений, которые свидетельствуют о небывалой поддержке людей. Поэтому большая благодарность людям, которые мыслят свободно и не зашорены, – отметила она.

По ее словам, тем не менее, лучше дождаться официальных подсчетов итогов голосования.

– Для новичка, который впервые участвует в федеральной выборной кампании, это очень хороший результат, – отметила она.

Соблюдая дистанцию

А вот для населения некоторых регионов последний день выборов превратился в настоящий праздник. Например, на одном из избирательных участков в Ингушетии во время концертной программы глава субъекта Махмуд-Али Калиматов станцевал лезгинку. Однако в основном в местах проведения голосования обстановка была спокойной. На входе выдавали маски тем, у кого их нет. Также всем напоминали о необходимости соблюдать дистанцию.

Как рассказали «Известиям» избиратели на столичных участках, решение сделать свой выбор офлайн связано с привычкой. Другие решили не тратить время, чтобы разбираться в новых правилах. Однако москвичи не исключают, что на следующих выборах воспользуются возможностью голосовать дистанционно.

— Было интересно посмотреть, как все организовано во время пандемии. Каких-то замечаний к организаторам у меня и моих знакомых нет, — рассказала пенсионерка Светлана.

Хотя многие политики (в том числе президент и премьер) уже отдали свой голос, в последний день на участках можно было встретить, например, спикера Совфеда Валентину Матвиенко.

Возможность сделать свой выбор была обеспечена не только на Земле: по словам космонавтов, голосование на борту МКС прошло без сбоев.

Посмотреть, как проходят выборы в России, приехала немецкая делегация. В самой Германии выборы в бундестаг пройдут на следующей неделе. По мнению депутата Европарламента от ФРГ Гуннара Бека, проблем с организацией избирательного процесса не удалось обнаружить.

— Я приехал в Россию без предубеждений. Пока что я вижу: выборы организованы хорошо. В Европе есть подозрения, что голосование будет нечестным. Достаточно сложно в этом переубедить Европейский союз. Мой совет — продолжить приглашать как можно больше иностранных наблюдателей из совершенно разных стран, — заявил «Известиям» политик.

С этим согласился и другой депутат Европарламента от Германии — Максимилиан Кра. Немецкая делегация решила посетить Россию, чтобы внимательно проследить за ходом голосования. Кроме того, это позволяет сравнить политическую обстановку в двух странах, которая сейчас значительно отличается, сказал «Известиям» он.

Прибывших иностранных наблюдателей впечатлил уровень организации голосования – каких-то грубых нарушений они не заметили.

— Я вижу, что эти выборы — одни из самых показательных по уровню организации, ЦИК организовал все на высшем уровне в полном соответствии с духом демократии. Ни я, ни кто-либо еще в моей делегации не заметили каких-либо нарушений или фальсификаций. Нам показали, как проходит электронное голосование, и очевидно, что демократический процесс от этого не страдает. Московские выборы можно назвать образцовыми в этом плане, – сказала «Известиям» президент международного форума БРИКС Пурнима Ананд.

Иностранный контроль на выборах желателен, но его отсутствие не критично, считает зампред Совета Федерации Константин Косачев.

– Мы относимся к этому институту благожелательно. Мы прекрасно понимаем, что главную оценку дают жители страны, избиратели, участники, российские наблюдатели. В этом смысле международное наблюдение не является неотъемлемым и критичным фактором оценки легитимности выборов. Оно желательно, – отметил зампред Совфеда на заседании ЦИК.

Он также напомнил об отказе БДИПЧ ОБСЕ отправить своих наблюдателей на выборы и назвал эту ситуацию «хайпом».

Принципиальное изменение

По мнению экспертов, «Единая Россия» на этих выборах не только станет лидером, но и уверенно возьмет в парламенте конституционное большинство. Это значит, что при принятии федеральных законов ей не надо будет договариваться с другими партиями.

– Да, конечно, «Единая Россия» на этих выборах получит это большинство, причем не только на Дальнем Востоке, а везде, где партия планировала победить. Более того, от коллег политтехнологов мне известно, что в некоторых округах, где партия власти не выставила сильных кандидатов в рамках межпартийных договоренностей, ЛДПР не смогла справится с этой задачей и обыграть даже слабых соперников, – заявил «Известиям» политтехнолог Олег Матвейчев.

По его словам, единороссы смогут улучшить свой результат именно за счет этих округов.

– Допускаю, что пять – семь, а, может быть, и больше округов по стране будет проиграно, но это непринципиально. Конституционное большинство все равно сохранится за ней. Например, все кандидаты в губернаторы, исполняющие обязанности, побеждают, а по заксобраниям результат будет известен только завтра, так как их будут считать в последнюю очередь, – сообщил эксперт.

Также Олег Матвейчев не исключает, что в Госдуме восьмого созыва появится пятая партия – «Новые люди».

– По экзитполам они проходят в парламент. Но как будет, посмотрим после итогового подсчета голосов, – добавил эксперт.

Политтехнолог Виктор Потуремский считает, что главной сенсацией этих выборов стала победа «Единой России» в регионах Дальнего Востока, которые традиционно считались оппозиционными.

– По экзитполам и предварительным результатам мы видим, что партия уверенно выходит там в лидеры. Это такое принципиальное изменение для региональной политики, потому что долгое время эти субъекты считались протестными, – пояснил он «Известиям».

По его словам, у него также нет сомнений и в том, что «Единая Россия» сохранит конституционное большинство.

– С учетом сильного выступления в одномандатных округах, а также того, что «Единая Россия» провела сильную технологичную кампанию, думаю, что это большинство после окончательного подсчета голосов у нее будет. Плюс к этому я бы отметил не очень сильное выступление оппозиционных партий, прежде всего в одномандатных округах. На мой взгляд, в них потеряют и коммунисты, и ЛДПР, которые на старте избирательной гонки выглядели ярче, – пояснил эксперт.

Говорить о том, что выборы состоялись, можно будет только после подсчета голосов, отметил член Общественной палаты Максим Григорьев. Тем не менее, по его словам, уже сейчас можно констатировать очень высокий уровень организации выборов. Он подчеркнул, что почти везде избиркомы оперативно реагировали на жалобы и принимали решения по тем или иным нарушениям, в том числе об аннулировании бюллетеней. Одновременно, по его словам, на этих выборах резко увеличился поток фейковой информации, которая не соответствует действительности. Однако, как отмечает эксперт, она оперативно выявлялась наблюдателями.

Всего в выборах, которые проходили в России с 17 по 19 сентября, участвовали 14 партий. По спискам было выдвинуто 3,8 тыс. кандидатов, еще чуть более 2 тыс. человек шли по одномандатным округам, в том числе 10 самовыдвиженцев. Самый многочисленный список оказался у «Единой России» (393 человека), а самый малочисленный – у «Новых людей» (195). Больше всего одномандатников оказалось у ЛДПР (224), меньше всего – у «Зеленой альтернативы» (27).

Известия Понедельник, 20 сентября 2021 г.

СЛОВА И СЛОВОСОЧЕТАНИЯ

созыв	届
бюллетень	[阳] 选举票
старожил	多年的居住者
поддаваться	[未] 受……控制，陷入……状态
подстраиваться	[未] 使自己适应于……
застой	停滞
явка	出席
коктейль	[阳] 鸡尾酒，几种事物的组合
волеизъявление	主张
беспрецедентный	无先例的
избирком	选举委员会
вброс	投入
курьезный	好笑的
швабра	抹布
отставка	辞职，辞退
сейф	保险箱
президиум	主席团
фланг	翼
зашкаливать	[未] 使……超出度量极限
зашоренный	太专注于……的
лезгинка	列兹金卡舞（高加索的一种快速舞）
бундестаг	联邦议会
переубедить	[完] 说服
фальсификация	掺假
неотъемлемый	不可分割的
экзитпол	选举后的民意测验
сенсация	强烈反响
оппозиционный	反对的，对立的
констатировать	[完，未]（对某事实加以）确认，确定
аннулирование	撤销，废除

ВЦИОМ: Всероссийский центр изучения общественного мнения
全俄 (社会) 舆论研究中心

КПРФ: Коммунистическая партия Российской Федерации 俄罗斯联邦共产党

ЛДПР: Либерально-демократическая партия России 俄罗斯自由民主党

ДЭГ: дистанционное электронное голосование 远程电子投票

МВД: Министерство внутренних дел 内务部

МКС: международная космическая станция 国际空间站

ФРГ: Федеративная Республика Германии 德意志联邦共和国

БДИПЧ ОБСЕ: бюро по демократическим институтам и правам человека Организации по безопасности и сотрудничеству в Европе
欧洲安全与合作组织民主机构与人权委员会

УПРАЖНЕНИЯ

I. Выберите правильный вариант.

1. Именно по этой причине такие заболевания нервной системы, как энцефалит, столбняк, рассеянный склероз и т. д. с большим трудом _____ лечению.

   A) раздаются   B) подаются   C) поддаются   D) удаются

2. Продолжая играть, он попытался разделить мелодию так, чтобы грызуны продолжили свой путь, а люди перестали реагировать _____ и остановились.

   A) с музыкой   B) на музыку   C) с музыки   D) на музыке

3. Однако, как ни странно, нервничала она куда меньше, чем юноша, чьи дрожащие руки и вспотевший лоб ясно _____ волнение.

   A) выдавали   B) придавали
   C) раздавали   D) задавали

4. А если будете хорошо разбираться _____ его характера, то без проблем предугадаете, пройдет ли он новый этап легко и безболезненно или его ждут трудности.

   A) на особенности   B) на особенностях
   C) в особенности   D) в особенностях

5. Скатившись с дерева, он, уже не стараясь _____, бросился к лодке.

   A) руководствоваться тишиной   B) руководиться тишиной
   C) придерживаться тишины   D) соблюдать тишину

II. Переведите следующие предложения на китайский язык.

1. Страх перемен тоже присутствует, но есть и страх застоя. К тому же эмоциональный фон тяжелый, коронавирус еще не побежден. У нас получился противоречивый коктейль эмоций и ожиданий.

2. Хотя были и курьезные случаи, которые потребовали принятия жестких кадровых мер. Так, в Ставропольском крае видеокамеру в одном из избирательных участков закрыли шваброй. В итоге наказанием за такой проступок стала отставка главы местного избиркома.

3. Руководство партии даст оценки кампании в ближайшее время. Пока у нас приходят результаты по ряду территорий Дальнего Востока, и они неплохие. Это Уссурийск, Южно-Сахалинск и другие города.

4. Все три дня у нас работала горячая линия. На текущий момент на нее поступило порядка 1600 звонков, по итогам которых зафиксировано 384 нарушения. Большая их часть незначительная, в ЦИК было отправлено всего 123 жалобы.

5. С учетом сильного выступления в одномандатных округах, а также того, что «Единая Россия» провела сильную технологичную кампанию, думаю, что это большинство после окончательного подсчета голосов у нее будет.

III. Ответьте на вопросы по тексту.

1. Почему партия «Единой России» гарантирует, что резких срывов не будет, но теперь в ней много новых лиц и новая программа?
2. Где предварительная явка на выборах была самой высокой?
3. В каких субъектах явка на онлайн-голосовании оказалась рекордной?
4. Какие курьезные случаи были в Ставропольском крае и в Санкт-Петербурге?
5. В каких местах провели день выборов, как праздник?
6. Как проходили выборы России на взгляд немецкой делегации?
7. По мнению экспертов, какая партия на этих выборах станет лидером?
8. Какое принципиальное изменение было на этих выборах?

IV. Вопросы для обсуждения.

1. Как вы думаете, почему в России запрос противоречивый, т.е. хотят стабильности и перемен?
2. Как вы думаете о дистанционном электронном голосовании? Выскажите твою точку зрения.

ГЛАВА II ЭКОНОМИКА И ФИНАНСЫ

2.1 В 2020 году экономика России сократилась меньше, чем ожидалось, но проблемы на пути к восстановлению остаются

ВВП России упал на 3,1% в 2020 году, и это относительно неплохо благодаря бюджетной поддержке, небольшому сегменту услуг и отсутствию предшествующего перегрева. Однако, при инвестициях в основной капитал и доходе домохозяйств на многолетних минимумах и ограниченных возможностях для дальнейшего стимулирования, восстановление ВВП сверх базового эффекта будет проблемой. Прогноз аналитиков по ВВП на 2021 год сохраняется на уровне 2,5%.

Падение ВВП, согласно официальной первой оценке, произошло после роста на 2,0% в 2019 году. Это снижение лучше, чем ожидания рынка от -3,5% до -4,0%. Росстат также предоставил структуру годового ВВП по потреблению и производству, что в целом подтверждает первоначальное мнение аналитиков о состоянии российской экономики в 2020 году.

Глядя на ВВП, рассчитанный по потреблению, кажется, что отсутствие сокращения запасов было одним из поддерживающих факторов, в отличие от 2015 и 2009 годов. Это было во многом связано с тем, что до 2020 года общие темпы роста ВВП были в пределах 2%, и накопления запасов не было. Другими словами, отсутствие позитивных ожиданий до 2020 года помогло смягчить удар внезапной остановки.

Другим фактором поддержки (который, возможно, частично способствовал предотвращению сокращения запасов) была увеличенная бюджетная поддержка, поскольку государственное потребление увеличилось до исторического максимума в 4%

в 2020 году в реальном выражении, что внесло положительный вклад в 0,7 процентного пункта в динамику ВВП и частично компенсировало отрицательное влияние снижения потребления домашних хозяйств на 8,6% в годовом исчислении.

Структура ВВП, рассчитанного по производству, показывает небольшую долю сферы услуг в России. Например, отели и рестораны, сектор, наиболее пострадавший от карантина, упали на 24,1% в годовом исчислении, но с учетом минимальной доли в 0,7% в общем ВВП отрицательный вклад этого сектора в динамику ВВП был ограничен 0,2 пп. В целом совокупный отрицательный вклад сокращения в торговле, транспорте, телекоммуникациях, гостеприимстве и общественном питании в 2020 году составил всего 1,2 п.п.

Кроме того, стоит отметить стабильный положительный вклад финансового сектора и отсутствие спада в строительстве и недвижимости. По всей видимости, это связано с повышенным интересом домохозяйств к недвижимости, что, в свою очередь, было результатом перераспределения сбережений сегментом с высокой чистой стоимостью и субсидированной ипотечной ссуды для остальных. Если в 2020 году общее розничное кредитование замедлилось, рост ипотечного сегмента ускорился с 17% в 2019 году до примерно 20%.

Промышленные секторы также показали относительно хорошие результаты: объем производства в обрабатывающей промышленности остался на прежнем уровне (все вышеупомянутые факторы, вероятно, предотвратили спад), а полное падение промышленного производства было обеспечено за счет снижения добычи сырьевых товаров на 10,2% в годовом исчислении на фоне ограничений ОПЕК+ на производство. Последние внесли отрицательные 1,0 пп в динамику роста ВВП в 2020 году.

Однако защитные показатели российской экономики во время пандемии не гарантируют устойчивого восстановления после нее. Аналитики отмечают по крайней мере пару проблем:

Тенденция инвестиций в основной капитал находится под постоянным давлением, поскольку после падения на 6,2% в 2020 году их уровень сейчас составляет 21,2% ВВП, что является самым низким показателем с 2007 года и намного ниже 25% ВВП, ранее запланированных правительством. Существенное увеличение инвестиционного спроса потребует ожиданий долгосрочного восстановления потребителей, однако, по крайней мере, в краткосрочной перспективе потребители будут подавлены из-за низкого дохода, который упал более чем на 10% с 2013 года и сейчас ниже, чем 10 лет назад.

Между тем, способность правительства стимулировать инвестиции и потребительский спрос с помощью традиционных инструментов, похоже, в значительной степени исчерпана, поскольку после пакета фискальной поддержки в размере 4% ВВП, предоставленного в 2020 году, уровень общих консолидированных расходов уже находится на повышенном уровне, близком к 40% ВВП. Аналитики полагают, что, даже с учетом безубыточности бюджета при относительно высоких ценах на нефть, бюджетные возможности для дополнительных расходов ограничены отставанием по расходам в размере 1% ВВП, перенесенным с предыдущих лет. Это означает, что потребуются более тонкие меры, направленные на улучшение настроений в частном секторе, чтобы обеспечить рост, превышающий базовый эффект в этом году.

В период стагнации экономики, падения доходов, а также отрицательной реальной доходности традиционных инвестиций, таких как банковские вклады, люди все чаще стали обращаться к другим финансовым инструментам. В частности, в 2020 году значительно выросли вложения в акции компаний, недвижимость и иностранную валюту. Кому-то была интересна торговля на валютном рынке или бинарные опционы. Многие читали отзывы о брокерах, в том числе отзывы о брокере Pocket Option 2021, с тем, чтобы понять, возможно ли получить большую отдачу от инвестиций. Многочисленные предложения об инвестициях на финансовых рынках также исходили от известных банков. Однако средства граждан, частично перетекшие в финансовый сектор из банковских депозитов, пока не могут компенсировать потерю инвестиционных денег в результате санкций и ухудшения международных отношений в последние годы.

Слабые тенденции в области инвестиций и доходов населения, а также отсутствие простых инструментов экономической политики для их решения заставляют аналитиков скептически относиться к способности России продемонстрировать восстановление, превышающее базовый эффект, в 2021 году, как и у ряда сопоставимых стран с формирующимся рынком и экспортеров сырьевых товаров. Поэтому прогноз роста ВВП на 2021 год остается прежним на уровне 2,5%.

Мировая экономика, 12февраля 2021 г.

Сокращение ВВП России замедлилось благодаря внутреннему потребительскому спросу

Падение ВВП России уменьшилось с -8,0% в годовом исчислении во 2 кв. 2020 г. до -3,6% в третьем квартале, что соответствовало ожиданиям экономистов. Положительный эффект от восстановления местного потребления перевесил потери от сделки ОПЕК+. В 4 кв. 2020 г. восстановление не должно быть таким заметным, но годовой результат должен быть близок к -3,0%.

Потребление домашних хозяйств было основной движущей силой улучшения. В середине периода отмены ограничений в июле и принятия социально ориентированных бюджетных стимулов снижение розничной торговли сократилось с -16,0% в годовом исчислении во 2 кв. 2020 г. до -2,5% в 3 кв. 2020 г. Это должно было добавить 4,0 процентных пункта к ВВП к темпам роста. Улучшение в сегменте потребительских услуг было более скромным (с -40–50% в годовом исчислении до -20–30% соответственно), но их значение для показателя ВВП слишком мало, чтобы иметь значение. Между тем, высокочастотные индикаторы указывают на замедление восстановления потребителей, которое наблюдается с сентября из-за возобновления опасений по поводу Covid-19 и окончания пика фискальных стимулов.

Недавнее повышение оценок промышленного производства, вероятно, оказало дополнительную статистическую поддержку росту ВВП примерно на 0,4 п.п. в 3 кв. 2020 г. Между тем, на 4 кв. 2020 г. ожидания роста промышленного производства более сдержаны из-за сдерживания глобального и местного спроса и переориентации местной фискальной политики с расходов на инфраструктуру на социальную поддержку.

В отличие от второго квартала, на рост ВВП в 3 кв. 2020 г. негативно повлиял экспорт. Согласно таможенной статистике, экспорт нефти из России в прошлом квартале упал на 24% в годовом исчислении в натуральном выражении, что, по оценкам экономистов, отстает от темпов роста ВВП до 2 п.п. Фактически, экспорт нефти из России находился под давлением со 2 квартала 2020 года, но это было замаскировано эффектом низкой базы во 2 квартале 2019 года, связанным с работой трубопровода «Дружба». Без этого падение ВВП во 2 кв. 2020 г. было бы примерно на 1,0 п.п.

Тем не менее, негативный эффект от падения экспорта в 3 кв. 2020 г. должен быть несколько смягчен за счет импорта, по которому, согласно платежному балансу, данные остались отрицательными как по товарам, так и по услугам. В 4 кв. 2020 г.

вклад чистого экспорта в рост должен быть близок к вкладу 3 кв. 2020 г., учитывая постоянные сокращения ОПЕК+, с одной стороны, и продолжающееся давление на импорт из-за обесценения рубля и ограничения внутреннего спроса.

Мировая экономика, 15 ноября 2020 г.

СЛОВА И СЛОВОСОЧЕТАНИЯ

сегмент	环节
перегрев	过热
стимулирование	刺激
спад	衰退
позитивный	积极的
предотвращение	预防
динамика	动态
перераспределение	调配
сбережение	储蓄
субсидированный	补贴的
ипотечный	抵押的
ссуда	贷款
розничный	零售的
кредитование	信贷
предотвратить	[完] 预先防止
консолидированный	固定的
безубыточность	[阴] 无亏损
стагнация	停滞
недвижимость	[阴] 不动产
отзыв	评论
брокер	经纪人
депозит	存款
продемонстрировать	[完] 显示
сопоставимый	可以比拟的
перевесить	[完] 占优势
сделка	议定书

возобновление	恢复
сдерживание	限制
переориентация	重新定向
трубопровод	石油管道
ВВП: валовой внутренний продукт	国内生产总值
обрабатывающая промышленность	制造业
ОПЕК: Организация стран-экспортеров нефти	石油输出国组织
основной капитал	固定资产
валютный рынок	外汇交易市场
платежный баланс	收支平衡

УПРАЖНЕНИЯ

I. Выберите правильный вариант.

1. Хороший комедийный сериал чем-то похож на большой дом, полный забавных увлекательных сюжетов, запоминающихся, _____ персонажей и множества гомерически смешных шуток.

    A) узнающих   B) узнаваемых   C) узнанных   D) узнавших

2. В годы Первой мировой войны Россия не _____ таких огромных людских потерь как в годы Второй мировой войны.

    A) внесла   B) нанесла   C) перенесла   D) понесла

3. Это все просчитывается _____ местных условий, а вот когда подходит к концу срок самостоятельного развития, приходит очередь визита таких, как мы.

    A) с учетом   B) на учет   C) к учету   D) с учета

4. И дня не проходило, _____ я не мечтал о родной земле, о ее цветущих лугах и полноводных реках.

    A) что   B) как   C) чтобы   D) когда

5. В международное бюро выставки была подана заявка _____ Всемирной выставки ЭКСПО-2025 в Екатеринбурге.

    A) с проведением   B) на проведение   C) за проведение   D) по проведению

II. Переведите следующие предложения на китайский язык.

1. Падение ВВП, согласно официальной первой оценке, произошло после роста на 2,0% в 2019 году. Это снижение лучше, чем ожидания рынка от -3,5% до

-4,0%. Росстат также предоставил структуру годового ВВП по потреблению и производству, что в целом подтверждает первоначальное мнение аналитиков о состоянии российской экономики в 2020 году.

2. Тенденция инвестиций в основной капитал находится под постоянным давлением, поскольку после падения на 6,2% в 2020 году их уровень сейчас составляет 21,2% ВВП, что является самым низким показателем с 2007 года и намного ниже 25% ВВП, ранее запланированных правительством.

3. Аналитики полагают, что, даже с учетом безубыточности бюджета при относительно высоких ценах на нефть, бюджетные возможности для дополнительных расходов ограничены отставанием по расходам в размере 1% ВВП, перенесенным с предыдущих лет.

4. Потребление домашних хозяйств было основной движущей силой улучшения. В середине периода отмены ограничений в июле и принятия социально ориентированных бюджетных стимулов снижение розничной торговли сократилось с -16,0% в годовом исчислении во 2 кв. 2020 г. до -2,5% в 3 кв. 2020 г.

5. Тем не менее, негативный эффект от падения экспорта в 3 кв. 2020 г. должен быть несколько смягчен за счет импорта, по которому, согласно платежному балансу, данные остались отрицательными как по товарам, так и по услугам.

III. Ответьте на вопросы по тексту.

1. На каком уровне сохраняется прогноз аналитиков по ВВП на 2021 год?
2. До скольких процентов государственное потребление увеличилось в 2020 году в реальном выражении?
3. Почему тенденция инвестиций в основной капитал находится под постоянным давлением?
4. Почему способность правительства стимулировать инвестиции и потребительский спрос с помощью традиционных инструментов в значительной степени исчерпана?
5. Из-за чего на 4 кв. 2020 г. ожидания роста промышленного производства более сдержаны?

IV. Вопросы для обсуждения.

1. Как вы думаете, почему в 2020 году значительно выросли вложения в акции компаний, недвижимость и иностранную валюту?
2. Почему потребление домашних хозяйств было основной движущей силой улучшения ВВП России? Выскажите свою точку зрения!

2.2 Закрыто навсегда

2021-й год начнется в России с волны банкротств. Разориться могут до трети предприятий и сотни тысяч физлиц

Судя по официальной статистике, Россия проходит кризис, вызванный пандемией, достойно. Банкротств компаний стало меньше на 20%, просроченные долги почти не растут. Но эксперты и сам бизнес говорят о кризисе «плохих долгов» и предсказывают вал исков о банкротстве с января 2021 года.

После весеннего локдауна в России не открылись около 30% всех фитнес-центров, до 20% ресторанов и баров. В Москве остановили свою работу примерно 30% гостиниц, в Петербурге -30–40% хостелов. По крайней мере, так оценивает свои потери сам бизнес.

В России разворачивается латентный кризис «плохих долгов», предполагают аналитики Центра макроэкономического анализа и краткосрочного прогнозирования (ЦМАКП). «Его внешнее проявление – рост доли проблемных и безнадежных ссуд в кредитном портфеле банков – маскируется масштабной реструктуризацией кредитов и принятыми послаблениями в части отражения в банковской отчетности реального качества ссуд», – говорится в опубликованной в декабре аналитической записке.

Кроме того, с апреля в России введен мораторий на банкротство. Банки и поставщики просто не могут взыскивать долги с турагентств, ресторанов, гостиниц и других предприятий из списка наиболее пострадавших отраслей.

Как только мораторий перестанет действовать (после 7 января), все «отложенные» иски о банкротствах поступят в суд.

– Учитывая, что кредиторы тоже оказались в непростых условиях, очевидно, что по завершении моратория они предпримут активные меры по взысканию задолженности с использованием механизма банкротства должников. В некоторых отраслях и сферах деятельности число банкротов, судя по проведенным опросам, может превысить 30%, – говорит Юлия Литовцева, партнер «Пепеляев Групп».

Сильнее всего, более чем в 2 раза, с начала года вырос объем просроченных средств у компаний с Чукотки, из Пензенской области и из Чечни.

В Москве просрочки выросли на 16%. В Петербурге – на 24%. Пик банкротств, скорее всего, придется на осень 2021 – зиму 2022 года, полагает руководитель проекта «Федресурс» Алексей Юхнин. «После отмены моратория должно пройти не менее 9 месяцев, чтобы должники вступили в процедуру конкурсного производства, которой предшествует наблюдение, и до этого публикация сообщения о намерении».

Снежный ком банкротств

Массовые банкротства для экономики опасны по нескольким причинам, объясняет декан факультета экономики Европейского университета Юлия Вымятнина. Банкротство одной компании может вызвать цепную реакцию. Когда предприятие перестает выполнять свои обязательства, могут начаться проблемы у его кредиторов: банков, поставщиков, сотрудников и, если компания достаточно крупная, инвесторов в ее долговые обязательства. Если же компаний-банкротов много, это вызовет уже гарантированные проблемы у компаний-поставщиков, а также у банковской системы.

Вторая причина: проблемные долги ухудшают состояние баланса банков, что ограничивает их возможности выдавать новые кредиты.

Банки становятся осторожнее и отказывают в кредитах тем, кто еще мог бы «выкарабкаться» и продолжить работу.

– Выжить в «проблемных» отраслях может оказаться сложно даже вполне устойчивым компаниям. К таким отраслям относятся в первую очередь отрасли сферы услуг, которые лишились значительной части выручки в течение года: рестораны и кафе, туристические компании, гостиницы, фитнес-центры, кинотеатры, театры, музеи, концертные залы, – объясняет Юлия Вымятнина.

В-третьих, могут начаться серьезные проблемы у отдельных банков, чей кредитный портфель в значительной степени ориентирован на пострадавшие отрасли. А это уже означает дальнейшие проблемы как у клиентов таких банков, так и у банковской системы в целом.

– Наконец, массовые банкротства означают сокращение рабочих мест, рост безработицы, снижение реальных располагаемых доходов людей. К этим эффектам может добавиться самосбывающийся прогноз негативных ожиданий, когда люди и фирмы даже в относительно благополучных отраслях ожидают сложный год впереди и усиливают режим экономии в стремлении минимизировать собственные финансовые риски. Все это может привести к тому, что платежеспособный спрос продолжит сжиматься, что, естественно, плохо скажется на финансовом благополучии остального бизнеса, – добавляет Юлия Вымятнина.

Впрочем, в отличие от бизнеса, банкротства самих россиян уже резко выросли.

Следующие на очереди – физлица

Юлия из города в Ханты-Мансийском АО потеряла возможность платить по кредитам в апреле, после объявления карантина. Она задолжала четырем банкам больше 3,5 млн рублей и в июле подала на банкротство. Взыскивать с Юлии нечего – из имущества только единственная квартира, которую по закону банк отнять не может.

Таких как Юлия в России десятки тысяч. В большинстве случаев они подают на банкротство сами, а имущества у них нет. В прошлом году банки смогли вернуть лишь 8 из 226 кредитных млрд рублей, прошедших по делам о банкротстве. Оставшиеся сотни миллиардов были просто списаны, говорится в статистике «Федресурса».

В этом году количество банкротов растет. За первое полугодие 2020 года, по данным судебного департамента, суды открыли 55 тысяч дел о банкротстве граждан. Это в 1,5 раза больше, чем за тот же период 2019-го.

Алексей Юхнин, руководитель проекта «Федресурс», говорит, что пока каждый год число банкротств увеличивается органически, просто потому, что саму процедуру ввели в октябре 2015-го и россияне только продолжают о ней узнавать. «Росту банкротств способствует распространение информации о возможностях освобождения от долгов после прохождения процедуры, наработка технологий арбитражными управляющими и профессионалами рынка, совершенствование судебной практики. Все эти факторы действовали и в 2020 году», – говорит Алексей Юхнин.

Больше всего банкротов в абсолютных значениях появляется в крупных городах – Москве, Московской области, Санкт-Петербурге. А вот в относительных, в расчете на 100 тысяч человек населения, – в Центральной России: в Пензенской, Самарской, Ульяновской областях.

Впрочем, в 2020-м суды в основном рассматривали дела, начатые еще до пандемии. Вал «пандемийных» банкротств эксперт ожидает в 2021 году. «По моим оценкам, с учетом того, что должно пройти время на накопление долга, осознание необходимости обратиться к процедуре, «пандемийных» граждан-должников в процедуре банкротства мы увидим летом 2021 года», – добавляет Алексей Юхнин.

Как смягчить удар

«Мое мнение – дальнейшее продление моратория нецелесообразно», – считает

Наталья Коцюба, омбудсмен по вопросам, связанным с ликвидацией нарушений прав предпринимателей при осуществлении процедур, применяемых в деле о несостоятельности (банкротстве). Наталья Коцюба считает, что отмену моратория лучше производить постепенно, чтобы избежать перегрузки судов и арбитражных управляющих.

Представители бизнес-ассоциаций и Минэкономразвития спешно готовят законопроекты, которые могут помочь избежать массовых банкротств.

До конца года может быть принят новый закон о реструктуризации долгов, рассказывает Павел Пенкин, член совета по финансово-промышленной и инвестиционной политике Торгово-промышленной палаты РФ (ТПП), старший партнер «Рыков Групп».

Законопроект нацелен прежде всего на помощь крупному бизнесу. «Предполагается, что долги, которые были накоплены в связи с внешними обстоятельствами, будут реструктурированы на какой-то период времени. Сейчас речь идет о 8 годах, но что мы увидим на выходе, мы поймем только в январе», – говорит Павел Пенкин.

Для помощи малому и среднему бизнесу ТПП готовит законопроект о санации. Он должен позволить должникам выходить из кризиса, не прибегая к суду и распродаже активов, а кредиторам – получать свои деньги хотя бы с отсрочкой. Правда, сроки принятия этого законопроекта туманны.

– Санация может носить декларативный характер, то есть собственник бизнеса сможет самостоятельно о ней объявить. После этого будут наступать юридические последствия: нельзя будет в течение какого-то периода взыскивать долги. Дальше – должен быть назначен санатор – это лицо, привлеченное собственником либо кредиторами. Санатор в течение 3-6 месяцев должен будет составить план санации совместно с собственником и договориться с кредиторами о дальнейшей рассрочке, отсрочке долга либо реструктуризации, – добавляет Павел Пенкин.

Для бизнеса, не способного справиться с долгами, государство могло бы запустить поддержку процедуры банкротства, предоставить грамотную юридическую и даже, возможно, психологическую помощь, предлагает Юлия Вымятнина из Европейского университета.

– Люди не всегда понимают, как правильно провести процесс, не думают о необходимости привлечь юриста или считают, что это пустая трата денег. Из-за этого банкротство может оказаться и экономически неоптимальным – владельцы бизнеса выйдут из него в худшем состоянии, чем могли бы, и психологически болезненным –

после такого опыта открывать следующее дело могут оказаться готовы не все, – говорит Юлия Вымятнина. – С учетом того, что в России в принципе не так много людей, готовых заниматься предпринимательством, по сравнению с развитыми странами, мы можем оказаться в ситуации, когда главное положительное свойство банкротства – созидательное разрушение по Шумпетеру (нежизнеспособные компании уступают место новым) – не приводит к оздоровлению экономики, а лишь усиливает стагнацию.

Новая газета, 23 декабря 2020 г.

СЛОВА И СЛОВОСОЧЕТАНИЯ

банкротство	破产
разориться	[完] 破产
статистика	统计
просроченный	逾期的
вал	巨浪
иск	诉讼
локдаун	封锁
хостел	招待所
латентный	潜在的
макроэкономический	宏观经济的
прогнозирование	预测
маскироваться	[未] 伪装
реструктуризация	重组
отчетность	[阴] 报表
мораторий	延期偿付
взыскивать	[未] 追缴
турагентство	旅行社
задолженность	[阴] 负债
должник	债务人
гарантированный	被担保的
кредит	信贷
выкарабкаться	[完] 摆脱
минимизировать	[完，未] 使减到最低程度
платежеспособный	有偿付能力的

сжиматься	[未] 收紧起来
департамент	部
наработка	使用寿命
арбитражный	仲裁的
нецелесообразный	不切实际的
омбудсмен	政府监察官员
законопроект	法案
санация	预防破产措施
актив	资产
отсрочка	延期
рассрочка	分期
плохие долги	坏账
фитнес-центр	健身中心
ЦМАКП: Центр макроэкономического анализа и краткосрочного прогнозирования	宏观经济分析和短期预测中心
в большинстве случаев	在大多数情况下
Минэкономразвития: Министерство экономического развития	经济发展与贸易部
ТПП: Торгово-промышленная палата	工商业联合会

УПРАЖНЕНИЯ

I. Выберите правильный вариант.

1. Не знаю, что они думали обо мне, да, впрочем, это меня мало заботило, но, _____ по взглядам мужчин, особенно богатых, мне показалось, что моя особа не вызывала в них ни восхищения, ни симпатии.

    A) судись   B) судящий   C) суди   D) судя

2. За десять месяцев текущего года Москву посетили 2,6 млн иностранных гостей, что на 15% меньше, чем за _____ период предыдущего года.

    A) сходный   B) подобный   C) аналогичный   D) похожий

3. Новый выставочный центр находится _____ федеральной трассы Москва-Санкт-Петербург.

    A) на 115 километрах   B) в 115-м километре
    C) на 115-м километре   D) в 115 километрах

4. Русская литература золотого века стала неким единством, перед которым _____ различия между отдельными писателями.

   A) поступают   B) выступают   C) отступают   D) наступают

5. Встреча российского министра иностранных дел с коллегами из стран СНГ прошла в _____ взаимопонимания.

   A) условии   B) обстановке   C) положении   D) обстоятельстве

II. Переведите следующие предложения на китайский язык.

1. После весеннего локдауна в России не открылись около 30% всех фитнес-центров, до 20% ресторанов и баров. В Москве остановили свою работу примерно 30% гостиниц, в Петербурге -30–40% хостелов. По крайней мере, так оценивает свои потери сам бизнес.

2. После отмены моратория должно пройти не менее 9 месяцев, чтобы должники вступили в процедуру конкурсного производства, которой предшествует наблюдение, и до этого публикация сообщения о намерении.

3. В этом году количество банкротов растет. За первое полугодие 2020 года, по данным судебного департамента, суды открыли 55 тысяч дел о банкротстве граждан. Это в 1,5 раза больше, чем за тот же период 2019-го.

4. Законопроект нацелен прежде всего на помощь крупному бизнесу. «Предполагается, что долги, которые были накоплены в связи с внешними обстоятельствами, будут реструктурированы на какой-то период времени».

5. Для бизнеса, не способного справиться с долгами, государство могло бы запустить поддержку процедуры банкротства, предоставить грамотную юридическую и даже, возможно, психологическую помощь, предлагает Юлия Вымятнина из Европейского университета.

III. Ответьте на вопросы по тексту.

1. Что предполагают аналитики Центра макроэкономического анализа и краткосрочного прогнозирования?
2. Когда в России введен мораторий на банкротство?
3. По каким причинам массовые банкротства опасны для экономики в России?
4. Какой новый закон может быть принят до конца года?
5. Из-за чего банкротство может оказаться и экономически неоптимальным?

IV. Вопросы для обсуждения.

1. Почему массовые банкротства для экономики опасны? Выскажите свое мнение!
2. Как вы думаете о влияниях пандемии на экономику? Выскажите свое мнение!

ГЛАВА III ЗАКОНЫ

3.1 Расставить сеть: Путин поручил МВД усилить мониторинг интернет-пространства и реагировать на вовлечение детей в незаконные акции

Граждане ждут большей эффективности от правоохранительных органов, заявил Владимир Путин на расширенном заседании коллегии МВД. Подводя итоги работы ведомства за прошлый год и говоря о задачах на 2021-ый, президент призвал сфокусироваться на преступлениях в сфере информационных технологий. Их количество за последние шесть лет выросло более чем в десять раз. В частности глава государства потребовал вести мониторинг интернет-пространства и выявлять в сети тех, кто втягивает несовершеннолетних в противоправные действия, включая несанкционированные акции. По мнению экспертов, провокаторы, использующие детей в своих интересах, должны нести ответственность. На заседании коллегии президент обратил внимание и на другие проблемы, которые требуют оперативной реакции силовиков. Речь идет об экстремизме, незаконном обороте наркотиков и коррупции.

Новые угрозы

После того как на прошлой неделе Владимир Путин принял участие в заседании коллегии ФСБ, 3 марта дошла очередь еще до одной силовой структуры – МВД. Во время встречи были подведены итоги оперативно-служебной деятельности органов внутренних дел за 2020-й, а также определены основные направления работы на нынешний год.

Одной из наиболее острых проблем становится рост преступлений в сфере информационных технологий: за последние шесть лет их количество увеличилось более чем в десять раз. Тенденция, безусловно, связана с массовым использованием киберпространства. Это влечет за собой в том числе новые угрозы для россиян со стороны различных аферистов и мошенников.

— Понятно, сами технологии быстро развиваются, мы за ними, к сожалению, не успеваем, — отметил президент. — За развитием электронной торговли, за предоставлением в глобальной сети разного рода услуг, включая финансовые услуги, — за этим, конечно, будущее. Технологии здесь обновляются и меняются стремительно, но и поле для преступлений, для разного рода аферистов, к сожалению, тоже увеличивается. Ваша задача – эффективно ответить на этот криминальный вызов.

В связи с этим, по его словам, требуется не только информировать людей о способах защиты и совершенствовать подготовку сотрудников МВД, но также наладить более четкое взаимодействие с банковским сообществом, интернет-провайдерами и операторами сотовой связи.

Преступления с использованием IT-технологий составляют все большую долю в общей структуре правонарушений: сегодня она достигла 25%, констатировал глава МВД Владимир Колокольцев. По его словам, в прошлом году количество раскрытых IT-преступлений увеличилось в 1,5 раза. На этом фоне министерство внедрило специальную программу для дистанционного изобличения серийных кибермошенников, добавил он.

— Мы видим, что по всему миру активизировались различного рода злоумышленники, которые используют интернет для противоправных деяний. Это и мошенничество с личными данными, электронными кошельками и кредитными картами. Сейчас появилась новая тенденция через различные чат-боты собирать персональные данные и шантажировать людей. Количество преступлений в интернете, по сути, ежегодно удваивается, — заявил «Известиям» зампред комитета Госдумы по информационной политике, информационным технологиям и связи Андрей Свинцов.

Владимир Путин призвал вести мониторинг интернет-пространства, которое зачастую используется для продвижения совершенно неприемлемого контента: распространения детской порнографии, проституции и для доведения молодых людей до самоубийств. Главная проблема – отсутствие таких предметов, как медиаграмотность, информационная безопасность, интернет-гигиена как в школах, так и в вузах, уверен первый зампред комиссии Общественной палаты по развитию информационного общества, СМИ и массовых коммуникаций Александр Малькевич.

– Получается, что несовершеннолетние сталкиваются с педофилами в социальных сетях, если говорить про совсем маленьких. Манипулирование в так называемых группах смерти, запуск различных опасных флешмобов. Это также большая беда для студентов. Никто их не учил, что можно писать, а что нельзя. Лайки, репосты, фотографии, выкладывание в облачные хранилища интимных снимков потом крайне вредят карьере, – рассказал он «Известиям».

Между тем взрослые и пожилые люди все чаще сталкиваются с кибермошенниками: у граждан крадут пароли, персональные данные и деньги со счетов. Кроме того, сейчас появилась волна ботов, которые взламывают и воруют аккаунты, добавил эксперт.

По словам главы государства, сейчас важно выявлять в Сети тех, кто втягивает несовершеннолетних в противоправные действия. При этом Владимир Путин признал, что в России каждое четвертое преступление, совершенное подростками, попадает под категорию тяжких и особо тяжких. В целом, однако, количество тяжких преступлений, включая убийства, в стране сократилось с 2012 года в два раза.

«Хорьковые» цели

Отдельно Владимир Путин потребовал в соответствии с законом реагировать на попытки вовлечь несовершеннолетних в незаконные уличные акции.

– Кто бы и под каким бы то ни было предлогом, под каким бы то ни было соусом ни пытался хладнокровно использовать детей для достижения своих собственных эгоистических «хорьковых» целей, мы никогда не должны забывать о том, что это наши дети, и работать нужно так, чтобы не создавать дополнительных угроз для их жизни и здоровья, – заявил Владимир Путин.

– Крайне важно не допустить вовлечения молодежи, и особенно несовершеннолетних, в несогласованные массовые акции, оградить их от различных провокаций, – согласился Владимир Колокольцев.

Вовлечение детей в противоправные действия через интернет – серьезная угроза, которой надо противодействовать на государственном уровне, пояснила «Известиям» глава комитета Совфеда по соцполитике Инна Святенко. Она отметила, что потенциально это влечет за собой рост преступности среди несовершеннолетних. Эксперты подчеркивают: сейчас в силу возраста к ним не применяют строгих мер, но возможность остаться безнаказанным исчезнет по достижении ими совершеннолетия.

— Интернет имеет огромное воздействие на детей. Поэтому и появляются такие проекты как безопасный интернет – для противодействия тому, чтобы детей через сеть втягивали в противоправные действия. Вовлечение несовершеннолетних в политические процессы, конечно, недопустимо. Поэтому надо поддерживать вектор президента о том, что в этом направлении необходимо более серьезно работать, – сказала сенатор.

По мнению Инны Святенко, люди, вовлекающие детей в противозаконную деятельность, должны нести серьезную ответственность. «Они же действуют в виртуальном мире, а людей активизируют на преступления в реальном», – пояснила она опасность такой агитации.

Между тем, государство, в отличие от различных провокаторов, использующих детей в своих интересах, напротив, пытается защитить жизни и психику несовершеннолетних, считает зампред комитета Госдумы по безопасности и противодействию коррупции Николай Рыжак.

— У детей неокрепшее сознание, несформировавшаяся система политических взглядов. Они общественные процессы истолковывают еще по-детски. Но детский максимализм весьма опасен. Их могут увлечь неприглядные вещи, на которые и ориентируются политические авантюристы, – отметил в беседе с «Известиями» депутат.

По его словам, именно поэтому сейчас разрабатывается комплекс законодательных инициатив, которые направлены на защиту детства.

Ответственность провокаторы несут и за вовлечение в акции совершеннолетних граждан. Некоторые из них проявляют насилие к стражам правопорядка, что влечет за собой уже реальные тюремные сроки. Но как сказал Владимир Путин, «государство, безусловно, исполнит свой долг: безопасность людей, которые стоят на страже закона и правопорядка, а также членов их семей будет обеспечена».

Хороший показатель

Серьезное внимание органы внутренних дел уделяют борьбе с экстремизмом. Глава РФ потребовал пресекать пропаганду национализма, ксенофобии, религиозной вражды и насилия. В прошлом году полиция выявила 500 преступлений экстремистской направленности. Кроме того, более 100 тыс. экстремистских интернет-ресурсов было заблокировано, а еще свыше 7,5 тыс. материалов – удалены.

Приоритетной задачей для силовиков остается дальнейшая декриминализация экономики и противодействие коррупции. По словам президента, надо активнее выявлять факты хищения бюджетных средств, в том числе выделяемых на борьбу с коронавирусной инфекцией, а также жестко реагировать на попытки создания теневых схем и незаконного вывода капитала за рубеж.

На новый уровень должна выйти и борьба с наркобизнесом, считает президент. Из незаконного оборота в прошлом году было изъято свыше 20 т запрещенных веществ, а также пресечена работа 256 лабораторий по изготовлению прежде всего синтетических наркотиков, отметил Владимир Колокольцев.

– За последние 10 лет количество официально зарегистрированных потребителей наркотиков сократилось более чем на четверть – хороший показатель. А несовершеннолетних потребителей – почти на 45%, – сказал он.

Коллегия не обошлась без обсуждения безопасности дорожного движения. До сих пор порядка 86% ДТП происходит по вине водителей, сообщила «Известиям» заместитель председателя общественного совета Минтранса Наталья Агре.

– Это в какой-то мере говорит о самой культуре вождения, то есть люди «подрезают», играют «в шашки», значительно превышают скорость, но и еще о том, что принятие решения водителем в той или иной ситуации некорректно. На сегодняшний день система подготовки водителей значительно устарела: программам подготовки уже более шести лет, – заявила она «Известиям».

На заседании коллегии Владимир Колокольцев также заявил о том, что ведомство планирует внедрить электронные паспорта для россиян и удостоверения личности для иностранцев. Это будет документ «с электронным носителем и мобильным приложением», пояснил он. Глава МВД добавил, что переход будет проводиться в рамках ведомственной программы «Цифровая трансформация на 2021–2023 годы».

Известия Четверг, 4 марта 2021 г.

СЛОВА И СЛОВОСОЧЕТАНИЯ

расставить	[完] 布置
вовлечение	吸引，诱导
сфокусироваться	[完] 聚焦
силовик	强力部门工作人员
аферист	欺诈者，骗子

мошенник	骗子
интернет-провайдер	互联网服务提供者
оператор	操作员
изобличение	揭穿，揭露
кибермошенник	网络欺诈者
злоумышленник	预谋犯罪者，恶人
кошелек	钱包
чат-бот	聊天机器人
удваиваться	[未]加倍
медиаграмотность	[阴]媒体常识
интернет-гигиена	网络卫生
педофил	恋童癖
манипулирование	操纵
флешмоб	快闪行动
лайк	点赞
репост	转帖
выкладывание	和盘托出
хорьковый	黄鼠狼的，鼬的
хладнокровно	冷静地；冷漠地
максимализм	极端主义，过头行为
авантюрист	冒险家
ксенофобия	排外主义
декриминализация	打击犯罪活动
инфекция	感染
синтетический	合成的
подрезать	[完]争道抢行
взламыватьаккаунты	侵入账户
играть «в шашки»	玩跳棋，开车加塞

ГЛАВА III ЗАКОНЫ

УПРАЖНЕНИЯ

I. Выберите правильный вариант.

1. Особенно для тех, кто _____ разных обстоятельств сейчас болен или одинок, кому помощь и поддержка окружающих нужны особенно остро.

   A) для   B) ради   C) в силу   D) без

2. Напомним, что в этом году прирост ФНБ вышел на рекорд из-за благоприятных цен на нефть – он составил четыре миллиарда рублей. _____ экономисты говорят о растущей угрозе мирового финансового кризиса, который может прийтись на 2021 год.

   A) Как   B) Когда   C) Между тем   D) Тем более

3. Джаранвит хочет, чтобы смерть сына стала предупреждением для других родителей о необходимости _____ детей от чрезмерного увлечения компьютерными играми.

   A) ограждать   B) оградить
   C) предохраняться   D) предохраниться

4. _____ итоги обсуждения, эксперты подчеркнули, что экспорт образования в настоящее время в России впервые вошел в число национальных приоритетов, однако в федеральном проекте «Экспорт образования» 95 процентов средств выделяются на студенческие городки.

   A) Приводя   B) Подведя   C) Приведя   D) Подводя

5. Предприятие намерено _____ на странах СНГ и других потенциальных рынках на Ближнем Востоке, в Центральной Азии, Африке, Латинской Америке и некоторых европейских государствах.

   A) сосредотачивать   B) сфокусироваться
   C) собраться   D) уделяться

II. Переведите следующие предложения на китайский язык.

1. По мнению экспертов, провокаторы, использующие детей в своих интересах, должны нести ответственность. На заседании коллегии президент обратил внимание и на другие проблемы, которые требуют оперативной реакции силовиков. Речь идет об экстремизме, незаконном обороте наркотиков и коррупции.

2. Одной из наиболее острых проблем становится рост преступлений в сфере информационных технологий: за последние шесть лет их количество увеличилось

более чем в десять раз. Тенденция, безусловно, связана с массовым использованием киберпространства. Это влечет за собой в том числе новые угрозы для россиян со стороны различных аферистов и мошенников.

3. Мы видим, что по всему миру активизировались различного рода злоумышленники, которые используют интернет для противоправных деяний. Это и мошенничество с личными данными, электронными кошельками и кредитными картами. Сейчас появилась новая тенденция через различные чат-боты собирать персональные данные и шантажировать людей.

4. Получается, что несовершеннолетние сталкиваются с педофилами в социальных сетях, если говорить про совсем маленьких. Манипулирование в так называемых группах смерти, запуск различных опасных флешмобов. Это также большая беда для студентов. Никто их не учил, что можно писать, а что нельзя. Лайки, репосты, фотографии, выкладывание в облачные хранилища интимных снимков потом крайне вредят карьере.

5. Кто бы и под каким бы то ни было предлогом, под каким бы то ни было соусом ни пытался хладнокровно использовать детей для достижения своих собственных эгоистических «хорьковых» целей, мы никогда не должны забывать о том, что это наши дети, и работать нужно так, чтобы не создавать дополнительных угроз для их жизни и здоровья.

III. Ответьте на вопросы по тексту.

1. Как изменилось преступление в сфере информационных технологий за последние шесть лет в России?
2. Какие основные направления работы МВД на 2021-й год определены?
3. Какая ситуация преступлений с использованием IT-технологий в общей структуре правонарушений сегодня в России?
4. Какие противоправные деяния с использованием интернета вы знаете?
5. Каких людей сейчас важно выявлять в Сети по словам главы государства? Почему?
6. Почему серьезной угрозой для страны считается вовлечение детей в противоправные действия через интернет?

IV. Вопросы для обсуждения.

1. Что нам надо делать для противодействия тому, чтобы детей через сеть втягивали в противоправные действия?
2. Что остается приоритетной задачей для силовиков по словам президента России?

3.2 Дела внутренние: количество преступлений в России за 10 лет снизилось на 22%

Что изменилось после того, как милиция стала полицией

Ровно десятилетие назад в России началась реформа правоохранительных органов, превратившая милиционеров в полицейских. За это время число зарегистрированных в стране преступлений, по данным МВД, снизилось на 22% (тяжких и особо тяжких – на 18%). Раскрываемость убийств достигла 95,6% (против 86,5% в 2010 году), а грабежей – 76,9%. В прошлое ушли прячущиеся в кустах гаишники, а снять с учета в ГИБДД проданную машину теперь можно, не выходя из дома. Социологи наблюдают повышение уровня доверия к полиции среди населения, а в рейтинге открытости федеральных министерств МВД России занимает третье место из 21 возможных. Более 3/4 всех преступлений, которые совершают сотрудники полиции, разоблачаются и выявляются усилиями подразделений собственной безопасности. Что же касается будущего ведомства, то главным вызовом в МВД сегодня называют рост киберпреступности – 10 лет назад милиционеры вряд ли бы даже поняли, о чем идет речь.

Новое имя

Российская милиция стала полицией 10 лет назад – 1 марта 2011 года. Одной из главных целей реформы была смена имиджа сотрудника правоохранительных органов – на тот момент не самого лицеприятного.

– С личной репутацией все понятно – ты просто делаешь все так, как положено. А вот с коллективной... Как изменить репутацию ведомства и восприятие обществом людей, которые должны их защищать? Мне кажется, что эти 10 лет не прошли даром. Под руководством Владимира Колокольцева сдвиг в восприятии полицейских удалось совершить, – считает председатель Общественной палаты Москвы Константин Ремчуков.

Изначально реформа МВД большой поддержки не получила. Переименование, ребрендинг были встречены обществом скорее критически, напомнил в беседе с «Известиями» гендиректор ВЦИОМа Валерий Федоров. По данным опроса центра в августе 2010 года, 63% россиян считали, что в работе ведомства все останется по-прежнему.

Постепенно отношение к переименованной структуре улучшалось, отметил Валерий Федоров. В ноябре 2020 года ВЦИОМ сообщил, что сотрудникам полиции своего региона доверяют 58% респондентов. Индекс доверия с 2019 года вырос на 8 пунктов – до 23.

– Последние цифры демонстрируют существенный рост доверия к полиции, особенно в год пандемии, – добавил Валерий Федоров.

Наиболее высокие показатели доверия, согласно исследованию, оказались у полиции на транспорте (48 п.), сотрудников дежурной части (44 п.), инспекторов по делам несовершеннолетних (40 п.), участковых уполномоченных полиции (39 п.) и работников уголовного розыска (34 п.).

– В ноябре 2020 года в рамках исследования «Рейтинг доверия социальным институтам России» мы зафиксировали, что уже почти половина граждан заявили о доверии сотрудникам МВД, – рассказал «Известиям» президент «Ромир», основатель MileGroup, доктор социологических наук Андрей Милехин. – Этого явно недостаточно для эффективного выполнения общественных задач, но важно, чтобы справедливая или огульная критика не дискредитировала работу рядовых сотрудников полиции, которые каждый день, зачастую с риском для жизни, выходят на защиту нашей безопасности.

Эмоциональным пиком, когда отношение населения к полицейским изменилось, стала работа МВД на ЧМ по футболу в 2018 году, считает Константин Ремчуков.

– Для обеспечения порядка было задействовано около 100 тыс. полицейских. И тогда их работа была образцовой, – напомнил он.

Сор – из избы

И все же, по словам директора ВЦИОМа, доверие к полиции в нашей стране по сравнению с западноевропейскими и североамериканскими странами остается более низким, и этот разрыв следует устранять всеми способами.

В полиции работают сотни тысяч человек, отметил Владислав Гриб. В такой огромной структуре неизбежно будут встречаться нарушения, преступления и разгильдяйство. Однако сегодня, обратил он внимание, работа правоохранительных органов стала куда прозрачнее, чем 10 лет назад, и нелицеприятные истории моментально становятся не только достоянием общественности, но и объектами для расследования.

Положительную роль в борьбе с нарушениями сыграл тот факт, что руководителей стали привлекать за нарушения подчиненных, отметил в беседе с «Известиями» председатель Московского межрегионального профсоюза полиции и Росгвардии Михаил Пашкин.

– За любое нарушение подчиненного могут снять с должности руководителя. Одним из ярких примеров является ситуация с Иваном Голуновым. Тогда уволили начальника округа, помимо самих нарушивших закон полицейских, – отметил Владислав Гриб. – За последние 10 лет по каждому громкому случаю было расследование – был где-то приговор, увольнение. Необходимо, чтобы были неотвратимость наказания и открытость информации об этих случаях, – уверен эксперт.

Сейчас более 3/4 всех преступлений, которые совершают сотрудники МВД, разоблачаются и выявляются усилиями подразделений собственной безопасности, отметил Константин Ремчуков. Это тоже говорит о неизмеримо возросшей принципиальности руководства МВД, которое перестало защищать честь мундира любой ценой, что тянется еще с советских времен.

В ведомстве не замолчали и историю бывшего замначальника управления «Т» Главного управления экономической безопасности и противодействия коррупции МВД России полковника Дмитрия Захарченко. Его взяли под стражу в 2016 году по обвинению в злоупотреблении должностными полномочиями. В квартире бывшего чиновника нашли около 8 млрд рублей.

По данным экспертного доклада «Открытость государства в России – 2020», подготовленного Счетной палатой, АНО «Инфокультура» и Центром перспективных управленческих решений, в рейтинге открытости федеральных министерств МВД России занимает 3-е место (из 21).

Наглядное доказательство

За последние 10 лет жизнь в России стала безопаснее. Конечно, это зависит не только от полиции, но и от общества в целом, от государственной политики, напомнил

Владислав Гриб. Тем не менее за этот период количество зарегистрированных преступлений, по данным МВД, снизилось на 22% (с 2628,8 тыс. в 2010 году до 2044,2 тыс. в 2020 году). Тяжких и особо тяжких преступлений стало меньше на 18% (с 684,3 тыс. до 563,2 тыс).

— Это все же не самые важные показатели, — считает Владислав Гриб. — В работе полиции важнее раскрываемость преступлений и их профилактика.

Судя по статистике, прогресс в этом вопросе тоже есть. Раскрываемость убийств в 2020 году, по данным официальной статистики, составила 95,6%. В части умышленного причинения тяжкого вреда здоровью – 96,4%. Аналогичные показатели в 2010 году составляли 86,5% и 83,9% соответственно. Раскрываемость разбоев в 2020 году зафиксирована на отметке 89,9% по сравнению с 66,2% в 2010 году, грабежей – 76,9% по сравнению с 43,3%.

Количество погибших от преступных посягательств за 10 лет сократилось почти в два раза, сообщили «Известиям» в МВД. Так, в 2010 году погибли почти 42 тыс. человек, а в 2020 году – 22,7 тыс. человек. Похожая статистика имеется по гражданам, которым в результате противоправных деяний причинен тяжкий вред здоровью. В 2010 году этот показатель составлял свыше 50 тыс. человек, в 2020 году – 35,6 тыс. человек.

Заметно улучшилась ситуация с аварийностью на дорогах. Количество зарегистрированных ДТП за 10 лет уменьшилось на 27,3% (в 2010 году – 199 431, в 2020-м – 145 073), а число погибших в ДТП – на 39,2% (в 2010 году – 26 567 человек, в 2020-м – 16 152 человека).

К последнему показателю имеет отношение борьба с коррупцией в Госавтоинспекции, заявляют эксперты. По словам председателя Общественного совета при МВД Анатолия Кучерены, сегодня уже почти нельзя встретить «сотрудника ГИБДД в кустах», цифровизация изменила структуру.

— Новые технологии снизили количество коррупционных явлений в ГИБДД, они объективны. Если водитель нарушает, то «письма счастья» объективны, нельзя дать взятку видеокамере или договориться с ней. Если не согласен, есть право на обжалование, – пояснил Владислав Гриб.

В настоящее время на всей территории России внедряется сервис деятельности центров автоматизированной фиксации административных правонарушений в области дорожного движения, рассказали «Известиям» в МВД. Плановые сроки завершения мероприятия – декабрь 2021 года. Сервис позволит повысить эффективность борьбы с преступлениями, совершаемыми с использованием транспортных средств, а также с их хищениями; усовершенствовать процессы выявления и регистрации правонарушений в сфере дорожного движения и упростить процедуру обжалования штрафов.

А вот количество экономических преступлений в целом возросло. Однако эксперты связывают это с повышением их выявляемости.

– Преступления коррупционной направленности – одни из самых сложно раскрываемых дел из-за того, что связаны с огромными и зачастую запутанными экономическими схемами, – отметил Анатолий Кучерена. – Тем не менее важно, чтобы в итоге ответственность нес именно тот, кто совершил преступление, а не тот, кто оказался вовлечен в него. В последние годы в отделе по борьбе с экономическими преступлениями стало куда больше квалифицированных кадров, сегодня качество раскрываемости таких эпизодов значительно возросло.

Плюс цифровизация

Кардинально изменил работу полиции и стартовавший в стране процесс цифровизации процессов.

– Уже сейчас МВД выдает электронные справки о наличии (отсутствии) судимости и о том, является или нет лицо подвергнутым административному наказанию за потребление наркотических средств. В прошлом году на портале госуслуг появилась возможность прекращения регистрации транспортного средства бывшим владельцем по истечении 10 суток с момента заключения договора купли-продажи без посещения подразделения Госавтоинспекции, – сообщили «Известиям» в МВД.

Сейчас активно обсуждается масштабная реформа миграционной политики, отметили в министерстве. В этом процессе тоже будет использоваться преимущественно цифровой подход, который позволит упростить работу миграционных служб и повысит привлекательность туризма и работы в России для иностранных граждан.

– Цифровизация для полиции важна, я уж не говорю про системы в метро опознавания лиц – это очень важно для поиска преступников, – отметил Владислав Гриб. – Многие задачи по цифровизации еще предстоит выполнить, потому что одно дело – Москва, города-миллионники, другое дело – сельские поселения, малые города.

Однако сегодня интернет уже повсеместен, и это минус для преступников, подчеркнул эксперт.

— Это контроль над передвижением, авиаперевозками, метро и так далее. Это позволяет более эффективно наладить работу оперативных служб. За 10 лет мы сделали шаги вперед, как все органы власти, в том числе и в части информационных технологий, но глобальной революции пока все же не случилось, – отметил Владислав Гриб. – Но главное в работе полиции – это люди. Ни роботы, ни компьютеры не смогут их заменить, технологии – лишь вспомогательный инструмент.

Что касается дальнейшего совершенствования работы ведомства, здесь необходимо продолжать модернизацию внутри его структуры, считает и полковник полиции в отставке Алексей Трифонов.

— Можно отметить тренд на постоянную оптимизацию штата, например слияние оперативных подразделений. Другая основная задача состоит сейчас в том, чтобы идти в ногу с новыми технологиями, – рассказал эксперт.

Он отметил, что сейчас преступность массово ушла в интернет, и МВД разворачивается в эту сторону – службы наделяются новым функционалом. По статистике МВД, в 2020 году зарегистрировано 510,4 тыс. преступлений с использованием информационных технологий. В 2010-м их не выявляли вообще.

— В последнее время в стране сохраняется тенденция роста тяжких и особо тяжких преступлений, совершенных с использованием информационно-телекоммуникационных технологий. Криминальная активность в виртуальной среде постоянно растет, появляются все новые способы дистанционного совершения противоправных деяний. Сегодня это один из главных вызовов, стоящих перед правоохранительной системой, – отметили в МВД.

Сегодня ведомство проводит мероприятия по противодействию киберпреступности по нескольким направлениям. В том числе с помощью корректировки законодательства: юристы МВД принимали активное участие в разработке поправок в Уголовный кодекс Российской Федерации, которые приняты в 2018 году. Они закрепили ответственность за мошенничество с использованием электронных средств платежей. А вот кражи с банковских счетов перешли в категорию тяжких преступлений вне зависимости от суммы ущерба, пояснили в министерстве.

Известия Среда, 3 марта 2021 г.

СЛОВА И СЛОВОСОЧЕТАНИЯ

раскрываемость	[阴] 破案率；侦破率
гаишник	交通警
разоблачаться	[未] 揭发；揭露
киберпреступность	[未] 网络犯罪
лицеприятный	徇私的，讲情面的
репутация	声誉
ребрендинг	重塑形象
гендиректор	总经理
респондент	被访者，受访者
индекс	指数
инспектор	稽查员
огульный	无充分理由的，不分青红皂白的
дискредитировать	[未] 败坏…的名誉；搞臭
сор	废物，垃圾
разрыв	脱节
разгильдяйство	玩忽职守
расследование	调查，侦查
неотвратимость	[阴] 必然性
мундир	制服
профилактика	预防
причинение	造成，致使
разбой	抢劫
посягательство	侵犯，侵害
аварийность	[阴] 事故率
цифровизация	数字化
обжалование	上诉，申诉
хищение	盗窃
судимость	[阴] 被判过罪，前科
повсеместный	普遍的
тренд	趋势，社会舆论的倾向

правоохранительный орган	执法机关
МВД: Министерство внутренних дел	内务部
ГИБДД: Государственная инспекция безопасности дорожного движения	国家道路交通安全检查局
ВЦИОМ: Всероссийский центр изучения общественного мнения	全俄社会舆论研究中心
ЧМ: чемпионат мира	世界杯；世界冠军赛
злоупотребление должностными полномочиями	滥用职权
Счетная палата	审计署
АНО: автономная некоммерческая организация	非商业性质独立机构
ДТП: дорожно-транспортное происшествие	交通事故
Госавтоинспекция: Государственная автомобильная инспекция	国家汽车检查局
банковский счет	银行账户

УПРАЖНЕНИЯ

I. Выберите правильный вариант.

1. Помимо этого, Ростабак может заняться законодательным регулированием табачной отрасли и _____ под контроль сферу электронных сигарет и вейпов.

    A) владеть   B) держать
    C) взять   D) брать

2. Президент Белоруссии Александр Лукашенко дал поручение руководству нефтехимического комплекса страны в ближайшие часы завершить переговоры с Россией и _____ в ближайшие дни поставку нефти из альтернативных источников, сообщает «БелТА».

    A) наладить   B) налаживать
    C) исправить   D) исправлять

3. «Особо _____, что каждое шестое преступление совершается в семье, а каждое 12-е – родителями», – добавил Гайдов.

    A) праздную   B) отпраздную
    C) отмечаю   D) отмечу

ГЛАВА III ЗАКОНЫ

4. Женщина решила, что вдова ветерана Накия действовала незаконно и _____ ей моральные страдания, оцененные в 100 тысяч рублей.

   A) причиняла   B) причинила

   C) повергала   D) повергла

5. Секрет успеха Coca-Cola работает на российском рынке уже 27 лет, и _____ компания остается одним из лидеров индустрии и продолжает регулярно радовать российских покупателей яркими новинками.

   A) тем не менее   B) тем более

   C) тем менее   D) тем не более

II. Переведите следующие предложения на китайский язык.

1. В прошлое ушли прячущиеся в кустах гаишники, а снять с учета в ГИБДД проданную машину теперь можно, не выходя из дома. Социологи наблюдают повышение уровня доверия к полиции среди населения, а в рейтинге открытости федеральных министерств МВД России занимает третье место из 21 возможных. Более 3/4 всех преступлений, которые совершают сотрудники полиции, разоблачаются и выявляются усилиями подразделений собственной безопасности.

2. Этого явно недостаточно для эффективного выполнения общественных задач, но важно, чтобы справедливая или огульная критика не дискредитировала работу рядовых сотрудников полиции, которые каждый день, зачастую с риском для жизни, выходят на защиту нашей безопасности.

3. Количество погибших от преступных посягательств за 10 лет сократилось почти в два раза, сообщили «Известиям» в МВД. Так, в 2010 году погибли почти 42 тыс. человек, а в 2020 году – 22,7 тыс. человек. Похожая статистика имеется по гражданам, которым в результате противоправных деяний причинен тяжкий вред здоровью. В 2010 году этот показатель составлял свыше 50 тыс. человек, в 2020 году – 35,6 тыс. человек.

4. Тем не менее важно, чтобы в итоге ответственность нес именно тот, кто совершил преступление, а не тот, кто оказался вовлечен в него. В последние годы в отделе по борьбе с экономическими преступлениями стало куда больше квалифицированных кадров, сегодня качество раскрываемости таких эпизодов значительно возросло.

5. Сегодня ведомство проводит мероприятия по противодействию киберпреступности по нескольким направлениям. В том числе с помощью корректировки

законодательства: юристы МВД принимали активное участие в разработке поправок в Уголовный кодекс Российской Федерации, которые приняты в 2018 году. Они закрепили ответственность за мошенничество с использованием электронных средств платежей. А вот кражи с банковских счетов перешли в категорию тяжких преступлений вне зависимости от суммы ущерба, пояснили в министерстве.

III. Ответьте на вопросы по тексту.

1. Что изменилось после того, как милиция стала полицией?

2. Как общество относилось к реформе в МВД? Какие ваши доказательства?

3. Сколько процентов граждан заявили о доверии сотрудникам МВД в ноябре 2020 года в рамках исследования «Рейтинг доверия социальным институтам России»?

4. Что сыграло положительную роль в борьбе с нарушениями в полиции?

5. Каких успехов добились органы МВД России? Перечисляйте их!

6. Почему считаются преступления коррупционной направленности – одним из самых сложно раскрываемых дел?

IV. Вопросы для обсуждения.

1. Что вы знаете о цифровизации в МВД России?

2. Какая тенденция преступлений в последнее время в стране?

ГЛАВА IV СОЦИАЛЬНЫЕ ПРОБЛЕМЫ

4.1 Когда вечная память изменяет

На прошлой неделе стартовал международный субботник, посвященный 80-летию начала великой отечественной войны. Добровольцы из России, ближнего и дальнего зарубежья начали благоустраивать мемориалы и памятные места, которых по миру десятки тысяч. Хорошо ли мы храним память о тех, кто отдал свои жизни за наше будущее? Что или кто мешает этому?

«Ничьих» героев не бывает?

К сожалению, до сих пор далеко не до всех памятников доходят руки и у добровольцев, и у местных властей.

Зачем выключать огонь?

«Работу по учету и реставрации памятников погибшим в Великой Отечественной войне мы начали еще в 2012 г. К нам обращались люди с жалобами, что памятники разрушаются, что за ними никто не следит, – рассказывает первый зампредседателя Совета ветеранов Челябинской обл. Александр Дегтярь. – Мы ездили по области, оценивали состояние памятников, искали информацию в архивах, общались с главами местных администраций». Постепенно к восстановлению мемориалов подключились волонтеры, общественники. В результате за прошедшие годы общими усилиями 926 памятников были приведены в порядок. Совет ветеранов занимался учетом и восстановлением мемориалов «Вечный огонь». Члены совета провели инвентаризацию и выяснили, что подобных мемориалов в регионе 47, но постоянно в 2018 г. функционировали только 17. Остальные включались только 9 мая и 22 июня. «Но если этот памятный огонь мы называем «вечный», то и гореть он должен в постоянном режиме. Мы подключили к этой работе общественные организации, областные и муниципальные власти, и на сегодняшний день в Челябинской обл. уже 26 постоянно действующих мемориалов «Вечный огонь». В этом году к празднику 9 Мая на постоянной основе заработают мемориалы в Сосновском, Октябрьском, Увельском районах», – говорит Александр Дегтярь. По его словам, в некоторых населенных пунктах технически сложно сделать огонь «вечным». Чтобы огонь горел постоянно, необходимо бесперебойное поступление газа, к мемориалу надо тянуть ветку газопровода. Но пока даже в областном центре есть установленные еще в советские годы памятники, которые заметно обветшали. Например, памятник работникам ЧГРЭС, погибшим в Великой Отечественной войне: на мемориальной плите, на которой выбиты фамилии павших, образовалась глубокая трещина. Территория вокруг мемориала не благоустроена: много мусора, вазоны разрушаются. «Раньше эти памятники ремонтировали и территорию вокруг них благоустраивали работники предприятий. Эта шефская помощь осталась в прошлом, – объясняет челябинский краевед Юрий Латышев. – На мемориальной плите, посвященной сотрудникам ЧГРЭС, трещина появилась еще 7 лет назад, но до сих пор никто этот памятник так и не отреставрировал». А в деревне Поросино под Томском неизвестные вандалы оригинально решили отметить приближающийся День Победы – в одну из апрельских ночей они разрушили памятник героям Великой Отечественной войны. Глава Томского района Александр Терещенко заявил, что правоохранительные органы занимаются поисками вандалов. «Сотворить такое за две недели до дня Великой Победы наших предков – это бесчеловечно», – сказал он.

Прикрыли тряпочкой

На территории Волгоградской обл., по официальным данным, сегодня насчитывается 700 захоронений времен Великой Отечественной войны. В прошлом году, в канун 75-летия Победы, многие из них обновили и отреставрировали. Но повезло не всем. Так, жители пос. Майский в пригороде города-героя, который год бьют тревогу. Здесь находится одно из крупнейших захоронений времен войны, куда в 1952 г. перенесли останки советских солдат и офицеров с территорий, попавших под затопление во время строительства Волго-Донского канала. Но мемориальные гранитные плиты потрескались, часть разваливается. – В таком состоянии памятник находится уже долгое время, – рассказывает бывший председатель ТОС «Майское»

Николай Лихачев. – Куда я только не обращался, сколько мы писем написали! Но толку – ноль. В прошлом году – вообще позорище! – на 9 Мая потрескавшиеся плиты с фамилиями погибших просто взяли и закрыли тканью – типа, ремонт идет. В администрации Советского района Волгограда «АиФ» сообщили, что в 2020 г. была начата разработка предварительного проекта реконструкции, но готов он будет лишь к июлю. Так что к 9 Мая, когда в Майский со всей страны приедут потомки защитников Родины, привести захоронение в порядок точно не успеют.

Кто исправит ошибки?

В Ростове-на-Дону 17 братских могил погибших в годы Великой Отечественной войны. Все эти захоронения находятся на балансе городской администрации («Служба городских кладбищ»). «За ними ухаживают и наши депутаты, и волонтеры, и студенческие отряды. Некоторые могилы участников Великой Отечественной войны, которые умерли уже после Победы, порой стоят неубранные, потому что родственников или не осталось, или они не знают, где покоятся их родные. Так что мы приводим в порядок и эти могилы», – рассказывает директор МКУ «Служба городских кладбищ» Артем Паремузов. По его словам, в этом году «ничьи могилы» приводили в порядок 500 ростовчан. И все же нерешенные проблемы остаются. Например, на многих могилах не указано, кто захоронен, упомянуто только, что погибшие в Великой Отечественной войне. На Братском кладбище Ростова-на-Дону таких могил четыре. На одной фамилии павших появились всего несколько лет назад. По словам руководителя Ростовского регионального отделения Всероссийского общества охраны памятников истории и культуры Александра Кожина, оплатили эту работу не из городской или областной казны – деньги нашлись у донских меценатов. Правда, памятная доска получилась похожей на мраморную телефонную книгу: указаны только фамилии и инициалы погибших, ни полных имен, ни дат жизни и смерти, ни званий нет. Здесь же раньше были одиночные захоронения генералов и полковников, но памятники снесли, а фамилии высших армейских чинов просто внесли в эту же «телефонную книгу». «Это большая ошибка! Сейчас я веду переговоры о том, чтобы эти же плиты зашлифовать и сделать надписи заново, указав полностью фамилию, имя, отчество, воинское звание и дату смерти захороненных», – говорит Александр Кожин.

Как Европа чтит память советских солдат

Пока российское посольство в Словении возглавлял бывший замглавы МИД РФ Доку Завгаев, здесь было открыто 28 новых воинских захоронений. «Эту работу мы вели с 2010 г. в тесном взаимодействии с представителями властей страны пребывания, ветеранскими и молодежными организациями, соотечественниками, СМИ и пр., – рассказал «АиФ» Доку Гапурович. – У каждого из 83 памятников ежегодно проводятся массовые мероприятия с участием словенской общественности. Эти встречи вызывают у местного населения исключительное уважение к нам и к нашей стране, которая никогда не забывает своих сыновей. Кроме того, они дают огромный массив информации. Благодаря этому нам удалось установить 3000 ранее неизвестных имен наших воинов и открыть 28 новых памятников. Одним из самых заметных стало открытие президентом Путиным 30 июля 2016 г. в столице Словении Любляне первого в истории нашего государства общего памятника сынам России и Советского Союза, погибшим на словенской земле в годы Первой и Второй мировых войн. А 1 сентября 2019 г., в день начала Второй мировой войны, у этого мемориала был открыт Вечный огонь, частичка пламени для которого была доставлена спецсамолетом минобороны России от мемориала Вечного огня у Кремлевской стены. По договоренности с минобороны Словении в памятные даты у мемориала выставляется почетный караул словенских вооруженных сил, а военный оркестр исполняет гимн России. Работа коллектива посольства получила высокую оценку президента России, который поручил «обобщить» опыт нашего посольства и «распространить» его в другие страны. Уважительно относятся к памяти наших павших воинов и в Германии – здесь 4 тыс. советских воинских захоронений. Немецкий журналист и издатель Франк Шуман и его сын Фриц – авторы уникального фотоальбома «Памятники освобождения. Следы Красной армии в Германии». «Мы взялись за этот проект к 75-летию победы над фашизмом, объехали часть воинских захоронений в Германии. Могилы, памятники содержатся достойно – об этом заботятся муниципалитеты, некоммерческие союзы и простые граждане, – рассказал «АиФ» Франк Шуман. – Нам всем нельзя забывать, что Россия принесла самые большие жертвы в деле освобождения мира от фашизма. И это нельзя «переиграть» назад. Память нас ко многому обязывает. Эти могилы – напоминание о прошлом, которое никогда не должно повториться».

ГЛАВА IV   СОЦИАЛЬНЫЕ ПРОБЛЕМЫ

Скинулись всем миром

Порой деньги на достойное содержание памятников местные жители собирают сами. В 2020 г. небольшой знак памяти трудившимся в годы Великой Отечественной войны односельчанам открыли в тюменской деревне Земляной. Увековечить имена тех, кто трудился в тылу, предложила бывший директор местной школы Валентина Цыбуцинина. Она организовала инициативную группу, назвала ее «Рябинушка». – В школе мы с детьми и руководителем музея начали собирать материал о тружениках тыла, проживающих на нашей территории. Мало внимания уделяется этим людям, а ведь они обеспечивали солдат на фронте всем необходимым, работали на полях и фермах. Хотелось, чтобы третье поколение, родившееся в Земляной после войны, знало о подвиге своих бабушек и дедушек, – рассказывает она. Предложение поддержали все неравнодушные. Жительница деревни Зоя Воропаева пожертвовала 5 тыс. руб. на покупку тротуарной плитки к памятнику. Ее отец Виктор Семенов 10-летним ребенком пахал землю на быках, возил сено, заготавливал дрова, собирал урожай – брался за любую работу, даже если она была не всегда по плечу. Еще один житель деревни, Геннадий Чурсанов, принес из дома плитку и вместе с тремя односельчанами облицовывал фундамент постамента. «Подумал: почему бы не отдать на благое дело? У меня отец – фронтовик. А сам я помню, как после войны именно женщины восстанавливали народное хозяйство, с самой тяжелой работой справлялись», – вспоминает он. Рядом с памятником земляновцы разбили небольшой сквер и посадили 15 саженцев рябины и ели, выделенные местным лесничеством. Установили скамейки. Этим летом жители планируют еще больше озеленить территорию вокруг постамента. А в Лунинском районе Пензенской обл. рассказывают сразу две истории, связанные с памятниками. Первая произошла в селе Липовка. Один из жителей в 2018 г. разместил в интернете несколько фото заброшенного монумента, установленного в память о воевавших земляках. «Забытое властями село», – грустно написал автор. На снимках были видны сколы на самом памятнике, облетевшая местами штукатурка. Реакции властей не дождались и сами замазали трещины штукатуркой. А в конце прошлого года, несмотря на все пандемийные сложности, в селе Липяги народ собрал деньги, на которые установили монумент воинам-землякам. «Помогали все жители села. Кто-то трудом, кто-то деньгами. Приносили с пенсии по 100, 200 руб. А некоторые смогли дать и 5-6 тыс. руб. Всего собрали 93, 250 руб. Еще часть средств выделила администрация сельсовета», – рассказывает один из инициаторов возведения Виктор Сушков. Так в селе появился памятник с выбитыми на нем именами 151 героя.

Вспомнить всех поименно

В Калининградской обл. есть уникальный опыт создания базы данных воинов, погибших в годы Великой Отечественной войны на территории бывшей Восточной Пруссии и в приграничных с ней районах Польши и Литвы. В электронной Книге Памяти собраны данные о 182 тыс. погибших, и сведения постоянно пополняются. Это не просто перечень фамилий, здесь собрана полная информация: где родился и был призван человек, где он захоронен, перезахоронен, чем награжден и где увековечена его память. За каждой строчкой – годы кропотливой архивной работы команды создателей сайта «Пруссия 39» и инициатора проекта, краеведа Дмитрия Вострикова. Сегодня этой базой пользуется вся Россия. В этом году в ходе реализации гранта президента РФ в нее добавили еще 27 тыс. фамилий советских воинов, погибших в годы Второй мировой войны на территории Польши. – Еще пять лет назад в Калининградской области не было ни одного захоронения, плиты которых не содержали бы ошибок, – говорит Дмитрий Востриков. – Сегодня количество таких ошибок стремительно уменьшается. Регион участвует в федеральной программе, которая предполагает замену мемориальных плит, и все они делаются на основе наших списков. Актуализированные списки воинских захоронений после необходимой проверки Служба госохраны объектов культурного наследия утверждает приказами в качестве предмета охраны. Большое внимание уделяют качеству – хорошо ли читаются надписи. Люди, не помнящие своей истории, недостойны будущего. Можно говорить много пафосных слов о Дне Победы. Но для меня это прежде всего день, когда закончилась война. Можно потратить миллиарды на парады, концерты и салюты, но, если хотя бы несколько процентов этих средств направить на увековечение персональной памяти погибших, проблема решилась бы в короткие сроки по всей стране. Пока же усилия волонтеров нередко разбиваются о стену непонимания чиновников всех уровней. Четыре года шла война – и три четверти века оказались недостаточными для того, чтобы не только достойно захоронить всех погибших, но хотя бы без ошибок написать их фамилии. Недавно Госдума приняла поправки в Закон об увековечении памяти погибших при защите Отечества, согласно которому значительная часть полномочий в этих вопросах передается на региональный уровень. Надеюсь, они их достойно реализуют, в том числе и с учетом накопленного нами опыта.

Аргументы и факты Москва, 5 мая 2021 г.

СЛОВА И СЛОВОСОЧЕТАНИЯ

благоустраивать	[未] 使……设备完善
реставрация	修复
инвентаризация	盘点
муниципальный	市政府的
бесперебойный	不间断的
обветшать	[未] 变陈旧，变破旧
павший	阵亡者
трещина	裂痕
вазон	花盆
шефский	首长的
краевед	地方志专家
отреставрировать	[完] 修复
вандал	破坏文物者
тряпочка	抹布
захоронение	墓地
останки	遗体
затопление	淹没
гранитный	花岗石的
плита	板
потрескаться	[完] 裂缝
толк	解释
позорище	可耻的事
ткань	[阴] 织布
неубранный	未收拾好的
ростовчанин	罗斯托夫居民
меценат	艺术和文艺资助者
мраморный	大理石的
инициал	姓名的开头字母
одиночный	单个的
зашлифовать	[完] 磨光，抛光
массив	一大片

муниципалитет	自治市政府
скинуться	[完] 变成
тюменский	秋明州的
увековечить	[完] 使流芳百世
тротуарный	人行道的
облицовывать	[未] 砌面，镶面
постамент	底座
сквер	小公园
саженец	树苗
лесничество	林业劳动区
монумент	纪念碑
скол	缺口
штукатурка	灰泥
замазать	[完] 涂抹
кропотливый	细致复杂的
пафосный	印象深刻的
бить тревогу	敲警钟
на балансе кого	处于……资产负债表中
ЧГРЭС: Челябинская городская электростанция	车里雅宾斯克市发电站
ТОС: территориальное общественное самоуправление	地区社会自治

УПРАЖНЕНИЯ

I. Выберите правильный вариант.

1. Он стоял на небольшой возвышенности, и по тому, как нервно хлестал себя хвостом по бокам, было понятно, что лев в любой момент готов _____ к охоте на жеребенка.

    A) заключиться B) выключиться
    C) подключиться D) включиться

2. Той же количественной стороне дела, или, иными словами, результатам статистической обработки опросных данных, отдавалось предпочтение в первых научных трудах, посвященных _____ общественного мнения.

    A) исследование B) исследованием
    C) исследования D) исследованию

3. Может быть, сказывается то, что они появились позже, когда я уже стала более опытной матерью, а может, мне просто сказочно _____ на раздаче.

   A) повезут   B) повезло   C) повезет   D) повезли

4. – Мы уже ушли без спроса, и будет только хуже, если _____ под дождь. Если пойдем вдоль реки, доберемся быстрее. Давай, идем.

   A) впадем   B) западем   C) упадем   D) попадем

5. Избавиться от них можно, только если _____ старый дом и на его месте построить новый, на крепком фундаменте.

   A) перенести   B) снести   C) вынести   D) внести

II. Переведите следующие предложения на китайский язык.

1. На прошлой неделе стартовал международный субботник, посвященный 80-летию начала великой отечественной войны. Добровольцы из России, ближнего и дальнего зарубежья начали благоустраивать мемориалы и памятные места, которых по миру десятки тысяч.

2. Эти встречи вызывают у местного населения исключительное уважение к нам и к нашей стране, которая никогда не забывает своих сыновей.

3. Вечный огонь, частичка пламени для которого была доставлена спецсамолетом минобороны России от мемориала Вечного огня у Кремлевской стены.

4. Мало внимания уделяется этим людям, а ведь они обеспечивали солдат на фронте всем необходимым, работали на полях и фермах.

5. Недавно Госдума приняла поправки в Закон об увековечении памяти погибших при защите Отечества, согласно которому значительная часть полномочий в этих вопросах передается на региональный уровень.

III. Ответьте на вопросы по тексту.

1. Чем занимается Совет ветеранов Челябинской области?
2. Почему некоторые могилы в Ростове-на-Дону стоят неубранные?
3. Благодаря чему удалось установить 3000 ранее неизвестных имен наших воинов и открыть 28 новых памятников в Словении?
4. Какой опыт создания базы данных воинов есть в Калининградской области?
5. Какие сведения пополняются в электронной Книге Памяти о погибших в Калининградской области?

IV. Вопросы для обсуждения.

1. Как вы относитесь к разрушительным действиям вандалов?
2. Какие меры в Китае принимаются для защиты своих памятников?

4.2 Ячейка общества

Люди сегодня не спешат регистрировать брак, но по-прежнему нуждаются друг в друге

Как часто отовсюду, в том числе с высоких трибун, раздается: «Семейные ценности разрушаются. Люди больше не хотят создавать устойчивые отношения, любить, рожать детей». Совершенно распоясался народ. Особенно в больших городах. Кругом индивидуализм и атомизация. Но так ли на самом деле? Разбираемся, анализируя новейшие исследования в области семьи и брака.

Семья, о которой мы будем толковать, – это не «русская матрешка» типа «дочка-мама-бабушка», не «сестра и брат с чадами и домочадцами» и не другие формы сожительства родственников, невольного, как правило (в связи со стесненными материальными обстоятельствами, как часто бывает). Мы говорим о союзе мужчины и женщины, которые сравнительно молоды, свободны, независимы, и ничто, кроме доброй воли, не может заставить их соединиться под одной крышей. Каковы сегодня основания для этой «доброй воли»? И есть ли вообще эти основания? Ведь отовсюду все чаще раздается: «Институт семьи гибнет», «Разводов больше, чем браков», «Мужчины жениться не хотят» и так далее.

В социологической науке существует две точки зрения на тенденции в современной семье: парадигма кризиса и парадигма модернизации. Если кризис, значит, семья летит в пропасть, род человеческий под угрозой исчезновения. Если модернизация, то у нас есть еще надежда продолжить воспроизводиться и все плотнее заселять родную планету, как заповедано предками и всеми авторитетными религиями. Только на каких-то уже новых, пока довольно туманных условиях. У обеих позиций найдется немало сторонников, и не только среди ученых.

Говоря о кризисе семьи, обычно приводят статистику разводов. А она довольно апокалиптическая. Если соединить свежие сведения Росстата и Европейского статистического агентства, получается, что мы на первом месте в Европе по числу разводов на тысячу человек населения в год. Конкретно: по данным Росстата за 2019 год, на 900 тысяч браков у нас приходится порядка 600 тысяч разводов. Причем дурная привычка расходиться пришла в нашу страну не вчера. В 1965 году упростилась процедура расторжения брака (в частности, о начале бракоразводных процессов перестали сообщать в газетах – до этого было обязательно), в 1969-м приняли новый Семейный кодекс, позволявший супругам, не имевшим несовершеннолетних детей, разводиться без суда. И народ потихоньку потянулся в загсы за штампами о разводе. В 1970-е и 1980-е будущие страны СНГ: Россия, Украина, Белоруссия и Молдавия – бодро обогнали старушку-Европу по числу разводов. В РСФСР семьи распадались вдвое активнее, чем в Западной Германии, и почти в четверо – чем во Франции. Не удавалось победить только США, но в 2002 году обставили и их.

Зачем разводимся

Причины развода сегодня люди называют те же, что и семь лет назад. В опросе ВЦИОМа, опубликованном летом 2019 года, об отношении россиян к бракам и разводам – 21 процент опрошенных высказал мнение, что чаще всего браки распадаются «из-за измен, ревности», столько же людей считают, что семьи гробит «непонимание и эгоизм». И 46 процентов убеждены: ячейки общества сокрушает «бедность, отсутствие работы и возможности прокормить семью». А это уже интересно: в 2013 году бедность как причину семейного краха называл всего 21 процент опрошенных.

Демографы ВШЭ Елена Чурилова и Сергей Захаров изучили процесс зарождения у людей крамольных мыслишек о разводе. Опираясь на данные трех волн обследования «Родители и дети, мужчины и женщины в семье и обществе» (за 2004, 2007 и 2011 годы), ученые проанализировали, как часто семейные россияне думали о расставании с партнером и в итоге действительно расходились. Несмотря на сложность и колоссальный масштаб работы (опрос 3000 человек из разных брачных когорт: те, кто женился в 1965-1979 годах, в 1980-х, 1990-х, начале 2000-х), ученые, по сути дела, подтвердили то, что все давно знали. Выяснилось, что женщины вдвое чаще мужчин задумывались о качестве отношений. Также именно они чаще собирались расстаться с партнером – и исполняли задуманное. Люди старших поколений предавались мечтам о разводе почти вдвое реже, чем молодежь.

– Женщины всегда были склонны предъявлять более высокие требования и к выбору партнера, и к качеству отношений, – говорит семейный психолог Ирина Петрова. – Эволюционно именно слабый пол заточен на выбор наилучшего отца для своего потомства, а сегодня к этому прибавились еще и свобода, которую дала контрацепция, экономическое равноправие и новые культурные установки: если отец оказался недостаточно хорош, можно сравнительно бескровно вытурить его из семейной жизни. Союз мужчины и женщины, скрепленный штампом в паспорте, как бы мы с ним ни носились, приобретает все более формальное значение. Брачный возраст постоянно повышается. Все чаще женщины стремятся поскорее «сходить замуж», чтобы успеть родить ребенка и избавиться от общественного давления, а потом развестись и спокойно, свободно искать партнера, как говорится, на всю жизнь. Кстати, общественное мнение уже отреагировало на эту тенденцию: разведенным дамам пытаются навесить ярлык «разведенка с прицепом» (разведенная женщина с ребенком. – «ВМ»). Сегодня это одно из самых сильных оскорблений, в то время как раньше самым обидным было «вековуха» и «старая дева».

Ветреная молодежь?

Однако если не зависать в горестной позе над «разводными» цифрами, как старуха над разбитым корытом, а копнуть чуть поглубже, мы обнаружим кое-что интересное. Например, что не только развод – наша общенациональная забава. По числу заключенных браков Россия также в лидерах среди европейских стран. Точнее, на третьем месте после Литвы и Румынии. Просто вот так энергично живем, горячие мы люди.

Глядя на историю разводной статистики, мы без труда увидим, что нынешние 600 тысяч в год, которые преподносятся и СМИ, и чиновниками как «ужас-ужас», длится уже давненько. 581 тысяча пар развелась у нас в 1980 году, зловещие 666 тысяч – в 1995-м и 854 тысячи – в 2002-м. С тех пор ниже 600 тысяч число разводов не падало до 2018 года. А вот жениться в последние 10 лет стали действительно реже: в 2011 году браков было заключено на 400 тысяч больше, чем в 2019-м. Хотя справедливости ради отметим, что в конце 90-х люди вступали в брак еще менее охотно. Но выкарабкались же как-то. Даже беби-бум небольшой устроили в 2000-х. Причем социологи настаивают, что брачная активность все-таки больше связана с численностью молодежи, чем с усилением или ослаблением традиционных скреп. Сейчас вступает в брак малочисленное поколение, рожденное в 90-е, поэтому в ближайшие годы жениться люди будут не слишком бурно. А когда подрастут беби-бумеры-двухтысячники, «брачность» опять поползет верх. А вдруг и разводиться станут меньше? Очень может быть.

Прагматичное юношество

Социологи во все времена любили изучать молодежь. И никогда она не преподносила ученым столько сюрпризов, сколько в последние годы. Множество исследований обнаруживают, что молодые люди в России сегодня рассудительны не по годам. Никаких стариковских лозунгов типа «живи быстро – умри молодым». Во всем умеренность и аккуратность.

Так, в статье «Установки студентов в брачно-семейной сфере и отношениях между полами» (2018) авторы, доктор социологических наук, сотрудник Института социологии ФНИСЦ РАН Татьяной Гурко и студентка Мария Мамиконян, приводят данные исследования студентов в возрасте 20-23 лет. Исследование проводилось в фокус-группах (когда участников не анкетируют, а собирают в компанию по 8-12 человек и предлагают им обсудить ту или иную проблему). Обсуждение вопроса «Зачем люди заключают брак официально?» обнаружило, что молодежь сегодня более серьезно относится к экономическому базису семьи: многие признавались, что бежать в загс с бухты-барахты по большой любви совсем не обязательно.

Гораздо разумнее пожить вместе, проверить чувства. Для этого штамп не нужен. Важное основание для женитьбы – совместное имущество пары. При этом сам по себе «институт брака сохраняет пока свою значимость», говорят исследователи. В отношении супружеских ролей российские студенты проявили взвешенный либеральный подход: они признали, что женщина имеет право работать, а не сидеть в декрете, да и муж может побыть с детьми, если у жены хорошая стабильная работа, а у него не очень. В заключение авторы исследования признают, что «двойные стандарты, согласно которым только мужчины должны инициировать знакомства, отношения, оплачивать счета, постепенно угасают в России». Юноши «ориентированы на различные модели разделения семейных ролей, девушки – преимущественно на эгалитарную модель». От себя добавлю: мы и не заметили, как у нас в стране выросла прекрасная молодежь, рассудительная и психологически гибкая. Трудно не признать, что эти два качества дают хороший прогноз для счастливой семейной жизни.

Гражданский брак: почему бы и нет

Исследований о том, что сожительство без регистрации – очень хрупкая конструкция, существует немало. Социологи и психологи сходятся во мнении: женщины в таких браках страдают, поскольку не чувствуют уверенности в партнере, не спешат обзаводиться потомством. А мужчины смотрят налево и вообще не вольные соколы. Однако, несмотря на предостережения, все больше россиян (и не только россиян) соединяются под одной крышей, не оповещая об этом загс. При этом все чаще гражданский брак рассматривается не как «жизнь во грехе, прости, Господи!», а как естественный этап, некое «чистилище» между конфетно-букетным периодом и официальным союзом, со штампом и обручальным кольцом. Об этом давно говорят западные социологи, а с недавних пор – и наши. Так, в докладе «Является ли сожительство альтернативой браку в России» социологи НИУ ВШЭ Алена Артамонова и Екатерина Митрофанова, опираясь на анализ обследования «Родители и дети, мужчины и женщины в семье и обществе», пришли к выводу, что 76 процентов «свободных сожительств» завершаются супружеством. Правда, нужно оговориться: наша рассудительная молодежь любит пожить без штампа в принципе (см. выше). Все чаще ученые говорят о «серийной моногамии»: десять лет пожил с одним человеком, потом – еще десять лет с другим. Жизнь-то теперь длинная.

С тем, что расписываться официально люди со временем будут все реже, согласна и психолог Юлия Лисичкина, сотрудник кафедры общей психологии Института экспериментальной психологии МГППУ: «Все-таки ответственность за переход брака в официальную плоскость по-прежнему несет мужчина. Как бы он ни был современен и эгалитарен, он по-прежнему стремится быть сильнее, умнее своей женщины. Во времена, когда жена не работала и во всем зависела от мужа, это было легко. В современном мире, чтобы быть лидером, нужно потрудиться. И мужчина идет по пути наименьшего сопротивления: он отказывается от вступления в брак. Так он сохраняет контроль над ситуацией, как бы делая женщину зависимой от своего решения».

Уж сколько нам открытий чудных

Для меня лично поводом поднять эту тему послужил один оригинальный сайт знакомств, о котором я когда-то писала и который наблюдаю с тех пор, как он открылся – с 2012 года. Как сказано на передовице, он создан для людей, мечтающих иметь детей. Вот так просто: «Поиск партнера с желанием иметь ребенка».

Приступая к изучению контента, я ухмылялась: наверняка тут пасутся стада хитрецов, которые мечтают изменять законной жене под видом благотворительности. И частично мои ожидания оправдались: когда я зарегистрировалась там как одинокая дама, мечтающая о потомстве, меня атаковали несколько женатиков и с предложениями «предоставить свой биоматериал безвозмездно». Я высмеяла их в статье, но анкету удалять не стала. И вскоре среди соискателей стали преобладать свободные одинокие мужчины, желающие найти жену, то есть те самые «нормальные мужики», о которых так часто говорят, что «их не осталось». Как признался один из них, надоели халявщицы в «Тиндере». То есть на обычном сайте знакомств велика опасность нарваться на легкомысленную барышню, а здесь благородное правило игры – рождение детей – создает надежный фильтр от психологического мусора. Это тоже интересное веяние времени и, возможно, перспективная форма семьи: люди объединяются не по любви, не для сохранения и приумножения имущества, а для того, чтобы вырастить потомство. Это любопытно: по традиции у нас принято осуждать брак ради детей. Эту общую точку зрения емко выразил в одной из лекций сексолог, доктор медицинских наук Лев Щеглов, сказав, что в «детоцентрической семье» потомки растут под колпаком гиперопеки и вырастают несчастливыми невротиками. Не говоря уже о том, что взрослые, сузившие счастье супружества до родительства, несчастливы тоже. Вроде все логично. Но есть одно «но». Жизнь подкидывает нам все новую пищу для размышлений. Создатель описанного мною сайта знакомств Павел Н. (фамилию назвать он отказался) – программист по основной профессии. На идею помогать людям таким необычным способом его натолкнула его собственная житейская ситуация: «Вроде бы всего хватало, но чего действительно не было, так это своих биологических детей. Жена не могла забеременеть. Но у нее уже был взрослый ребенок, а у меня нет. И я решил бросить все свои программистские силы в этот проект». Со временем Павел и сам воспользовался возможностями своего проекта: выступил как донор материала для искусственного оплодотворения. И сейчас он счастливый отец троих детей – от нескольких счастливых матерей. Сам себя он называет «регулярно помогающий папа на удаленке».

Вопрос тоски по отцовству снят, с женой отношения сохранились. «Я на себе убедился, что в принципе созданная система функционирует. И таких мужчин, как я, на сайте очень много». А что, так можно?! Выходит, да. Сайты, приглашающие людей объединиться для создания детей, в США и Германии открылись еще раньше, чем в России.

Реплика

Светлана Бояринова, семейный психолог:

– Пока я могу говорить скорее о кризисе семьи, чем о возрождении. Большинство людей живут по законам потребительского общества, которое постоянно испытывает дефицит в чем-либо и не осознает своих ресурсов. Люди-потребители, как маленькие дети, хотят брать, но не очень настроены отдавать и создавать. А семья – это способность к созиданию, взрослая позиция. Возможно, мы скоро повзрослеем и на обломках традиционной семьи создадим что-то новое. Но пока об этом рано говорить.

Статистика

Согласно опросу ВЦИОМа, проведенному в марте этого года, россияне действительно не очень стремятся официально менять свое гражданское состояние. Каждый десятый предпочитает неофициальный брак. Особенно много «неформалов» среди молодежи. В возрастных категориях 18-24 и 25-34 года людей, живущих в гражданских союзах, по 16 процентов соответственно. Самые консервативные – россияне от 60 лет. Всего 5 процентов граждан этой возрастной группы предпочитают «вольное» сожительство с партнером. Официально женаты и замужем на сегодняшний день всего 52 процента наших соотечественников.

Тем временем Росстат сообщает, что за время пандемии вообще снизилась брачная активность населения. По данным ведомства, в первой половине 2020 года на 25 процентов уменьшилось число заключаемых браков и на 25,7 – число разводов. Кроме того, на 5,4 процента снизилась и рождаемость. За январь–июнь в стране родились 680 974 младенца, а умерли 946539 человек. Таким образом, естественная убыль населения составила 265565 человек.

Вечерняя Москва, 20 февраля 2020 г.

СЛОВА И СЛОВОСОЧЕТАНИЯ

ячейка	单元
распоясаться	[完] 肆无忌惮
атомизация	原子化
чадо	孩子
домочадец	家里的人
сожительство	共同生活
стесненный	窘迫的
пропасть	[阴] 深渊
заселять	[未] 居住

заповедать	[完] 留遗训
апокалиптический	启示的
расторжение	解除
несовершеннолетний	未成年的
загс	户籍登记局
обогнать	[完] 赶上
распадаться	[完] 破碎
обставить	[完] 超过
гробить	[未] 毁坏
сокрушать	[未] 击溃
крах	崩溃
крамольный	反逆的
мыслишка	无价值的思想
обследование	勘测
колоссальный	庞大的
когорта	集体
предаваться	[未] 陷于
заточить	[完] 监禁，拘禁
контрацепция	避孕法
вытурить	[完] 赶出去
носиться	[未] 存在
ярлык	封诰
прицеп	拖油瓶
вековуха	老姑娘
дева	未婚女子
ветреный	轻浮的
горестной	悲伤的
поза	姿势
корыт	洗衣盆
преподноситься	[未] 被描述
зловещий	可怕的
выкарабкаться	[完] 摆脱
беби-бум	婴儿潮

скрепа	夹板
поползти	[完]开始爬
прагматичный	实用的
преподносить	[未]送给
рассудительный	审慎的
инициировать	[完，未]引发
эгалитарный	均产的
обзаводиться	[未]获得
предостережение	警告
чистилище	涤罪所
обручальный	订婚的
альтернативный	二选一的
обследование	勘察
супружество	婚姻
оговориться	[完]附带说明
моногамия	一夫一妻制
плоскость	[阴]方面
чудной	奇怪的
передовица	社论
ухмыляться	[未]冷笑
пастись	[未]捞好处
женатик	已婚人士
безвозмездно	免费地
халявщица	骗子
тиндер	泥塘
веяние	风尚
приумножение	增加
сексолог	性学家
колпак	盖子
гиперопека	溺爱，过度照顾
невротик	神经过敏者
сузить	[完]使狭窄
подкидывать	[未]补充

забеременеть	[完] 怀孕
донор	捐献者
оплодотворение	受精
отцовство	父亲身份
повзрослеть	[完] 长大成人
с бухты-барахты	突然；毫不考虑地；无缘无故地
сидеть в декрете	休产假
гражданский брак	同居

Росстат: Российское статистическое агентство
俄罗斯统计局

РСФСР: Российская Советская Федеративная
俄罗斯苏维埃联邦社会主义共和国

ФНИСЦ РАН: Федеральный научно-исследовательский социологический центр Российской Академии наук
俄罗斯科学院联邦社会科学研究中心

МГППУ: Московский городской психолого-педагогический университет
莫斯科市心理学师范学院

УПРАЖНЕНИЯ

I. Выберите правильный вариант.

1. Если вы устали от чтения, то посмотрите какой-нибудь интересный фильм, рассказывающий о том, как один чувак пытался _____ своих сослуживцев и что из этого вышло.

    A) составить   B) обставить   C) приставить   D) поставить

2. В этой лирической музыкальной комедии любовная тема выписана изящно и несколько иронично – словно в математическом тождестве, влюбленные пары _____, чтобы затем соединиться по-другому.

    A) выпадаются   B) упадаются   C) впадаются   D) распадаются

3. В связи с этим большинство исследователей _____ в том, что корреляция между показателями объема слияний и поглощений и капитализацией фондового рынка ярко выражена.

    A) отходятся   B) обходятся   C) расходятся   D) сходятся

4. Здесь влюбленные могли чувствовать себя свободно и предаваться _____, не опасаясь, что какой-нибудь наблюдатель увидит их с поверхности лагуны.

A) радостям любви   B) радости любви

C) радостей любви   D) радостями любви

5. О новом секретном типе вооружения как-то упоминал отец, но, случайно _____ в присутствии сына, тут же потребовал от него забыть их разговор.

A) договорившись   B) поговорившись   C) оговорившись   D) сговорившись

II. Переведите следующие предложения на китайский язык.

1. Если соединить свежие сведения Росстата и Европейского статистического агентства, получается, что мы на первом месте в Европе по числу разводов на тысячу человек населения в год.

2. Социологи во все времена любили изучать молодежь. И никогда она не преподносила ученым столько сюрпризов, сколько в последние годы.

3. От себя добавлю: мы и не заметили, как у нас в стране выросла прекрасная молодежь, рассудительная и психологически гибкая. Трудно не признать, что эти два качества дают хороший прогноз для счастливой семейной жизни.

4. В современном мире, чтобы быть лидером, нужно потрудиться. И мужчина идет по пути наименьшего сопротивления: он отказывается от вступления в брак. Так он сохраняет контроль над ситуацией, как бы делая женщину зависимой от своего решения.

5. Тем временем Росстат сообщает, что за время пандемии вообще снизилась брачная активность населения. По данным ведомства, в первой половине 2020 года на 25 процентов уменьшилось число заключаемых браков и на 25,7 – число разводов.

III. Ответьте на вопросы по тексту.

1. О каком типе семьи автор толкует в тексте?

2. Сколько процентов опрошенных высказали мнение, что семьи гробит «непонимание и эгоизм»?

3. Почему социологи и психологи считают, что сожительство без регистрации – очень хрупкая конструкция?

4. К какому выводу пришли Алена Артамонова и Екатерина Митрофанова в своем докладе?

5. Какую перспективную форму семьи автор предполагает?

IV. Вопросы для обсуждения.

1. Каких проблем с браком касался автор?

2. Какое ваше мнение к сожительству без регистрации?

ГЛАВА V КУЛЬТУРА И ОБРАЗОВАНИЕ

5.1 Дачная культура России

«Усадебное мышление» русского человека, особый «строй деревенской жизни» лежит в основе поведения современных россиян. Корни такого миропонимания глубоки, их истоки в особой усадебной культуре русского дворянства и глубокой патриархальности крестьянского мира, выраженных в произведениях И.Тургенева, Л.Толстого, А.Чехова, И.Бунина, А.Блока и многих других русских писателей, поэтов, композиторов и художников.

Усадьба (дом, дача) – это особая форма пространственной организации жизнедеятельности русского человека, одновременно являющаяся частью городского, пригородного или сельского ландшафта.

Возникнув, как форма организации жизнедеятельности, усадебная, а впоследствии дачная традиция, формирует особый тип личности, к которому принадлежали все главнейшие деятели русской культуры XVIII и XIX столетий, создавшие прелесть характерного русского быта, такого спокойного, достойного, добротного, казавшегося утвержденным навсегда.

Дачная культура продолжила ушедшую в прошлое уникальную, пронизанную атмосферой духовности и творчества, усадебную культуру помещичьей России второй половины XIX века.

Дача – слово любимое и укорененное в нашей повседневной жизни, как правило, связанное с привычными сезонными хлопотами – «выехать на дачу», «построить дачу», «снять дачу». Употребляя это понятное нам слово, мы не задумываемся, что оно типично русское и непереводимое на другие языки, а, следовательно, связанное с чем-то «нашим», отражающим своеобразный феномен отечественной культуры.

Трансформация усадебной культуры в дачную сохранила тягу человека к природе, казалось бы, такую естественную, но такую уязвимую под натиском исполинской силы больших городов с их научно-техническим прогрессом, промышленными пейзажами и вечной суетой.

В конце XIX и в начале XX веков дачник стал особой социальной категорией, соединив в себе черты всех сословий, он стал прообразом современного россиянина, пытающегося всеми силами сохранить связь с близким для него миром – миром родной природы.

До тех пор в деревне были только господа и мужики, а в то время появились еще и дачники. Все города, даже самые небольшие, окружены теперь дачами. И можно сказать, дачник лет через двадцать размножится до необычайности. Он только чай пил на балконе, но ведь может случиться, что на своей одной десятине он займется хозяйством, и тогда ваш вишневый сад станет счастливым, богатым, роскошным.

Так предвидел российский «дачный бум» А.П. Чехов и, как показывает реальная российская практика, не ошибался, потому, что ипостасью усадьбы становится «дача». Именно она продолжила связь горожанина с природой, приближавшей его к простым и вечным событиям мира – смене времен года, пробуждающемуся весеннему запаху земли, первым подснежникам и земляничным полянам, тихому «шепоту» дубовых рощ, тоскливым осенним дождям и протяжным крикам птиц, улетающих зимовать в теплые края.

Дача вобрала в себя те элементы исконного образа жизни, которые были отторгнуты городом, и вновь наметила разорванную связь городского и сельского жителя. Она подарила обособленность и интимность семейного очага, казалось бы, навсегда погребенного бытом городских многоэтажек. Дачная культура и дачная жизнь сформировали у россиян особые дачные традиции и привычки, отражающие особый стиль отдыха, на который почти не влияют ни открытость границ, ни модные тенденции.

Отпускные традиции и привычки россиян

Проводить отпуск дома – в традиции россиян, так как загородная недвижимость есть у каждого второго россиянина (51%). По оценкам ВЦИОМ, у 7% есть загородный дом, у 27% – дача, у 17% – земельный участок.

Обладателями дач чаще оказываются жители столиц и крупных городов (33%). Жители средних городов, как правило, владеют загородной недвижимостью (56%), а жители малых городов – земельными участками (31%). Для большинства россиян дача по-прежнему является источником экологически чистых сельхозпродуктов, но в настоящее время растет количество дачников, занимающихся ландшафтным дизайном (24%). Вместе с тем дача по-прежнему остается местом летнего отдыха и любимых летних забав (21%).

Дачная история и география

«Дача» – древнее русское слово, связанное с глаголом «давать» («дати»). Однако еще в XVI веке оно употреблялось в значении «дар», «подарок», «пожалование»; в XVII веке слово «дача» встречается в значении земельного участка, полученного от государства. Во второй половине XVIII столетия появляется новое употребление слова «дача» – для обозначения загородного дома или небольшой усадьбы, расположенной недалеко от города. Под Москвой первые дачники располагались еще в черте города, например по берегам Яузы и Москвы-реки, а с середины XIX века дачное строительство началось в Петровском парке и Сокольниках. И если в первой половине XIX века дачное строительство – это привилегия дворянства, то во второй половине позапрошлого столетия дачи строят купцы, промышленники, интеллигенция и служащие.

Размах дачного строительства вокруг столиц объясняется расширением их границ и увеличением числа жителей и, конечно же, ускоренным развитием шоссейных и железных дорог. Кроме того, была еще одна немаловажная причина – экономическая. Дачная жизнь обходилась горожанам дешевле.

Дачное строительство вокруг Москвы напрямую связано с развитием транспорта. Так, больше всего дачных местностей было основано по Николаевской железной дороге – Останкино, Петровско-Разумовское, Ховрино, Химки, Сходня Крюково. По Северной железной дороге – Лосиноостровская, Джамгаровка, Перловка, Тайнинка, Тарасовка, Клязьма, Мамонтовка, Пушкино. Сравнительно меньше было дачных мест по другим железнодорожным направлениям.

Первоначально дачные поселки росли достаточно хаотично без особых регламентов. Дачи разбрасывались по местности в беспорядке: то шли сплошной массой, то разделялись полянами и рощами, между ними образовывались проезды и проходы, то узкие, то широкие. Таковы Перловка, Тарасовка, Мамонтовка.

Когда количество дачных мест стало расти, земства разработали правила о предварительной разбивке застраиваемых территорий на кварталы с обязательной шириной дорог (10 саженей), чтобы обеспечить проезд и пожарную безопасность, так как дачи были деревянные и часто горели.

Центром дачных поселков был парк – место отдыха и прогулок всех дачников. Иван Бунин в своем рассказе «На даче» образно описывает такой дачный парк:

«На обширной поляне парка стояли одни темно-зеленые, широковетвистые дубы. Тут обычно собирались дачники… Подходили дамы и барышни с работой и книгами, няньки и важные кормилицы в сарафанах и кокошниках. Изредка, но все-таки без надобности щелкая, прокатывались велосипедисты в своих детских костюмах».

Нередко строились в дачных местах и зрелищные сооружения, особенно вблизи железнодорожных станций, работали буфеты и рестораны, играл оркестр, а между красивых и ухоженных клумб прогуливалась дачная публика. И, несмотря на сетования дачников на летнюю скуку, дачная жизнь была насыщенной и разнообразной. Ее романтику подчеркнул в своем стихотворении А.Блок:

Там дамы щеголяют модами,

Там всякий лицеист остер –

Над скукой дач, над огородами,

Над пылью солнечных озер.

Туда манит перстами алыми

И дачников волнует зря

Над запыленными вокзалами

Непостижимая заря.

Во многих дачных поселках работали театры, в которых часто гастролировали лучшие московские и петербургские труппы или группы известных актеров. В театрах Лосиноостровской, Малаховки, Быкова, Крюкова, Люблино, Немчиновки, Перловки, Подосинок, Пушкино и Салтыковки (театр «Струны»).

В Удельной и Царицыно выступали Ф. Шаляпин и Л. Собинов, А. Южин-Сумбатов, А. Коонен и др. Неудивительно, что дачи становятся некими «культурными адресами», с которыми были связаны судьбы многих литературных героев того времени. Ведь чеховская Нина Заречная дебютировала именно в дачном театре. В дачных театрах начинают свой творческий путь десятки знаменитых художников, музыкантов, певцов.

Дух дачной жизни питает самодеятельное творчество, благодаря которому многие «дачные начинания» превращаются впоследствии в значимые события культурной жизни страны. Ярким примером этому являются любительские постановки К.С.

Станиславского, создававшиеся на даче близ подмосковной Тарасовки. В каком-то смысле дачная Тарасовка стала «малой Родиной» знаменитого Московского художественного театра.

На дачах проводили лето профессиональные актеры, писатели и художники. Не многие из них имели собственные дачи, но снимали их на лето практически все. Творческая интеллигенция устраивала на дачах летние праздники, на которые съезжалось большое количество гостей из города. Славились летние маскарады в Баковке, летние балы в Подосинках, любительские спектакли в Быково и Болшево, праздники «Первого подснежника» в Лосиноостровской.

На дачах кипела и спортивная жизнь: повсеместно устраивались поля для футбола, площадки для крокета и тенниса, гимнастические площадки и дома рыбаков. Постоянно испробовались новые комплексы физических упражнений. Например, в Лосиноостровской была популярна «сокольская» гимнастика (базируется на упражнениях с предметами, включает упражнения на снарядах, массовые упражнения и пирамиды), в Косино и Сходне проводились футбольные матчи, в Клязьме была устроена специальная дорожка для велосипедной езды.

Множество дачных поселков вокруг российских столиц и, в частности, вокруг Москвы формировали своеобразный «дачный пояс», который создал «особый мир», сохраняющий уникальность и неповторимость каждого дачного местечка. В каждом из них тщательно оберегали, а при возможности и развивали какую-либо индивидуальную черту.

Такая индивидуальность могла быть выражена в природном своеобразии местности, например, поселок Красково славился своим памятником природы – обрывом, с которого открывались прекрасные виды. Поселок Косино – уникальными озерами – Белым и Святым, сохранившимися со времен ледникового периода. Одинцово – лесными заказником полным дичи, а Пушкино – великолепным сосновым бором, который дачники называли «Царь-дар».

Уникальной особенностью дачного поселка могла быть и какая-то отличительная черта в быте и обслуживании дачников. Так, например, поселок Лосиноостровский был известен своей ярмаркой и детским санаторием. Мамонтовка – рестораном «Астория», Томилино – кумысной станцией, где приготовляли кумыс мастера, специально выписанные из Уфы, а Малаховка резвой конкой, пользовавшейся у дачников большой популярностью.

Дачное движение

Армия дачников неуклонно росла. Конечно, время от времени кто-то уезжал на Кавказ, в Крым или за границу. Но для большинства людей среднего достатка – чиновников, предпринимателей, офицеров, творческой интеллигенции – дачи были единственной возможностью пожить на природе.

Сегодня эти старые дачные места оказались почти что в центре больших городов. В Москве это Сокольники, Новогиреево, Перово, район нынешней Тимирязевской академии. В те времена на дачу можно было поехать в Раменки или Медведково. А Барвиха, Салтыковка или Абрамцево считались совсем дальним светом.

Хороша и колоритна была дачная жизнь. С домашними театрами, с вечерними гуляниями по аллеям парка, дачными романами, с рыбной ловлей, купаниями, самоварами, пирогами и парным молоком. Большинство тех дач сгорело и рассыпалось, как и угас теплившийся в них быт. Но кое-что чудом уцелело – в Малаховке, Салтыковке, Тарасовке и Перловке, где еще можно набрести на трогательные покосившиеся памятники дачной культуры позапрошлого века.

Началась Первая мировая, за ней – революция. Многие из дачевладельцев и дачесъемщиков погибли или эмигрировали. Дома их были сожжены, разграблены или превращены в постоянное жилье. Но жизнь на даче уже вошла в привычку, и даже в первые послереволюционные годы дачная культура как-то продолжала существовать.

Дачи продолжали снимать и в 1919-м, и в 1920 годах, расплачивались уцелевшими предметами прежнего быта за возможность пожить на природе, отъесться картошкой, капустой, а то и попить парного молока. Многие дачи были переданы трудящимся, но так как мест на всех не хватало, то на одной даче могло отдыхать до ста человек.

Надо заметить, что личные дачи всегда имели представители высшего советского руководства. Однако в виде исключения дачи предоставлялись и известным ученым, писателям, композиторам и особо отличившимся работникам производства.

В советское время дачная жизнь не исчезла, но была строго регламентирована. Ограничивались размеры участка и построек, но люди и этому были рады, потому что дача – это не просто летний отдых на природе – это особый образ жизни.

Сегодняшняя судьба старых дач печальна. Большие города с холодной методичностью наступают на пригороды, но растет новый «дачный пояс». Сегодня он тянется на расстоянии до 20 км от окраин городов-миллионников, а вокруг Москвы ширина этого пояса составляет около 50 км.

Дачные традиции в нашей стране живучи, их не могут изменить ни революции, ни войны, ни перестройки и другие социальные катаклизмы. Слишком сильна магия дачной жизни с ее близостью к миру природы, простыми домашними радостями, лесными походами, чаепитиями на веранде и вечерним разговором «по душам».

Современные проблемы сервиса и туризма, 2010(2).

СЛОВА И СЛОВОСОЧЕТАНИЯ

патриархальность	[阴] 古风
ландшафт	景观
добротный	坚实的
помещичий	地主的
хлопот	忙碌事
уязвимый	敏感的
натиск	冲击
исполинский	巨大的
прообраз	雏形
десятина	俄亩
ипостась	[阴] 实体
поляна	林中草地
роща	小树林
зимовать	[未] 过冬
отторгнуть	[完] 使分离
интимность	[阴] 亲密
погребенный	埋藏的
забава	消遣
позапрошлый	上上个
размах	范围
регламент	规则
земство	地方自治会
разбивка	划分
сажень	[阴] 俄丈

сарафан	无袖长衣
кокошник	盾环装饰
надобность	[阴] 必要性
щеголять	[未] 穿着讲究
лицеист	贵族学校学生
алый	大红色的
запыленный	充满灰尘的
непостижимый	不可思议的
гастролировать	[未] 巡回演出
постановка	戏剧
подснежник	雪花莲
крокет	槌球
снаряд	器具
пирамида	锥体
оберегать	[未] 保护
обрыв	陡坡
ярмарка	交易会
кумыс	马奶酒
конка	有轨马车
колоритный	独特的
ловля	捕鱼
теплиться	[未] 蕴含
уцелеть	[完] 得到保全
отъесться	[完] 吃肥
парной	新鲜的
методичность	[阴] 有条有理
магия	魅力
веранда	凉台

УПРАЖНЕНИЯ

I. Выберите правильный вариант.

1. Эти системы наблюдаются в мире бесчисленных видов человеческих действий, которые более или менее упорядочены с учетом некоторой цели или миссии, лежащей _____ деятельности.

   A) в основу B) на основу
   C) в основе D) на основе

2. Вообще же оба напитка принадлежат _____ продуктов одновременно кисломолочного и дрожжевого брожения, что делает их неповторимо уникальными и ценными по целебному воздействию на организм человека.

   A) к группе B) группе
   C) группы   D) в группе

3. После войны мне часто приходилось _____ над этим, когда я видел, как легко французские оккупационные войска обеспечивали себя всем необходимым за наш счет.

   A) вдумываться B) выдумываться
   C) одумываться D) задумываться

4. В своем росте государство стремится _____ в себя наиболее ценные элементы физического окружения, береговые линии, русла рек, равнины, районы, богатые ресурсами.

   A) забрать B) вобрать
   C) собрать D) набрать

5. Она в остальном вроде бы нормальный человек, работает, выглядит нормально, но _____ начинает требовать, чтобы все искали ее сына…

   A) до времени   B) со временем
   C) в свое время D) время от времени

II. Переведите следующие предложения на китайский язык.

1. Корни такого миропонимания глубоки, их истоки в особой усадебной культуре русского дворянства и глубокой патриархальности крестьянского мира, выраженных в произведениях И.Тургенева, Л.Толстого, А.Чехова, И.Бунина, А.Блока и многих других русских писателей, поэтов, композиторов и художников.

2. Дух дачной жизни питает самодеятельное творчество, благодаря которому многие «дачные начинания» превращаются впоследствии в значимые события культурной жизни страны.

3. Множество дачных поселков вокруг российских столиц и, в частности, вокруг Москвы формировали своеобразный «дачный пояс», который создал «особый мир», сохраняющий уникальность и неповторимость каждого дачного местечка.

4. Многие дачи были переданы трудящимся, но так как мест на всех не хватало, то на одной даче могло отдыхать до ста человек.

5. Дачные традиции в нашей стране живучи, их не могут изменить ни революции, ни войны, ни перестройки и другие социальные катаклизмы. Слишком сильна магия дачной жизни с ее близостью к миру природы, простыми домашними радостями, лесными походами, чаепитиями на веранде и вечерним разговором «по душам».

III. Ответьте на вопросы по тексту.

1. С какими привычными со сезонными хлопотами связано слово «дача»?
2. Что обозначает слово «дача» во второй половине XVIII столетия?
3. Какие факторы определяют размах дачного строительства вокруг столиц?
4. Чем славится поселок Пушкино?
5. Какая сегодняшняя судьба дач?

IV. Вопросы для обсуждения.

1. Сколько периодов пережила русская дача?
2. Существует ли в Китае дача? Где горожане живут и отдыхают на каникулах и в выходные?

5.2 ЕГЭ-2021: сдачи не найдется?

Какие претензии предъявляют к единому госэкзамену и не пора ли возвращаться к советской проверке знаний

В 2001 г. в некоторых регионах России в порядке эксперимента ввели единый госэкзамен. И все эти 20 лет по поводу ЕГЭ не утихают споры. А недавно зампред комитета Госдумы по образованию и науке Максим Зайцев высказался весьма категорично: «ЕГЭ себя не оправдал». Так вернется ли российская школа к советской системе проверки и оценки знаний?

Экзамен с высокими ставками

Так какая судьба ждет ЕГЭ? И чего такая форма проверки знаний принесла больше – пользы или вреда?

В ответах – крестики, а знаний – нолики?

За отмену ЕГЭ недавно выступил вице-спикер Госдумы Петр Толстой: «Тестовая система привела к тому, что старше-классников 2–3 года натаскивают с заполнением машиночитаемых текстов, чтобы они правильно проставили крестики, а предметам, которые должны учить, не учат. Неправда, что ЕГЭ помогает поступить в вуз талантливым детям из провинции. Чтобы ребенок поступил в вуз, нужен репетитор. В советское время студентов было в 4 раза меньше, а качество образования в 4 раза выше». Депутат призывает вернуться к практике письменных и устных экзаменов по типу тех, которые существовали в советской школе. В Госдуме вообще регулярно поднимается вопрос об отмене ЕГЭ. А в первые годы, когда этот тип экзамена постепенно вводился по всей стране, против него выступали именитые ученые.

Однако среди учителей, учеников и родителей противников ЕГЭ значительно меньше. Учитель русского языка и литературы из Минеральных Вод Татьяна Бойко предлагает тем, кто считает, что ЕГЭ – это угадайка, а репетиторы натаскивают детей на выбор правильных ответов, просто открыть реальный вариант ЕГЭ (они есть на сайте ФИПИ, в печатных сборниках). «Вы поймете, что натаскать того, кто не понимает сути предмета, невозможно, – говорит она. – Поначалу экзамен был весьма несовершенным. Сейчас угадаек даже в тестовой части нет, требуются развернутые письменные ответы».

С ней согласен и завотделом Центра развития стратегии образования МГУ им. Ломоносова Константин Зискин: «Кошмары, существовавшие вокруг Единого госэкзамена еще 10 лет назад (слив ответов в интернет и тотальное списывание, ЕГЭ - туризм, когда дети за несколько месяцев до экзамена переводились в отдаленные сельские школы и др. – Ред.), сейчас преодолены. Понятно, что, когда вводится какая-то новая вещь, что-нибудь плохо получается. «Детские болезни», которые были у ЕГЭ, в том числе непродуманные и ошибочные задания, более-менее лечатся. Мы учимся с этим работать. И сейчас нет ни одного документально подтвержденного факта, что влияние ЕГЭ было отрицательным. Говорить, что дети стали глупее после его введения, смешно. Да и как измерили уровень глупости? Где цифры, аргументы? А раз их нет, это разговор из серии «у бабушек на лавочке». Согласен, есть немало претензий к организации ЕГЭ. Но динамика показывает, что эти процессы улучшаются».

3 экзамена вместо 20

Тем не менее, несмотря на отсутствие доказательств вреда ЕГЭ, регулярно находятся те, кто предлагает вернуться к советской системе выпускных и вступительных экзаменов.

«Но тогда давайте сначала хотя бы определимся, в какое место мы будем возвращаться, – продолжает К. Зискин. – Мы вернемся в конец 1980-х, конец 1960-х? Или, может, в гимназию XIX века? К слову, в последней было много позитивных вещей. И еще неплохо было бы объяснить, почему туда надо вернуться. Когда я заканчивал школу в 1989 г., то сначала должен был сдать 7-8 экзаменов в школе, а потом еще 3-4 в вузе. В то время, если абитуриент в конкретный университет не проходил по конкурсу, то он не мог свои экзамены из одного вуза перенести в другой, а должен был сдавать все по новой. Мой папа, который окончил 444-ю московскую математическую школу в 1965 г. (одну из лучших, к слову), ухитрился за лето сдать 16 вступительных экзаменов, не считая школьных. По четыре в несколько вузов – Бауманку, Физтех (на два разных факультета), вечерний мехмат МГУ и т. д. Сейчас выпускники школ сдают 3-4 экзамена (по желанию можно и больше), результаты которых могут подать на конкурс для поступления в пять вузов, и в каждом – на несколько специальностей (минимум две, максимум десять – зависит от вуза).

Все развитые страны мира – США, Британия и многие другие – имеют некий аналог ЕГЭ. И когда в нашей стране эту инициативу 20 лет назад вводил тогдашний замминистра образования Виктор Болотов (сейчас – научный руководитель Центра мониторинга качества образования НИУ ВШЭ), он и его сподвижники ориентировались именно на эту модель. Конечно, везде есть исторические особенности итоговой аттестации школьников. Но в общем и целом это мировой тренд.

Хитрые лазейки

Главное – ЕГЭ в разы снизил градус коррупции при поступлении в вузы. Да, можно нанять ребенку репетитора, который будет «натаскивать» на ЕГЭ. Но он никак не сможет повлиять на результат экзамена – подрисовать баллы, подсказать правильный ответ на вступительных экзаменах, как это было раньше, когда те же самые репетиторы сидели в приемной комиссии вуза и помогали поступить нужным детям. Да и результаты школьных выпускных экзаменов зачастую были необъективны. Если учитель любит ученика, это одна ситуация. Если нет – другая. И оценки на этих экзаменах невозможно было перепроверить или оспорить. А вот теперь, если, скажем, выпускник считает, что ему поставили на ЕГЭ меньше баллов, чем он заслуживает, можно пойти на апелляцию и попытаться добиться справедливости.

Конечно, сейчас тоже есть коррупционный механизм попадания в вузы через олимпиады. Есть и хитрая система с целевым набором, когда по направлению от региональных органов власти, учреждений здравоохранения, образования, крупных предприятий абитуриенты могут поступать в вуз по отдельному конкурсу с более низкими баллами ЕГЭ. Так или иначе, обходные пути протоптали, но их стало меньше, а воспользоваться ими – сложнее.

Константин Зискин уверен, что по баллам ЕГЭ не стоит судить об уровне знаний детей.

«Я не понимаю, почему некоторые считают, что если ученик готовится к экзаменам по физике, химии, математике, русскому языку и т. д., то он вдруг эти предметы почему-то будет знать лучше, – удивляется он. – Нам говорят: вот, мол, дети учат ЕГЭ и при этом ничего не знают. А кто это проверял? Если ребенок что-то хочет изучить, он это и так изучит, без экзаменов. А если не хочет или, например, попался плохой учитель в школе, то экзамены не помогут. ЕГЭ, вступительные экзамены – это конкурсная процедура. Они не подводят никакой черты под тем, какие знания ребенок получил за 11 лет в школе. Есть много конкурсов, например, конкурс певцов. Человек подготовился, пришел, спел. Не получилось – пошел на следующий год. А от конкурса под названием ЕГЭ зависит очень много. Не зря же его называют экзаменом с высокими ставками. Сетования на тему, что раньше было лучше, скорее из области психологических проблем. Вряд ли можно в одну реку войти дважды. Нужно двигаться вперед, а не назад. И разделять ЕГЭ как идею и то, насколько успешно она была реализована».

Довести до ума

В этом смысле вопрос «как можно совершенствовать ЕГЭ?» выглядит гораздо более конструктивным.

«20 лет – это достаточно большой срок, чтобы понять, как довести до ума любое начинание, – считает руководитель Института развития образования НИУ ВШЭ Ирина Абанкина. – Теперь уже очевидно, в какую сторону надо трансформировать ЕГЭ, чтобы его осовременить. Сегодняшний единый госэкзамен ориентирован исключительно на предметные знания. Надо дать возможность выпускникам сдавать экзамены не только по школьным предметам. Допустим, они могут продемонстрировать компьютерную или финансовую грамотность, например, в виде собственной разработки, проекта, которые опираются на знания сразу нескольких предметов. И уже не сдавать отдельно обществознание или физику, биологию. Пока же ЕГЭ никак не учитывает компетенции «четырех К» – критическое мышление, креативность, коммуникабельность и сотрудничество (коллаборация). А это как раз умение человека принимать решения, сопоставлять варианты и обосновывать эти решения.

Второй принципиальный момент – дать возможность выпускникам сдавать ЕГЭ многократно на протяжении всего 11-го класса в независимых центрах. Их можно организовать и на базе школ. Человек чувствует, что подготовился, – значит, может пойти и сдать. Если что-то не получилось – снова подготовиться и пересдать. А потом выбрать лучшие результаты для поступления в университет. Сейчас же ЕГЭ – как последний раз в жизни. Все идут строем в один день и пишут. В итоге уровень стресса такой, что многие получают гораздо меньшие баллы, чем те, на которые реально знают предмет. Результаты во многом определяются случайностью – плохо себя чувствовал в этот день, переволновался, солнце светило в окно, духота, жара и т. д. Надо перевести ЕГЭ из стрессовой процедуры в обыденную и размеренную. У нас любят говорить, что ЕГЭ – это экзамен с высокими ставками. Не надо этих высоких ставок. Дайте возможность ребятам попробовать, примериться, исправить результат. Мы же не на вылет играем. Не надо все время устраивать плей-офф. Нужно заменять ЕГЭ прозрачными и понятными цифровыми технологиями».

«Дистанцировались» ли ученики от знаний?

Российские девятиклассники в этом году провально сдали ОГЭ по математике. Количество «неудов» за экзамен резко возросло по сравнению с 2019 г. Так отразилась на успеваемости и глубине знаний удаленка или причина не только в ней?

Вместо классов – шалаши

Провал с экзаменом по математике констатируют многие регионы. Так, в Ханты-Мансийском АО в этом году число «неудов» во время первой попытки сдачи ОГЭ по математике выросло до 25%, а в отдельных школах округа – до 50%. К примеру, в Сургуте экзамен по математике провалили 1700 человек. К счастью, результаты пересдачи оказались много лучше. Некоторые педагоги склонны винить в низких оценках дополнительно включенное в экзамен задание по геометрии. Другие считают, что так сказался дистант.

«Списанные домашние задания, невыученные уроки... Очно ты всегда видишь глаза ученика и готов прийти на помощь, а на удаленке на первый план выходит отношение к учебе самого ребенка и его родителей, понимание, что здесь и сейчас вершится будущее. А такое понимание есть не у всех», – сетует учитель математики из Ханты-Мансийска Ирина Курковская.

В отдаленных районах Калининградской обл. дистанционку вспоминают как страшный сон. Педагогам приходилось буквально ночевать на работе, чтобы подготовить письменные задания для каждого класса. Дважды в неделю водители на школьных автобусах развозили пакеты с «домашкой» по поселкам, где нет интернета.

«Каждый изощрялся, как мог, – рассказывала весной 2020 г. журналистам «АиФ» Ирина Уприванова из Филипповки. – Я работаю в Правдинске, где есть интернет. Брала с собой тетради с уроками, фотографировала и отправляла учителю на проверку. Остальным родителям приходилось штурмовать автобусную остановку, куда привозили из школы пакеты с заданиями».

В поселке Солдатово Правдинского округа ребятишки отправлялись «ловить интернет» на край поля, благо, от польской границы недалеко. В теплое время под дубами ставили шалаш, тут же делали уроки.

«За время удаленки дети сильно отстали. Сужу по своим школьницам – одна в 5-м, другая в 8-м классе, – говорит староста поселка Александр Селин. – В Калининграде система зависала, что говорить о нас! Сначала ребятишки радовались – учиться не надо. А когда возобновились уроки и стали нагонять пропущенное, радость быстро поутихла. Историю, биологию еще можно самим прочитать и понять, а с алгеброй, немецким языком так не выйдет. Пробелов много, старые цепляются за новые. Можно только посочувствовать тем, кто сейчас сдает экзамены».

Учиться разучились?

«Увы, проблема неравенства школ – кадрового и цифрового – сохраняется, – говорит директор московской школы № 109, заслуженный учитель РФ Евгений Ямбург. – Когда дети из деревень вынуждены бегать к вышкам сотовой связи, чтобы получить задания, – это идиотизм. Надо немедленно ликвидировать цифровое неравенство. Такое решение уже принято. Понятно, что в некоторых школах туалеты до сих пор во дворе. Но интернет сейчас важнее».

Однако, по мнению педагога, на основании результатов ОГЭ не нужно махом судить обо всех школах и школьниках. «Все зависит от того, как была организована работа в школе во время пандемии, – продолжает Е. Ямбург. – Например, выпускники моей школы в прошлом году сдали экзамены лучше и получили медалей больше, чем обычно. Есть такие дети – условно говоря, «тихушники», интроверты. Когда они во время дистанционного обучения работали в чатах с учителями, которые их готовили, то смогли раскрыться. Они не стеснялись казаться глупее, чем все остальные. И стали с троек подниматься на пятерки».

Так что вряд ли стоит перекладывать вину за то, что ученики на дистанте расслабились, только на самих детей. Многое зависит от профессионализма и желания учителя. Проще всего рассылать по интернету задания и проверять их. Прошедший опыт – это урок для всех. Ведь тот же онлайн – прекрасная возможность для проведения занятий допобразования в отдаленных регионах, где нет столько педагогов, как в больших городах. Или провести занятие, если учитель заболел. К слову, в столице к началу пандемии уже работал портал «Московская электронная школа», где собраны десятки тысяч сценариев уроков, электронные учебники, организованы виртуальные лаборатории и т. д. Поэтому выйти из непростой ситуации удалось с наименьшими потерями.

От резких и однозначных оценок предлагает воздержаться и директор «Школы будущего» в поселке Большое Исаково Калининградской обл. Алексей Голубицкий. «Пандемия и вынужденный дистант, неровный график организации учебного процесса в течение года не могли не повлиять на образовательные результаты наших учеников, – считает эксперт. – Да, высокомотивированные старшеклассники достигли даже больших результатов, чем ожидали и мы, и они сами. Например, итоги нынешнего ЕГЭ по литературе и химии красноречиво об этом говорят. Средний балл по этим предметам выше, чем за последние несколько лет. С другой стороны, ученики, которые и так имели низкую мотивацию, столкнулись с еще большими трудностями. И результаты у некоторых школьников стали хуже, чем до пандемии».

Плюс к тому нельзя не учитывать психологическое состояние детей и родителей, издерганных постоянными изменениями и ограничениями. «Вырос уровень тревожности и агрессии, которые испытывают все участники образовательного процесса – и учителя, и родители, и особенно школьники, – отмечает Алексей Голубицкий. – Очень надеюсь, что ближайшее лето позволит всем отдохнуть, успокоиться, набраться сил – и с новой энергией и, надеюсь, в очном формате приступить к следующему учебному году, чтобы восстановить пробелы, которые, возможно, возникли у отдельных не очень мотивированных учеников».

Как изменить ЕГЭ к лучшему?

Народный учитель России, профессор Государственного педагогического университета им. Герцена, учитель Григория Перельмана и Станислава Смирнова (лауреат Филдсовской премии) Сергей Рукшин:

– Когда вводили ЕГЭ, одним из главных был лозунг справедливости. Считалось, что такой экзамен даст возможность оценивать знания всех детей России по единой процедуре. Однако за 20 лет он так и не стал надежным и понятным механизмом итоговой аттестации в школах и приема в вуз выпускников из провинции. Почему? Во-первых, задания экзамена существенно отличаются от школьной программы, а значит, возможность правильно их выполнить зависит от целого ряда обстоятельств. Во многих регионах до 70-80% учеников, показавших высокие результаты, готовились не в школе, а по индивидуальной программе. Поэтому ЕГЭ по-прежнему упирается в финансовое благополучие семьи, резервы региона, готового предоставить квалифицированных педагогов для подготовки именно к ЕГЭ.

Во-вторых, ЕГЭ практически полностью переформатировал школьное образование. Сегодня школа, особенно в старших классах, перестала быть инструментом передачи знаний. Дошло до того, что в старших классах многие вообще уходят на домашнее обучение: зачем тратить силы на «лишние», как считается, предметы, когда требуется как следует подготовиться только к трем-четырем «нужным». В итоге молодые люди не получают образование в пределах школы.

ЕГЭ катастрофически повлиял и на прием в вузы. Благодаря тому, что сейчас можно подавать документы сразу в пять вузов на несколько специальностей, в ВОЕНМЕХ, например, поступают не те, кто с детства мечтал строить ракеты и конст¬руировать реактивные двигатели, а те, которым хватает баллов. Знаю не понаслышке, что университеты, институты очень страдают от потери ориентированных ребят.

Что делать? Нужно отделить ЕГЭ от школы и школу от ЕГЭ. Сегодня школа выдает аттестат по результатам экзамена, который проводит внешняя организация – Рособрнадзор. Почему же мы доверяем педагогам 11 лет учить наших детей, но не даем им право провести экзамен, чтобы они своей репутацией отвечали за знания учеников? Считаю, что госаттестация по всем основным дисциплинам должна проводиться самой школой. А выпускные экзамены, письменные и устные, – проходить с учетом точных требований, утвержденных министерством. ЕГЭ же должен остаться только как пропуск при поступлении в вуз. Такое предложение звучало еще в 2014 году на съезде ОНФ в Пензе, где присутствовал и президент Путин. Неоднократно законопроект вносился и в Госдуму. Сейчас – очередной этап обсуждения. Надеюсь, у нас хватит сил и прозорливости, чтобы принять правильное решение.

Аргументы и факты Москва, 23 июня 2021 г.

СЛОВА И СЛОВОСОЧЕТАНИЯ

ставка	赌注
зампред	副主席
натаскивать	[未]突击训练
проставить	[完]填上
репетитор	补习老师
именитый	知名的

завотделом	处长
списывание	抄录
гимназия	中学
абитуриент	中学应届毕业生
ухитриться	[完]竟然能够做到
мониторинг	监督
сподвижник	老战友
аттестация	鉴定
лазейка	脱身之计
нанять	[完]雇用
подрисовать	[完]补画
апелляция	上诉
протоптать	[完]踩出
сетование	悲伤
компетенция	专长
креативность	[阴]创造力
обосновывать	[未]以……为根据
духота	闷热
провально	没希望地
неуд	不及格
провал	完全失败
винить...в...	[未]把……归罪于
дистант	远程上课
геометрия	几何
вершиться	[未]发生
развозить	[未]分运到各处
изощряться	[未]想方设法
штурмовать	[未]蜂拥前进
шалаш	窝棚
зависать	[未]挂机
возобновиться	[完]恢复
алгебра	代数
разучиться	[完]不再会

махом	一下子
интроверт	内向的人
воздержаться	[未]放弃，抑制
красноречиво	很有说服力地
издергать	[未]受折磨
понаслышке	听说
аттестат	中学毕业证书
прозорливость	[阴]洞察力

ЕГЭ: единый государственный экзамен　　全国统一考试

ФИПИ: Федеральный институт педагогических измерений
　　　　俄联邦教育检测研究所

мехмат: механико-математический факультет　　数学力学系

НИУ ВШЭ: Национальный исследовательский университет «Высшая школа экономики»　　俄高等经济学院

ОГЭ: основной государственный экзамен　　基本国家考试

ВОЕНМЕХ: Военно-механический институт　　军事机械学院

Рособрнадзор: Федеральная служба по надзору в сфере образования и науки
　　　　俄罗斯联邦教育科学监督局

ОНФ: Общероссийский народный фронт　　全俄人民阵线

УПРАЖНЕНИЯ

I. Выберите правильный вариант.

1. Там всегда есть горячая и холодная вода, душ, почтовая бумага, телеграфные бланки, открытки с изображением отеля, бумажные мешки для грязного белья и печатные бланки, где остается только _____ цифры, указывающие количество белья, отдаваемого в стирку.

　　A) заставить　　　　　　　　B) проставить
　　C) ставить　　　　　　　　　D) вставить

2. Разделение, закосневшее к шестому классу, не касалось _____ домашних заданий, подсказок на уроках и решения чужих вариантов на контрольных работах.

　　A) вписывания　　　　　　　B) записывания
　　C) подписывания　　　　　　D) списывания

3. Видимо, на самом деле вопрос упирался _____ дешевого и вкусного виноматериала этих неприхотливых сортов, катастрофически удешевлявшего дорогие европейские вина.

   A) в огромное количество B) на догромным количеством

   C) к огромному количеству D) на огромном количестве

4. Это позволяет специалистам жить _____ обслуживаемой территории, знать своих потребителей и эффективно работать с минимальными издержками на транспортные расходы.

   A) из пределов B) в пределах

   C) за пределами D) на пределах

5. Выяснилось, что его тоже не допустили к полетам по медицинским показателям, и он решил _____ документы в авиационный институт.

   A) отдавать B) сдавать

   C) передавать D) подавать

II. Переведите следующие предложения на китайский язык.

1. Тем не менее, несмотря на отсутствие доказательств вреда ЕГЭ, регулярно находятся те, кто предлагает вернуться к советской системе выпускных и вступительных экзаменов.

2. Конечно, сейчас тоже есть коррупционный механизм попадания в вузы через олимпиады. Есть и хитрая система с целевым набором, когда по направлению от региональных органов власти, учреждений здравоохранения, образования, крупных предприятий абитуриенты могут поступать в вуз по отдельному конкурсу с более низкими баллами ЕГЭ.

3. Российские девятиклассники в этом году провально сдали ОГЭ по математике. Количество «неудов» за экзамен резко возросло по сравнению с 2019 г.

4. Во-первых, задания экзамена существенно отличаются от школьной программы, а значит, возможность правильно их выполнить зависит от целого ряда обстоятельств. Во многих регионах до 70–80% учеников, показавших высокие результаты, готовились не в школе, а по индивидуальной программе.

5. ЕГЭ катастрофически повлиял и на прием в вузы. Благодаря тому, что сейчас можно подавать документы сразу в пять вузов на несколько специальностей, в ВОЕНМЕХ, например, поступают не те, кто с детства мечтал строить ракеты и конструировать реактивные двигатели, а те, которым хватает баллов.

III. Ответьте на вопросы по тексту.

1. Как абитуриенты сдавали экзамены в конце 1980-х, чтобы поступить в вузы?

2. Что выпускник может делать, если он считает, что ему поставили на ЕГЭ меньше баллов, чем он заслуживает?

3. По мнению Ирины Абанкины, в какую сторону надо трансформировать ЕГЭ, чтобы его осовременить?

4. По мнению Григории Перельманы и Станиславы Смирновы, почему ЕГЭ не стал надежным и понятным механизмом итоговой аттестации в школах и приема в вуз выпускников из провинции?

5. Какое предложение звучало в 2014 году на съезде ОНФ в Пензе?

IV. Вопросы для обсуждения.

1. Какие плюсы и минусы имеет ЕГЭ, по содержанию текста?

2. Какой у вас взгляд на дистанционное обучение?

ГЛАВА VI МЕДИЦИНА И ЗДРАВООХРАНЕНИЕ

6.1 Как изменится российская медицина

В самом конце 2020 г. вице-премьер Татьяна Голикова объявила о том, что 1 января 2021 г. стартует программа модернизации первичного звена здравоохранения. Задачей объявлено расширение доступности и качества медицинской помощи, прежде всего – в районных поликлиниках, больницах и ФАПах. На решение этой задачи направят 800 млрд руб. Поможет ли это «лекарство»?

Кому достанутся миллиарды

Самая главная «болячка» нашей системы здравоохранения – медицина в глубинке. Именно ею теперь займутся в первую очередь.

Лечебницу отвоевали

В Башкирии, по данным уполномоченного по правам человека Рима Каюмова, с 2005 по 2019 г. число фельдшерско-акушерских пунктов (ФАПов) снизилось на 10%, участковых больниц – более чем вдвое. А 60% из оставшихся ФАПов требуют капитального ремонта. Потому приоритетная задача здесь – до 2024 г. заменить все устаревшие и пришедшие в негодность ФАПы. В 2021 г. на программу модернизации первичного звена здравоохранения потратят 3,2 млрд руб., в т. ч. 2,6 млрд руб. из федерального бюджета.

Всего же до 2025 г. в рамках программы построят 11 поликлиник, 3 участковые и 1 центральную районную больницы, 42 врачебные амбулатории и 456 фельдшерско-акушерских пунктов. Капремонт ждет 4 центральные районные и 11 участковых больниц, 48 поликлиник, 20 амбулаторий. Предусмотрено дооснащение и переоснащение медтехникой. По примеру нового COVID-госпиталя под Уфой ФАПы планируется строить из быстровозводимых конструкций. Начинать предложено с сельских амбулаторий.

Там, где на запросы населения не успевают среагировать республиканские власти, работает инициатива на местах. Так, в дер. Кучаш Калтасинского района новый ФАП появился благодаря совместным усилиям местного депутата и представителей одной из партий. Старое здание деревенского ФАПа обветшало настолько, что было закрыто, жителям деревни приходилось на попутках ездить к врачам в райцентр за 50 км. Депутат Новокильбахтинского сельсовета Рашит Насретдинов неоднократно обращался по этому вопросу в вышестоящие инстанции, но получал только отписки. Собрав 200 подписей односельчан, он обратился к главе республики Радию Хабирову. Депутат Госсобрания Ильгам Галин направил запросы в Минздрав и администрацию района. И в итоге в деревне появился новый модульный ФАП.

А кадры где?

В Алтайском крае на реализацию программы модернизации первичного звена здравоохранения в 2021-2025 гг. запланировано 8,4 млрд руб., где доля собственных средств – 191 млн руб. В программу включены 93 медорганизации первичного звена, запланировано строительство 130 объектов и капремонт 18 медучреждений.

Цифры, безусловно, впечатляют. Но надо иметь в виду «стартовые позиции». В Алтайском крае проживают 2,3 млн жителей, 1 млн из них сельчане. 131 село отдалено от ближайшего медпункта более чем на 6 км. Техническое состояние многих «первичек» печально, особенно в сельских районах. К примеру, из 843 ФАПов 72 находятся в аварийном состоянии и требуют сноса, 54 – капремонта. Из 187 врачебных амбулаторий – соответственно 21% и 18%. Так что запланированный на ближайшую пятилетку объем строительства и ремонта проблему явно не закроет.

Но жителей края больше беспокоит не состояние стен и крыш больниц и поликлиник, а дефицит медицинских кадров.

– Миллиардные вложения в первичное звено здравоохранения можно только приветствовать, – говорит руководитель отдела защиты прав пациентов АНКО «Медицина и право» Константин Емешин. – Но я сомневаюсь, что в итоге мы получим действительно доступную для всех медпомощь. Деньги нужно отрабатывать системно, а эффективной системы как раз не видно. Вопросы решаются по разным направлениям, а должны – комплексно. Иначе мы будем получать новые здания больниц, новое оборудование, а работать будет некому.

Шанс на выживание

В конце 2020 г. на «прямой линии» у губернатора Пензенской области Ивана Белозерцева жители села Старое Славкино Малосердобинского района жаловались на старый фельдшерско-акушерский пункт, в котором не было ни отопления, ни воды. Но если в Славкино ФАП хоть какой-то, но был, то во многих других населенных пунктах за последние годы они закрывались один за другим. Считалось, что лучше создать крупные медцентры и возить туда сельчан, чем держать фельдшера в каждой деревне.

Похоже, нынешний год станет переломным для медицины. Финансирование программы модернизации первичного звена здравоохранения в Пензенской обл. в 2021-2025 гг. превысит 5 млрд руб. В течение 5 лет будет произведена замена 200 медицинских объектов, в 49 объектах проведут капремонт. Отремонтируют ФАП и в Старом Славкино. А в селе Норовка Нижнеломовского района будет построена врачебная амбулатория. «Она очень нужна нашему селу, – рассказывает глава администрации Норовского сельсовета Сергей Артамонов. – У нас есть ФАП, но для более квалифицированной помощи приходится идти в районную больницу, которая принимает жителей всего Нижнеломовского района. А новая амбулатория разгрузит районку».

Благодаря этому у районов появится шанс на выживание. Пензенская область медленно, но верно вымирает, жители уезжают, и отсутствие фельдшера в деревне часто становилось одной из причин того, чтобы покинуть ее.

Процесс пошел не туда

Волгоградская область за минувшие годы лишилась значительного количества медицинских учреждений. Согласно данным Росстата, в 2012 г. в области насчитывалось 135 больничных организаций, а на конец 2018-го их осталось всего 89. В реальности все выглядит еще печальнее. Например, в станице Глазуновской Кумылженского района проживают 1300 человек. Это второй по численности населенный пункт в районе. Раньше здесь была больница, в которую приезжали лечиться со всех окрестных деревень. С началом так называемой оптимизации ее закрыли.

– Какие врачи у нас работали, сколько людей спасли! – сетует местная жительница Ольга Ивановна. – Все рядом было. А теперь везут в райцентр, но там не всегда врачи могут помочь и отправляют в Волгоград, а это 4-5 часов дороги. А в больнице теперь дневной стационар и несколько социальных коек.

В других районах ситуация похожая.

– У нас даже фельдшера нет! – говорит жительница Урюпинского района Мария Степановна Николаева. – В селе осталось 40 стариков. Не положено вам, говорят, никакого фельдшерского пункта. Но я живу одна. Если что случится, кого могу позвать? До райцентра 30 километров. Скорая быстро не приедет, а если еще и снег?

Спустя 10 лет с начала реформ власти признали: процесс пошел не туда, и начали возрождать ФАПы – в Волгоградской области за прошлый год их было построено 52. С этого года в регионе стартовала программа «Модернизация первичного звена здравоохранения», предполагающая строительство 54 новых медучреждений, капремонт 91 поликлиники и 3 стационаров. В одном из удаленных сел Руднянского района уже открыли новую врачебную амбулаторию. Но в основном все будет сконцентрировано в областном центре и крупных райцентрах. Глубинке же обещают телемедицину в помощь, но и тут предстоит работа – далеко не во всех отдаленных селах есть устойчивый интернет.

В Нижегородской обл. на ремонт и модернизацию медучреждений в 2021 г., по данным главы областного Минздрава Давида Мелик-Гусейнова, планируют выделить 2,8 млрд руб., из них 1,3 млрд предназначено на модернизацию первичного звена. «И медики, и пациенты устали от унылых картин, когда обваливается штукатурка или течет крыша в поликлиниках, когда фельдшеру из ФАПа приходится изворачиваться и искать возможности доехать до пациента, не имея транспортного средства», – пишет министр на своей странице в Инстаграме.

С кадрами в области тоже все непросто. Сайт почти любого медучреждения и до пандемии содержал большой раздел с вакансиями. По итогам 2020 г., по данным сервиса по поиску работы hh.ru, в Нижегородской обл. самыми «дорогими», наряду с IT-специалистами, оказались вакансии медиков – почти всегда при условии переезда в Москву и Московскую область: спрос на врачей-инфекционистов за год вырос в 6 раз, на пульмонологов – в 5 раз. Теперь же властям надо будет постараться сделать так, чтобы медикам хотелось работать у себя в области, а не уезжать за тридевять земель.

Наша фарма в хорошей форме

Пандемия не только привлекла внимание к состоянию больниц и поликлиник, но и дала новый импульс нашей фарминдустрии.

Об этом рассказывает академик РАН, президент Национальной ассоциации фармпроизводителей «АПФ» Сергей Колесников:

– Сегодня фармпромышленность и сельское хозяйство – единственные из производственных отраслей, которые обеспечили рост внутреннего валового продукта. Если в среднем в 2020 г. он снизился на 4,5-5%, то в фармацевтике вырос более чем на 10%. Плюс фармпрепараты стали важным элементом экспорта, он тоже вырос.

Сделан прорыв в производстве вакцин. Мы с 1930-х – великая вакцинная держава, в 1950-1960-е стали их производителем №1 в мире. И сегодня бесплатно обеспечиваем Национальный календарь прививок в основном своими вакцинами – мало кто может себе позволить такое. Но в отличие от других стран на развитие этого направления в России выделяют крохи: например, западные фирмы получили огромные деньги от государства на разработку вакцин от COVID-19. Одной только «Модерне» выделили 2 млрд долл., а Центру им. Гамалеи – лишь 2 млрд руб., ГНЦ «Вектор» и ФНЦ им. Чумакова получили еще меньше. Мы добились успеха малой «финансовой кровью» и – беспримерным героизмом наших ученых и фармацевтов. Нынешняя возня вокруг «Спутника V» – показатель того, что наши возможности беспокоят зарубежных конкурентов.

Несмотря на искусственно созданный кризис и разрушение фармпромышленности в 1990-х, мы все же сохранили возможность создавать лекарства. Пример тому – быстрая разработка и запуск производства противоопухолевых и противовирусных препаратов, в т. ч. для лечения COVID-19. Для одного из них, ремдесивира, пришлось применять процедуру принудительного лицензирования (выпуск препарата без согласия владельца патента. – Ред.). ВОЗ одобряет такое производство для социально значимых лекарств, и у нас это закреплено нормативными актами. Ремдесивир – первое лекарство, сделанное в рамках этой процедуры.

При поддержке фармпромышленности правительством удалось потеснить зарубежных производителей в сфере жизненно необходимых и важнейших лекарств. Наши препараты по ряду позиций практически вытеснили зарубежные, и продаются они по более низким ценам. Большая часть таких лекарств – российские, их доля превышает 70%. Особенно это заметно в секторе противоопухолевых и биотехнологических препаратов, где доля российских лекарств еще 10 лет назад была близка к 0, а сейчас превышает 60%.

Но есть и серьезные проблемы, тормозящие развитие. Необходимы изменения политики регулирования цен на лекарства и мониторинг их движения, поддержка производства фармсубстанций, стимулирование научных исследований и испытаний лекарств. К сожалению, еще не утверждена госпрограмма развития медицинской и фармпромышленности до 2030 г. Хотелось бы, чтобы регуляторные органы были столь же активны, как и создатели вакцин. Будем надеяться, что после COVID-19, когда стало ясно, сколь велико значение лекарств в жизни страны, необходимые изменения произойдут. К тому же на фоне пандемии обострилась проблема защиты национальных рынков: на Западе стали запрещать вывоз некоторых препаратов и ограничивать доступ чужих лекарств на свой рынок.

Кому авиация, а кому –ФАП

Помогут ли новые миллиарды нашему здравоохранению? И где выделяемые средства сейчас нужнее всего?

Вернуть потерянное

За последний год наши представления о том, каким должно быть здравоохранение, сильно поменялись. Оказалось, что не надо закрывать больницы, ссылаясь на их нерентабельность: мол, в них не все койки заняты круглый год. Не надо экономить на медсестрах и санитарках, частично перекладывая их работу на и без того загруженных врачей. Этих «не» наберется много. И далеко не все из них принесла новая чума под называнием «коронавирус».

«Проблемы доступности, качества медицинской помощи были всегда, просто в последнее время с развитием социальных сетей, усилением активности общества они резко бросились всем в глаза, – считает главный врач Якутской республиканской офтальмологической клинической больницы, финалист конкурса «Лидеры России» (здравоохранение), эксперт ОНФ Иван Луцкан. – Теперь плохое обращение с пациентом, отсутствие лекарств или врачей в какой-нибудь региональной больнице в одночасье может стать достоянием всего общества и даже достичь самых верхов власти. Пандемия еще сильнее обострила эти проблемы».

И корень проблем, считает эксперт, кроется вовсе не в тяжелом советском наследии, на которое так удобно списывать все недочеты. «В советское время система здравоохранения была выстроена по классической модели, которую предложил еще Н. Семашко: помощь должна быть оказана всем, но понемногу, – продолжает Иван Луцкан. – В 1990-е, когда начался переход на рыночную экономику, выживал сильнейший, а хуже всего пришлось больницам и медучреждениям в отдаленных и сельских территориях. Сейчас пытаются решить вопрос доступности за счет определенных тарифов, формирования сети фельдшерско-акушерских пунктов (ФАПов). Кстати, они открываются даже в тех населенных пунктах, где их в принципе не было и в советские годы. Правительство всегда обращало внимание на здравоохранение, выделялись деньги. Другой вопрос, как расставлялись приоритеты уже в самих регионах. В некоторых субъектах неверно поняли посыл оптимизации и „под нож" были пущены врачи и средний медперсонал. А есть регионы, которые подошли к вопросу грамотно, они переводили на аутсорсинг (частным компаниям под госзаказ. – Ред.) непосредственно те виды услуг, которые не касаются лечения: прачечные, питание, уборку. Либо сокращали вакантные ставки, которые с давних времен не были заняты, а сэкономленные деньги перераспределяли внутри системы. К слову, те регионы, где бездумно все посокращали, федеральным властям известны».

Понятно, что денег, сколько ни дай, в медицине всегда будет мало – ведь новые (и поэтому дорогие) лекарства и методы лечения появляются постоянно. Значит, нужно научиться правильно распоряжаться выделенными средствами. На что в первую очередь нужно сейчас тратить? «Очень хорошая затея – закупка регионами мобильных ФАПов, когда врачи ездят с оборудованием по селам и обследуют, консультируют жителей, – говорит главный врач Нижегородского областного центра по профилактике и борьбе со СПИДом и инфекционными заболеваниями, сопредседатель регионального штаба ОНФ в Нижегородской области Соломон Апоян. – Это начинание нужно продолжить. Еще будучи врачом в ЦРБ, я говорил, что нельзя оставлять без внимания инфекционную службу, в том числе в первичном звене. Пандемия еще раз доказала, что ее нужно поднимать. И сейчас начали вкладывать деньги в лаборатории, строить инфекционные госпитали. Это тоже нужно сохранить. Наш печальный опыт показал: нельзя закрывать то, что уже есть. Лучше оснастить и потом при необходимости развернуть дополнительные койки, врачебные участки, чем уничтожить, а после тратить миллиарды, чтобы заново восстановить. По всей стране должны быть одни стандарты помощи, вне зависимости от уровня доходов региона. Надо делать так, чтобы больницы не уходили в долги, а лечили пациентов, как надо и сколько им надо».

Зачем «лечить» здоровых

«На мой взгляд, в первичном звене сейчас нужно сосредоточиться на развитии профилактики, на что оно, по сути своей, и нацелено, – убежден Иван Луцкан. – Но у большинства населения срабатывает стереотип «прихожу в больницу, если заболел» У нас не привыкли ходить в поликлиники, если ничего не болит. А вот как раз предупреждение заболеваний на уровне поликлиник, ФАПов, врачебных амбулаторий – задача, которая была бы и экономически целесообразной, и перспективной для системы здравоохранения. Сейчас самая главная трудность – это информирование населения. Очень много сведений поступает из самых разных источников, но достоверной информацией при этом обладают только 1-2% населения. Это приводит к трудностям взаимопонимания между медицинским сообществом и пациентами».

При распределении денег нужно учитывать специфику регионов. «Нельзя сравнивать, скажем, Ставрополье с Чукоткой, – объясняет И. Луцкан. – Даже при одинаковых условиях оказания медпомощи в палате стоимость этой услуги будет разная. Чукотский АО с его численностью населения никогда в жизни не покроет эти расходы за счет своих отчислений в территориальный и федеральный фонды ОМС. Или взять Якутию, занимающую пятую часть территории страны, где добраться из одной точки до другой, порой даже до райцентра, бывает сложно. Здесь приоритет должен быть отдан санавиации, строительству ФАПов, в которых наличие врачей даже при численности населения ниже нормативов будет обоснованно. Иначе придется задействовать иные ресурсы, и это обойдется гораздо дороже. Можно было бы даже предложить введение стандартов региональными минздравами, чтобы они учитывали особенности субъекта по согласованию с федеральным министерством. Положительные примеры есть. Например, у нас в республике 2021-й объявлен«Годом здоровья». Мы надеемся на дополнительное финансирование, которое позволит модернизировать часть наших объектов здравоохранения и оснастить их оборудованием».

Однако, как правильно отмечает директор Института экономики здравоохранения НИУ ВШЭ Лариса Попович, лечат не стены, а люди. А это значит, нужно не забывать вкладывать средства и в медиков – в улучшение условий их работы и жизни, в повышение квалификации, зарплат. Без этого никакие навороченные больницы и техника нам не помогут.

Вернуть престиж профессии

Надо не только вкладывать миллионы в развитие инфраструктуры, но и вновь поднимать престиж профессии врача.

Алмас Мурзабаев, зам. главврача по лечебной работе Зилаирской ЦРБ (Башкортостан):

– Программы «Земский доктор» и «Земский фельдшер» доказали свою эффективность, желающих участвовать в них достаточно. Но миграция наблюдается в основном между сельскими муниципалитетами. Участники программы меняют место работы в пользу медучреждения, где лучше оснащенность, выше зарплата, есть возможность карьерного роста и пр. А вот приток врачей-горожан в сельскую медицину невелик. Поэтому только эта мера не позволит закрыть кадровый дефицит.

Надо еще и менять отношение к профессии в целом. Раньше врач, в том числе сельский, считался элитой общества. Это был настоящий «земский доктор» с широкими знаниями и компетенциями. В то время как колхозники получали зарплату трудоднями, медики – живыми деньгами. Правление помогало бесплатными дровами, кормами для скота, льготами в оплате жилья, коммунальных услуг и пр. Вот и сейчас одними разговорами не обойдешься – надо улучшать условия. Даже если городской выпускник медвуза вступил в программу и приехал в село, высока вероятность, что после пяти лет он вернется в город, в привычный комфорт.

Однако многое зависит от личных приоритетов человека. Если доктор имеет цель набраться практического опыта, развить профессиональные компетенции, он выберет работу в ЦРБ или сельской амбулатории. Если же стремится к научной деятельности, то постарается остаться в городе, поступить в аспирантуру.

В 2020 г. в договор целевого обучения в Башкирском медуниверситете был включен пункт, согласно которому выпускник обязан отработать в том муниципалитете, который оплачивал ему учебу, или вернуть затраченные средства. Думаю, это справедливо. Считаю, пришло время вернуть и систему обязательного распределения для студентов-бюджетников, особенно из районов. А то ведь сейчас как: отучился на бюджете – и прямиком в частную клинику, работающую в системе ДМС. Там и потока пациентов нет, и условия куда лучше, а главное – нет госзадания, от выполнения которого зависит уровень дохода.

Аргументы и факты Москва, 20 января 2021 г.

СЛОВА И СЛОВОСОЧЕТАНИЯ

болячка	缺陷，伤口
глубинка	边远地区
лечебница	门诊部
отвоевать	[完] 夺回
уполномоченный	全权代表的
амбулатория	诊疗所
капремонт	大修
дооснащение	补充装备
быстровозводимый	快速建造的
попутка	顺路汽车
райцентр	市中心
отписка	书面回文
медучреждение	医疗机构
снос	拆除
разгрузить	[完] 减轻工作
вымирать	[未] 绝迹
фельдшер	医生
станица	集镇
окрестный	附近的
стационар	（设有病床的）医院
койка	床位
унылый	单调的
изворачиваться	[未] 摆脱困难
пульмонолог	肺科医生
фарминдустриия	制药业
вакцинный	疫苗的
кроха	段
возня	阴谋
противоопухолевый	抗肿瘤的
ремдесивир	瑞德西韦
принудительный	强迫的
лицензирование	许可证制度

тормозящий	减速的
фармсубстанция	医药实体
препарат	制剂
нерентабельность	[阴] 不盈利
чума	瘟疫
республиканский	共和国的
офтальмологический	眼科的
одночасье	一小时
обострить	[完] 使……更锐利
недочет	不足数
расставляться	[未] 摆好
аутсорсинг	外包
прачечный	干洗的
перераспределять	[未] 重新分配
затея	想法
профилактика	预防
информирование	通知
палата	病房
санавиация	医疗飞机
наворотить	[完] 堆砌
правление	统管
отучиться	[完] 学完，学习结束
прямиком	一直
за тридевять земель	去非常遥远的地方
ФАП: фельдшерско-акушерский пункт	医士产科医生（诊疗）点
АНКО: Автономная некоммерческая организация	自主独立非商业组织
ГНЦ: Государственный научный центр	国家科学中心
ФНЦ: Федеральный научный центр	联邦科学中心
ВОЗ: Всемирная организация здравоохранения	世界卫生组织
ЦРБ: центральная районная больница	区中心医院
АО: автономная область	自治州
ОМС: обязательное медицинское страхование	强制医疗保险
ДМС: добровольное медицинское страхование	自愿医疗保险

УПРАЖНЕНИЯ

I. Выберите правильный вариант.

1. –А давай тебе биографию придумаем… ну, ты из городка уехала, в театральный поступила… _____ три курса, потом замуж вышла, потом развелась… да не расстраивайся ты, у тебя потом все получится, ты свой театр откроешь, найдешь мужчину своей мечты, вы с ним пожениться хотите…

   A) научилась   B) выучилась
   C) заучилась   D) отучилась

2. Работодатели сегодня предъявляют повышенные требования к человеческим ресурсам, растет спрос _____.

   A) на квалифицированную рабочуюсилу
   B) в квалифицированную рабочуюсилу
   C) к квалифицированной рабочейсиле
   D) в квалифицированной рабочейсиле

3. Больному человеку приходится затрачивать больше сил и энергии на элементарное физическое _____, чем здоровому.

   A) выживание   B) доживание
   C) заживание   D) отживание

4. Чувство голода заставило еще раз осмотреться и _____ план последующих действий.

   A) сработать   B) заработать
   C) разработать   D) отработать

5. – Все зависит от того, действительно ли вы хотите ее знать, – спокойно сказал он. – По моим подсчетам, как минимум двое уже лишились _____.

   A) по жизни   B) жизнью
   C) в жизни   D) жизни

II. Переведите следующие предложения на китайский язык.

1. Теперь же властям надо будет постараться сделать так, чтобы медикам хотелось работать у себя в области, а не уезжать за тридевять земель.

2. Пандемия не только привлекла внимание к состоянию больниц и поликлиник, но и дала новый импульс нашей фарминдустрии.

3. При поддержке фармпромышленности правительством удалось потеснить

зарубежных производителей в сфере жизненно необходимых и важнейших лекарств.

4. За последний год наши представления о том, каким должно быть здравоохранение, сильно поменялись. Оказалось, что не надо закрывать больницы, ссылаясь на их нерентабельность: мол, в них не все койки заняты круглый год.

5. Однако многое зависит от личных приоритетов человека. Если доктор имеет цель набраться практического опыта, развить профессиональные компетенции, он выберет работу в ЦРБ или сельской амбулатории. Если же стремится к научной деятельности, то постарается остаться в городе, поступить в аспирантуру.

III. Ответьте на вопросы по тексту.

1. С 2005 по 2019 г., на сколько процентов снизилось число участковых больниц в Башкирии?
2. О чем Константин Емешин волнуется?
3. На что жалуется Ольга Ивановна?
4. Что необходимо для решения серьезных проблем с тормозящим развитием фармпромышленности?
5. Какой пункт был включен в договор целевого обучения в Башкирском медуниверситете?

IV. Вопросы для обсуждения.

1. В общем, каких аспектов российской медицины касался текст?
2. После чтения, у вас какое впечатление от российской медицины?

6.2 Коронавирус навсегда?

Первого сентября 2021 года Израиль, эталонная модель массовой вакцинации, которая весной помогла сбить заболеваемость практически до нуля, обновил рекорд количества заболевших за сутки, в два раза превысив максимумы двух прошлых волн. Очередная волна заболеваемости в Западной Европе и США. Россия достигла, возможно, локального пика третьей волны в середине июля, но периодически обновляет рекорды ежедневной статистики смертей, которая удивительно ровно показывает около 800 летальных случаев в день уже полтора месяца.

В конце июня наш журнал уже писал, что в быстро вакцинирующихся странах начинается очередная волна эпидемии, но тогда еще не было ясно, насколько сильной она будет. Впрочем, многие страны уже начинают привыкать к пандемии, не возвращая жестких карантинных мер.

«Сейчас я в США наблюдаю то же, что видел в Москве зимой и весной. Маски в помещении носить обязательно, но в реальности этого уже не делают, – говорит профессор Университета в Северной Каролине вирусолог Валерий Грдзелишвили. – У нас начались очные занятия в университете, при том, что из восьмидесяти студентов привито около сорока. Люди устали от карантина и устали бояться. Однако в связи с ростом заболеваемости студентов обязали носить маски». Все страны начинают привыкать к коронавирусу даже на его пике.

В начале зимы – конце весны, когда наблюдалось падение заболеваемости в вакцинированных странах, была надежда, что Израиль даст ответ на вопрос, как именно будет побеждена пандемия. Какие-то ответы появились. Но не те, на которые хотелось рассчитывать.

Всемирная организация здравоохранения и национальные регуляторы на вопрос, как будет побеждена пандемия, отвечают, как могут. Можно ли не носить маски, если ты вакцинирован или переболел? Нет, потому что болеть могут и вакцинированные. Можно ли свободно ездить за границу? Нет, потому что во многих странах пик заболеваемости. Можно ли что-то сделать, чтобы точно не заболеть? Нет, можно снизить риски либо более или менее удачно лечить. Хватит ли двух доз вакцин? Нет, возможно, понадобится бустер. Надо ли вакцинировать детей? Возможно, придется, некоторые страны уже начали.

Эти ответы временные, малоудовлетворительные. Пока мы не знаем, как и чем закончится пандемия, и ясной стратегии для государств и мира нет, и это несмотря на то, что коронавирус уже, похоже, самое пристально исследуемое заболевание за всю историю. Pubmed, одна из главных баз данных статей по биологии и медицине, насчитывает на данный момент более 170 тыс. научных сообщений по теме коронавируса. Уже есть 1,3 млн прочитанных последовательностей вариантов вируса, 6500 клинических исследований, новая статья появляется каждые пять минут. Однако коронавирус остается загадкой не только для населения, но и для авторов обзоров в лучших научных журналах, которые часто смягчают свои выводы словами «вероятно», «возможно», «пока не доказано». Здесь мы попытаемся разобраться с потоком новой информации, возникшей уже в текущую волну пандемии.

Смертность на западе

Главный оптимистическое наблюдение последних месяцев состоит в том, что смертность в странах, где полностью вакцинировано больше половины населения, ниже, чем в прошлые волны.

«Да, мы наблюдаем рост заболеваемости в "привитых" странах, в той же Великобритании или в Израиле, но катастрофы в этом нет, – говорит главный научный сотрудник Национального исследовательского центра эпидемиологии и микробиологии имени Н. Ф. Гамалеи профессор Анатолий Альтштейн. – Если вы обратите внимание, то показатели летальности на фоне роста заболеваний коронавирусом там весьма невысоки. То есть даже несмотря на то, что дельта-штамм умеет заражать и привитых, он не может с полным правом называться смертельным штаммом, в данном случае вакцина, даже будучи неадаптированной к нынешнему штамму, дает высокие гарантии выживаемости заразившегося».

Довольно сложно выстроить доказательную связь между степенью вакцинированности стран и течением пандемии – просто потому, что пока коронавирус больше всего поразил Европу и Америку, а в других регионах мира все по-разному. Есть бедные страны, в которых почти нет вакцин, но коронавирус почему-то поразил их в небольшой степени. То есть кажется, что невакцинированные страны и болеют мало.

«По корреляции между вакцинированием страны и заболеваемостью нельзя установить причинно-следственную связь, – говорит заведующий лабораторией НИИ физико-химической биологии имени А. Н. Белозерского МГУ Роман Зиновкин. –

Мы только можем увидеть из данных о заболеваемости среди вакцинированных, что вакцины работают».

Тем не менее детальная статистика по странам может дать интересные наблюдения. Так, американское государственное агентство CDC ежедневно обновляет данные по заболеваемости и вакцинированию, в том числе отдельно по округам одного штата (чтобы не сравнивать совсем уж разные территории), и по ним можно увидеть, что в округах одного штата Иллинойс, где полностью привито больше 50% населения, за последнюю неделю заболело 100–200 человек в пересчете на 100 тыс. населения, а в тех округах, где всего 20% вакцинированных, – в три-четыре раза больше.

Смертность в России и статистика

В России на 3 сентября было полностью вакцинировано 25,7% населения, а эпидемия, судя по всему, начала распространяться в регионы и малые города.

«Это не факт, но есть гипотеза, что именно с приходом дельта-штамма в наибольшей опасности оказались малые города, прошлым штаммам для большой вспышки нужна была большая скученность населения. Дельта-штамм теперь опасен не только большим городам, в малых он еще опаснее, потому что медицина там готова хуже», – говорит профессор МГУ Максим Скулачев. В тех регионах, которые раньше были главными очагами пандемии, ситуация улучшалась, по крайней перед началом учебного года: в Москве, Подмосковье и Санкт-Петербурге выявляют все меньше заразившихся. Меньше инфицированных становится в Центральной России, на Дальнем Востоке, в Северо-Западном и Сибирском федеральных округах, однако в пяти регионах (Удмуртия, Самарская и Ростовская области, Якутия и Севастополь) скорость прироста заболеваемости превысила 10% за август.

Но по-прежнему вызывает вопросы коронавирусная статистика в России.

«Я не понимаю, как работать с нашей статистикой, – говорит Роман Зиновкин. – Цифры по смертности такие гладкие, что кажутся недостоверными, как будто нарисованы "по плану"».

Тем не менее, общаясь с врачами в клиниках, мы не нашли следов изменения политики учета смертности даже в анонимных беседах. Говоря о показателях смертности, медики отметили, что методы ее учета определены еще в прошлом году и с тех пор видимых изменений не претерпевали. По их словам, есть две формулировки: «смерть от COVID-19» и «смерть с COVID-19», и возможные разночтения в оценке смертности от коронавируса могут возникать по причине такого разделения.

Как бы ни разрешилась загадка слишком гладкой статистики смертей в России, ни у кого не вызывает сомнения, что дельта-штамм гораздо злее в клинических проявлениях, и смертей много. Профессор РАН, врач-пульмонолог НИИ пульмонологии Кирилл Зыков говорит: «Значительно вырастают летальность и количество тяжелых случаев, начали массово болеть молодые люди».

При распространении болезни в регионы и небольшие города особенно важно то, насколько готова медицинская система и насколько смогут быть эффективными врачи на местах, насколько эффективны текущие протоколы лечения против «дельты».

Практикующие медики ряда московских инфекционных стационаров рассказали «Эксперту», что протокол в связи с доминированием дельта-штамма пока не менялся: «Протоколы лечения последней версии были разработаны Минздравом совсем недавно и применяются одинаково для всех штаммов ковида, а вот по сравнению с первоначальными рекомендациями, имевшими место на заре пандемии, изменения произошли. Например, из списка рекомендованных препаратов, согласно последней, одиннадцатой версии временных методических рекомендаций "Профилактика, диагностика и лечение COVID-19" исчезли противомалярийные препараты, широко применявшиеся вначале. Рекомендовано также не применять антибиотики с первых дней лечения, оставив эту группу лекарств для возможных осложнений. Зато появилась возможность применения ингаляционных стероидов, рекомендовано применение гормональных, противовоспалительных препаратов, а также антикоагулянтов, препятствующих образованию тромбов».

«Многое упирается в качество лечения. Особенно критической оказывается строгость протоколов, –объясняет Кирилл Зыков. – Хотелось бы все-таки вернуться к принципам доказательной медицины, не экспериментировать бездумно даже в такой новой ситуации, не делать выводы из единичных случаев, но при этом лечить индивидуального больного с его особенностями.» Бывают же, увы, элементарные ошибки. По протоколу при высокой степени поражениях легких, когда начинается резкий иммунный ответ, назначают дексаметазон и другие стероиды. Но есть "умельцы", которые назначают их на ранних стадиях, а вирусу именно того и надо, чтобы мы ослабили иммунитет, и смертность повышается на тринадцать процентов».

Что мы знаем о «дельте»

«Всему виной новый штамм "дельта" – мы не ожидали, что он настолько более заразный и смертельный», – говорит Роман Зиновкин.

Это подтверждают обзорные публикации Nature за последнее время. Двенадцатого августа в материале «Как вакцинированные распространяют "дельту"?» авторы вспоминают, что еще в июле научные исследования показывали, что вакцинация эффективно режет цепочки передачи эпидемии, но это касалось только прошлых штаммов, а «появляющиеся данные говорят, что "дельта", похоже, распространяется лучше, чем другие варианты».

В публикациях утверждается, что дельта-штамм производит внутри человеческого организма в тысячу раз больше вируса.

«Идет соревнование между вирусом и иммунитетом – кто выиграет. И даже когда иммунитет есть, он может просто не успеть отреагировать, – говорит Максим Скулачев. – Инфекции часто находят пути "ухода" от иммунитета, но "дельта" поступил иначе, прямо и нагло: он стал делать больше копий. Иммунитета может не хватить поначалу, но все равно лучше быть иммунизированным».

Отсюда важный вопрос: есть ли такой уровень иммунитета, который точно защищает от дельта-штамма? В исследовании компании Moderna, вышедшем в середине августа, говорится: «Испытания подкрепили накапливающиеся свидетельства, что низкий уровень антител – маркер предрасположенности к инфекции». Авторы обнаружили, что вероятность заболеть в десять раз выше у тех, у кого антитела ниже предела обнаружения, по сравнению с теми, кто в десяти процентах верхнего уровня антител. Правда, как подчеркнул один из авторов этой работы, нет такого, чтобы какой-то уровень защищал полностью или чтобы был какой-то уровень, слишком слабый для защиты.

Новая статья на основе израильского опыта массовой вакцинации сообщает удивительные вещи. Если сравнивать вероятность заболеть тех, кто уже переболел коронавирусом в январе-феврале и тех, кто в январе-феврале был вакцинирован, то оказывается, что вакцинированные заболевают вновь в 13 раз чаще, чем переболевшие. Это необязательно должно было быть так. С одной стороны, у переболевших есть антитела не только против S-белка (на основе гена которого сделаны РНК-вакцины), но и против других частей вируса. С другой стороны, по некоторым данным, вакцины могли давать больше антител. То есть, если эти выводы верны и, если статью не завернут рецензенты (это пока препринт), получается, что естественный иммунитет лучше вакцинного. Из этого не следует, что надо переболеть: риски велики, а последствия перенесенного коронавируса могут быть долгосрочными. Однако вопрос об эффективности вакцин возникает.

Эффективность вакции против «дельты»

«С гневом отвергаю обвинения в том, что вакцины не сработали, – говорит Максим Скулачев. – Они работают прекрасно. Защищают от заражения от всего, вплоть до британского штамма. Но и против "дельты" защищают, но чуть хуже».

Очередное массовое исследование в Великобритании (именно из британских данных мы получили первые расчеты эффективности вакцин против дельта-штамма) показывает, что вакцины Pfizer и AstraZeneca работают, но со временем теряют эффективность (90, 85 и 78% после одного, двух и трех месяцев соответственно в случае Pfizer). Несмотря на то, что дельта-штамм явно удивил и продолжает удивлять ученых, вирусологи утверждают, что это не повод считать вакцины неэффективными.

«Эффективность несколько ниже, но не принципиально, – говорит вирусолог, заместитель директора по науке отдела вакцин государственного американского агентства Food and Drug Administration (FDA) Константин Чумаков. – Ее можно измерять разными способами, поэтому такой разнобой с результатами. Если судить по защите от заражения, то она ниже и довольно быстро падает со временем. Но защита от заболевания, особенно тяжелого, сохраняется долго».

В недавней работе, анализирующей вакцинированных в Нью-Йорке, была видна динамика появления дельта-штамма от мая к июлю этого года и рост числа зараженных вакцинированных. Так, 19 июля заболело 5500 невакцинированных и 2793 вакцинированных, то есть всего в два раз меньше. Но тут надо учитывать, что доля полностью вакцинированных на тот день в этом городе достигла 65%, и, по расчетам авторов статьи, которые учитывали разные выборки, эффективность вакцины – 80%. Многим трудно привыкнуть к тому, что вакцинированные болеют, и болеют массово, – это явно не то, на что рассчитывали в начале вакцинации. Тем не менее в этой работе показана существенно более высокая эффективность против госпитализации, ровно такая же, как и против альфа-штамма, – 95%, хотя и в больницах очень много привитых.

Российская официальная статистика по вакцинированным переболевшим до сих пор не опубликована. «Подобную статистику, по моему мнению, должен вести и ею обладать не разработчик, а государственные структуры, ответственные за применение как "Спутника", так и любой иной вакцины, в данном случае это Минздрав и Роспотребнадзор, – говорит профессор Альштейн, который как раз представляет НИЦ имени Гамалеи, производителя "Спутника V". – Медицинские учреждения на местах имеют возможность собирать данную статистику, а указанные ведомства – ее анализировать и систематизировать, соответственно и публиковать».

Зато вышла (пока в препринте) статья группы авторов об эффективности «Спутника V», среди которых есть Артемий Охотин, врач Тарусской больницы (она сама по себе удивительный опыт того, как столичные врачи решили сделать современной обычную «районку»). Данные для статьи были взяты из питерской статистики попаданий на МРТ – среди них оказались вакцинированные, а по результатам анализа пациенты отправлялись в клинику или домой. Оказалось, что эффективность против госпитализации у «Спутника» – 80%, то есть вероятность попасть в больницу у вакцинированного в пять раз меньше.

Но вроде бы и производители вакцины должны быть заинтересованы в публикации данных, тем более что статистика, очевидно, должна быть позитивной.

«Я подозреваю, что "гамалейцы" находятся в жестком цейтноте, на них возложено много не только научных, но и производственно-менеджерских задач, им не до статей, хоть они и нужны, – считает Максим Скулачев. – Но и госведомства, похоже, перегружены. Рассмотрением заявок на новые лекарства в американском ведомстве FDA заняты тысячи человек, а у нас лишь несколько».

Но за последнее время мы узнали не только то, что полная статистика собирается, но и то, что ее несложно «выгрузить». Так, депутат питерского заксобрания Борис Вишневский отправил запрос в региональный Минздрав – и получил ответ даже с разбивкой на типы вакцин и опубликовал эти данные (см. таблицу), из которых понятно не только то, что работает «Спутник V», но и «КовиВак», по которому мы продолжаем ждать первых публикаций результатов клинических испытаний.

Какой процент нужен

До появления дельта-штамма расчетной оценкой необходимого для остановки пандемии количества вакцинированных в конкретном регионе и стране считались 70%. Сейчас очевидно, что этого мало. А сколько не мало, если иметь в виду попытку победить пандемию за счет вакцинации?

«Наверное, близко к ста процентам, – говорит Анатолий Альштейн. – Проблема в том, что вакцины, как и перенесенное заболевание, не дают прочной защиты от заражения и заразности (в отличие от болезни). Поэтому "стадного иммунитета" не получится, и пока все не перезаразятся, волны будут продолжаться. Задача только в том, чтобы при этом течение болезни было легким и люди не умирали. Сделать это можно только поголовной вакцинацией».

Текущие расчеты говорят о том, что это число заведомо больше 90%. Так, в целевых показателях США – 92%. «Не менее 90-95 процентов, если репродуктивное число дельта-штамма сейчас оценивается правильно», – уточняет Роман Зиновкин.

Но, скорее всего, этого числа достичь невозможно. Даже в небольшом «модельном» Израиле темпы вакцинации снизились, и те, кто не вакцинировался, явно этого не хотят, среди них немало религиозных евреев. В США отношение к вакцинации тоже культурно, политически и расово окрашено. В России, очевидно, тоже будет сложно еще больше ускорить темпы. К тому же в условные 90% должны войти дети и молодежь, а этому будут противиться очень многие. Тогда какой прогноз?

Что дальше?

Прогноз пока не очень утешительный, вряд ли вирус когда-нибудь уйдет из популяции. Потому что огромное число людей не прививается, и это может тянуться очень долго, пока они все не переболеют. С этим придется смириться, говорит Константин Чумаков.

С ним согласен и Роман Зиновкин: «Коронавирус – на долгие и долгие годы. Нет никаких предпосылок, что какие-либо активные действия приведут к тому, чтобы он куда-то делся».

По некоторым опубликованным в этом году математическим моделям, ситуация, когда существенная часть населения вакцинирована, но недостаточно для того, чтобы остановить распространение вируса, как раз и может ускорить эволюцию вируса в сторону ухода от вакцин.

«Те, кто не прививается, ставит под угрозу и себя, и окружающих, поскольку если они заболеют, то будут более эффективными переносчиками, чем привитые. – говорит Чумаков. – И чем дольше циркулирует вирус, тем больше шансов, что он будет меняться, хотя это и не гарантировано».

Есть возможность, что рано или поздно коронавирус эволюционирует в более спокойный вариант и станет еще одним простудным заболеванием, но пока признаков этого не наблюдается.

Что делать с «короной»

Но что можно сделать, кроме того, чтобы привыкать к новой реальности?

Например, можно уже сейчас в ускоренном порядке вводить апгрейды вакцин против «дельты», чтобы уменьшить количество заболевших и носителей. Именно это предлагает делать Анатолий Альштейн, а Центр имени Гамалеи объявил, что вакцина против дельта-штамма у него уже есть.

«Пока такой необходимости нет, – возражает Константин Чумаков. – Многие существующие вакцины хорошо защищают от "дельты" и других вариантов. Но, конечно, нельзя исключить, что возникнет что-то новое, против чего надо будет делать новую вакцину. Бустерную дозу надо делать пока только людям с ослабленной иммунной системой или с повышенным риском – скажем, медикам. Для этого вполне годятся существующие вакцины».

Максим Скулачев тоже считает, что сейчас важнее посмотреть, все ли нам показал дельта-штамм, и активно исследовать новые появляющиеся варианты: «Никто не сказал, что штамм возникнет на фоне "дельты" и не возникнет ли что-то хуже. А если мы поймем, что "дельта" – это надолго, надо вводить вакцины именно против него. "Дельта" очень умен, он не стал возиться с уходом от иммунитета, а стал очень быстро размножаться. Но все же живая клетка не резиновая, нельзя вирусу все время наращивать продуктивность, у этой эволюции есть предел».

Кроме постоянного анализа новых штаммов и попытки угадать следующий шаг эволюции вируса можно расширять средства терапии.

«Открыты новые генетические маркеры тяжести будущего заболевания, а это значит, что мы получим возможность заранее понимать, сможет ли развиться у конкретного человека тяжелая форма заболевания, и сможем заранее принять меры и избежать тяжелых последствий, – рассказывает Роман Зиновкин. – Но генетические маркеры достаточно сложны для экспресс-анализа, хотя тесты можно делать. Есть и относительно простые биохимические маркеры, например уровень сфингозина, такого жирного спирта, – это хороший предсказатель вероятного сложного течения заболевания. Примерно треть генетических маркеров относится к генам интерферонового иммунного ответа. То есть сейчас мы точно знаем, что те люди, которые не заболевают или легко заболевают коронавирусом, встречают его на уровне клеточного иммунитета. Некоторые врачи, кстати, рекомендуют интерназально интерферон, но клинически это трудно проверить, и у интерферона есть противопоказания».

«Но, возможно, окажутся неэффективными попытки найти лекарства, мешающие вирусу. И тогда надо воздействовать на сам организм, подавлять процессы, которые с вирусом сотрудничают, – говорит Максим Скулачев. – То есть это должны быть препараты, которые предотвращают болезненные процессы в сосудах, работают со свертываемостью крови».

То есть даже если вирус с нами надолго, со временем у людей будут иммунитет (естественный или прививка) плюс ранняя диагностика и лекарства, предотвращающие тяжелое течение заболевания, и тогда, возможно, коронавирус станет обычным сезонным вирусом.

Эксперт, 9 июня 2021 г.

СЛОВА И СЛОВОСОЧЕТАНИЯ

эталонный	标准的
сбить	[完] 降低
летальный	致死的
привить	[完] 接种
доза	份量
бустер	升压器
смягчать	[未] 使不清晰
смертельный	致命的
заразиться	[完] 感染上
корреляция	相互
скученность	[阴] 稠密
инфицированный	被感染的
недостоверный	不可靠
пульмонология	肺病学
противомалярийный	治疟疾的

ингаляционный	吸入的
стероид	类固醇
гормональный	荷尔蒙的
противовоспалительный	消炎的
антикоагулянт	抗凝剂
тромб	血栓
иммунный	免疫的
дексаметазон	地塞米松
нагло	肆无忌惮地
подкрепить	[完] 加固
антитела	抗体
маркер	标识器
предрасположенность	[阴] 素因
белок	蛋白
рецензент	评论者
препринт	预印本
отвергать	[未] 否定
выборка	提取
госпитализация	接受住院
гамалейца	放射科医务人员
цейтнот	时间不够的地步
поголовный	人人的
заведомо	明显地
репродуктивный	再现的
расово	人种地
окрашенный	有色的
утешительный	欣慰的
деться	[完] 消失不见
циркулировать	[未] 流通
апгрейд	升级
бустерный	助力的
резиновый	橡胶的
терапия	疗法

интерферон 干扰素

свертываемость [阴]凝固性

дельта-штамм 德尔塔菌株

РНК: рибонуклеиновая кислота 核糖核酸

Роспотребнадзор: Федеральная служба по надзору в сфере защиты прав потребителей и благополучия человека 俄罗斯联邦消费者权益及公民平安保护监督局

МРТ: магнитно-резонансная томография 核磁共振成像

заксобрание: законодательное собрание 立法会议

УПРАЖНЕНИЯ

I. Выберите правильный вариант.

1. В некоторых направлениях бизнеса, например при продаже консалтинговых услуг, клиенты нередко пытаются _____ цену.

    A) бить   B) разбить   C) забить   D) сбить

2. Я понимаю всю сложность и ответственность _____ на меня задачи, поэтому обязуюсь максимально объективно и взвешенно относиться к мнению всех без исключения участников импровизированного «круглого стола».

    A) наложенной   B) положенной
    C) возложенной   D) вложенной

3. Этот комплекс источников позволяет _____ наиболее устойчивые архетипические черты русской воинской культуры, неизменно воспроизводящиеся на протяжении веков.

    A) проявлять   B) объявлять   C) выявлять   D) заявлять

4. Народ притесняет меня, заставляет во что бы то ни стало выбрать супруга, а я могу принести супругу в приданое только заботы, тяжелые обязанности и сердце, которое противится _____.

    A) против брака   B) браком
    C) браку   D) брака

5. Молодой человек прекрасно понимал, что связь с такой семьей ставит _____ его карьерные планы.

    A) за угрозу   B) перед угрозу
    C) под угрозу   D) на угрозу

II. Переведите следующие предложения на китайский язык.

1. Как бы ни разрешилась загадка слишком гладкой статистики смертей в России, ни у кого не вызывает сомнения, что дельта-штамм гораздо злее в клинических проявлениях, и смертей много.

2. При распространении болезни в регионы и небольшие города особенно важно то, насколько готова медицинская система и насколько смогут быть эффективными врачи на местах, насколько эффективны текущие протоколы лечения против «дельты».

3. Несмотря на то, что дельта-штамм явно удивил и продолжает удивлять ученых, вирусологи утверждают, что это не повод считать вакцины неэффективными.

4. Есть возможность, что рано или поздно коронавирус эволюционирует в более спокойный вариант и станет еще одним простудным заболеванием, но пока признаков этого не наблюдается.

5. То есть даже если вирус с нами надолго, со временем у людей будут иммунитет (естественный или прививка) плюс ранняя диагностика и лекарства, предотвращающие тяжелое течение заболевания, и тогда, возможно, коронавирус станет обычным сезонным вирусом.

III. Ответьте на вопросы по тексту.

1. Что Валерий Грдзелишвили наблюдает в США?

2. Какой гипотезы касался Максим Скулачев?

3. О чем говорится в материале «Как вакцинированные распространяют "дельту"?»

4. Какая связь между уровнем антител иммунитета и инфекцией в исследовании компании Moderna?

5. Когда коронавирус может стать обычным сезонным вирусом?

IV. Вопросы для обсуждения.

1. Какие изменения внесли в протоколы лечения против «дельты» последней версии?

2. Обобщайте по содержанию текста, какие характеристики у дельта-штамма?

ГЛАВА VII ДЕЯТЕЛЬНОСТИ ПРЕДПРИЯТИЙ

7.1 Ozon: прибыль на горизонте?

На российском рынке интернет-торговли начинается жестокая битва между игроками. Победители попробуют окупить многомиллиардные затраты – более крупные, чем у традиционных магазинов.

Российский Ozon существует двадцать третий год, но пока не показывает прибыль и вряд ли покажет в ближайшие пару лет. При этом компания бурно растет и как минимум жестко держит позицию на развивающемся рынке. Мы постарались понять, почему исторически первому русскому маркетплейсу не удается пока выйти в плюс и когда и при каких условиях он это сделает.

В августе этого года Ozon представил финансовые итоги второго квартала 2021 года: из-за масштабных инвестиций EBITDA не только осталась отрицательной, но и увеличилась в пять раз по сравнению со вторым кварталом 2020-го, до минус 9,1 млрд рублей (минус 1,8 млрд годом ранее). Вырос и отрицательный свободный денежный поток: минус 12,6 млрд рублей (минус 4,5 млрд годом ранее). АДР Ozon на отчетности обвалились на 6,5%, хотя инвесторы прекрасно понимали, что берут растущую компанию, которая занята сейчас захватом рынка и строительством бизнеса. «В ближайшей перспективе мы продолжим нести убытки из-за ожидаемого увеличения операционных расходов. Мы продолжаем инвестировать в рост бизнеса, сохранение базы покупателей, развитие логистики и фулфилмента, совершенствование платформы и запуск новых сервисов. Эти усилия могут обойтись нам дороже, чем мы ожидаем», – прямо говорилось в проспекте, который Ozon выпустил к IPO.

Динамика роста Ozon впечатляет. Основной показатель, который отражает состояние e-commerce, Gross merchandise volume/value – общая денежная стоимость всего, что было продано через маркетплейс в течение определенного периода, во втором квартале выросла на 94% к аналогичному периоду 2020 года. За весь 2021 год GMV увеличится на 110% – это прогноз самого Ozon, и аналитики с ним согласны.

«Ozon, очевидно, развивается по модели Amazon, которая предполагает захват рынка с точки зрения количества клиентов и объема выручки, – говорит Александр Шубин, управляющий партнер my Retail Strategy. – Для бизнес-моделей электронной торговли, построенных по принципу платформ, важно набрать критическую массу поставщиков, покупателей и товаров. Например, Amazon имеет более 140 миллионов товаров, из которых собственных только около десяти процентов. С ростом числа клиентов постоянные затраты в расчете на один заказ уменьшатся, в результате чего бизнес выходит на прибыль экспоненциально. Например, на 2020 отчетный год прибыль Amazon за пять лет увеличилась в десять раз, а выручка всего в 2,8 раза. С Ozon это может произойти на горизонте пяти лет».

Возвращаясь к Amazon, важно сказать вот что. Когда детище Джеффа Безоса в 2003 году вышло на прибыль, у него было полтора миллиона клиентов (у Ozon сейчас 18,4 млн активных клиентов). Но IPO Amazon было в 1997 году, к 2003-му с момента IPO прошло уже шесть лет и инвесторы начинали нервничать. В комментариях к годовому отчету за 2003 год компания честно пишет, что для расчета чистой прибыли использовала валютную переоценку остатков своих инвестиций в зарубежные активы, а без этой переоценки и по итогам 2003 года Amazon остался бы убыточным. Можно предположить, что 2025 год – ориентировочная дата, когда и Ozon придется что-то придумать, чтобы продемонстрировать столь желанную широким кругом акционеров чистую прибыль.

Полный фулфилмент за 73 миллиарда

В начале эры интернет-торговли казалось, что интернет-магазин – это бизнес с минимумом издержек по сравнению с обычным магазином, прежде всего можно экономить на торговых площадях.

Но активный переход миллионов людей к покупкам всех возможных товаров в онлайне привел к тому, что e-commerce потребовались весьма крупные инвестиции в реальную инфраструктуру – в склады.

Речь идет не просто о складировании товара. Склад в случае компании из e-commerce, оперирующей сотнями тысяч заказов в день, – сложно организованная структура. Продавцы привозят туда свой товар в заранее определенное время. IT-система определяет, в какой ячейке будет находиться этот товар. Из ячейки его вынет сотрудник, сложит в корзину и отправит корзину по конвейеру на следующий этап – там товары распределяются уже по заказам. ПО выстраивает маршрут сотрудника так, чтобы заказ был собран как можно быстрее. Дальше – упаковка, потом снова на конвейер: на этом этапе заказы распределяются по регионам. Все это плюс работа службы доставки именуется фулфилмент (от англ. fulfillment, исполнение) – полный комплекс мероприятий, чтобы товары от разных продавцов и точек страны доехали до одного покупателя.

Сами площади складов, программное обеспечение, регулирующее буквально все этапы, от допуска на склад продавцов до формирования заказа, оборудование – конвейерные ленты, автоматические считыватели штрихкодов и прочее – все это серьезные затраты. Ozon не может их не брать на себя: это залог дальнейшего роста бизнеса. Сейчас компания всеми силами старается не отстать от конкурента – номера один на российском рынке электронной коммерции Wildberries (оборот по итогам 2020 года – 413 млрд рублей). А Wildberries активно инвестирует в склады. Площадь ее крупнейшего распределительного центра в Коледино под Подольском, в Московской области, составляет около 250 тыс. кв. м, логистический комплекс на 250 тыс. кв. м строится в Краснодаре, на 50 тыс. кв. м – в Удмуртии, на 100 тыс. кв. м – в Петербурге. Сейчас у Wildberries 450 тыс. кв. м складских площадей, но, скорее всего, это не предел.

Ozon, у которого уже есть распредцентры в Москве и Московской области, Твери, а в прошлом году открылись еще фулфилмент-центры в Ростове-на-Дону, Казани, Санкт-Петербурге и Новосибирске, активно догоняет. Сейчас в Истре открывается второй фулфилмент-центр компании в Подмосковье площадью 23,6 тыс. кв. м (первый крупнейший находится в Хоругвино под Солнечногорском). В СМИ сообщалось, что на истринский центр ушло 5,4 млрд рублей. Летом этого года генеральный директор ООО «Интернет решения» (головная компания Ozon) Александр Шульгин заявил, что и этого будет мало: растущий интерес покупателей к онлайн-шопингу потребует новых площадей – фулфилмент- и сортировочных центров, а также дарксторов для экспресс-доставки. «В перспективе пары лет мы планируем утроить логистические площади Ozon в регионе», – пообещал Шульгин главе Московской области Андрею Воробьеву на ПМЭФ.

«По состоянию на конец второго квартала текущего года общая площадь распределительных центров Ozon составляла 268 тысяч квадратных метров. Мы ожидаем, что в 2022 году эта цифра достигнет не менее 450 тысяч квадратных метров», – говорит Анна Курбатова, старший аналитик Альфа-банка.

Старший аналитик BCS Global Markets Мария Суханова напоминает, что в планах Ozon – через пять лет иметь миллион квадратных метров площадей, так что инвестиционные планы действительно масштабные, учитывая амбиции Ozon стать лидером рынка в будущем.

Только в 2021 году Ozon в качестве капзатрат выложит 20–25 млрд рублей. И исходя из планов расширения складских мощностей, логично предположить, что в следующие два года объем инвестиций будет сопоставимым. Для этого и нужно было IPO.

«У Ozon есть не только средства от IPO, но и 0,75 миллиарда долларов, полученные от размещения конвертируемых облигаций в феврале – в сумме на балансе компании на конец второго квартала 2021 года 123 миллиарда рублей (1,7 миллиарда долларов), – говорит Мария Суханова. – Дальше все будет зависеть от стратегии компании. На данный момент мой базовый сценарий – наиболее агрессивные инвестиции в инфраструктуру в 2021 и 2022 годах, а затем их снижение до более спокойного уровня и выход на позитивную EBITDA в 2024 году. В таком сценарии, по моим оценкам, дополнительных средств не потребуется, кроме, может быть, на пополнение оборотного капитала в течение года, что при необходимости просто решается краткосрочным банковским займом».

«Согласно текущему консенсус-прогнозу аналитиков Bloomberg, совокупные инвестиции компании за период со второго полугодия 2021-го и в 2022–2024 годах составят порядка 73 миллиардов рублей, – добавляет Анна Курбатова из Альфа-банка. – При этом мы ожидаем, что операционные убытки компании постепенно будут сокращаться (консенсус-прогноз предполагает выход на безубыточность по показателю EBITDA в 2023 году), снижая общую потребность в капитале. Таким образом, можно сделать вывод, что имеющиеся на сегодня у компании средства полностью покрывают объем инвестиций, необходимый для развития в ближайшие два года, и даже оставляют солидный запас для расширения планов развития».

Главное – размер

«Эксперт» направил в Ozon письмо с вопросом: правильно ли мы понимаем, что маркетплейс как бизнес-модель предполагает бо́льшую рентабельность, чем обычный интернет-гипермаркет, каковым изначально был Ozon? Если да, то эту рентабельность маркетплейс уже показывает или на нее только предстоит выйти? Однако ответы мы не получили. Возможно, потому, что Ozon, как и весь сектор e-commerce, сейчас сосредоточен на росте, а когда бизнес станет достаточно крупным, тут можно будет уже задуматься о рентабельности и разобраться, какая она у какого из направлений. Благо чем крупнее игрок, тем легче ему обеспечить себе эту рентабельность.

Так, известно, что Amazon постоянно отслеживает цены на товары у других площадок, в том числе офлайновых вроде Walmart, и если видит, что поставщик где-то продает товар дешевле, чем на Amazon, то может оштрафовать такого продавца, перенести его в самый низ результатов поиска по товарам или даже удалить со своей витрины. При этом Amazon совершенно не волнует, что в тот же Walmart товар мог быть поставлен по схеме 1P, а значит, на итоговую цену поставщик никак не влияет. Таким образом, крупный онлайн-ритейлер имеет большие возможности, чтобы давить на поставщиков, тем самым перетягивая их маржу себе.

Дело тут, конечно, не только в размере, но и в доле рынка. Чтобы маркетплейсам и в целом интернет-площадкам было проще диктовать поставщикам, да и покупателям, свои условия, они должны, во-первых, занимать изрядное место в рознице в целом, а во-вторых, иметь по-настоящему крупные доли на рынке интернет-торговли. В России гонка за e-commerce, по сути, только начинается. Наш рынок интернет-торговли – всего 9% от розничного рынка в целом (41 и 456 млрд долларов на конец 2020 года соответственно). В США e-commerce – 20% всей розницы, в Китае – 27%. Плюс наш рынок пока не консолидирован: тройка крупнейших игроков в совокупности не занимает и трети. Доля самого Ozon – около 9%. То есть при благоприятном раскладе, если экстраполировать, например, китайские цифры, где два крупнейших игрока держат более половины e-commerce, получается, что бизнес Ozon мог бы вырасти в три раза за счет соответствующего роста рынка и еще в полтора – за счет роста его доли в этом пироге. Если говорить о рентабельности, то, наверное, в будущем, если рынок поделят три-четыре крупных игрока, они смогут выработать единый подход к комиссиям, чтобы не демпинговать.

Но пока трудно предсказывать, по какому сценарию будет развиваться российский рынок интернет-торговли – по китайскому, по американскому или и вовсе по какому-то оригинальному. Все же у Amazon и Taobao в начале их пути не было столь же сильных, как они, конкурентов. У Ozon их сейчас в избытке. Во-первых, это нынешний лидер рынка Wildberries (Ozon, согласно рейтингу крупнейших интернет-магазинов России от Data Insight, по объему онлайн-продаж за 2020 год находится на втором месте), если судить по объему продаж, отрыв у него довольно велик.

Во-вторых, это множество универсальных интернет-площадок, которые только включаются в гонку: «Яндекс», «СберМегаМаркет» и, конечно, AliExpress. Все они обладают существенным финансовым ресурсом, особенно китайцы. У Alibaba только кеша на счетах более 17 млрд юаней, (около 2,6 млрд долларов, половина годового оборота Ozon), а его годовая чистая прибыль – почти 22 млрд долларов, это в четыре с половиной раза больше всего российского рынка e-commerce. На минувшей неделе российское подразделение «AliExpress Россия» открыло собственный фулфилмент-центр площадью 55 тыс. кв. м в Подмосковье и пообещало до конца 2021 года запустить еще несколько фулфилмент-центров в нескольких регионах России общей площадью не менее 200 тыс. кв. м – это уже почти половина от текущего объема площадей Ozon. Еще три года такой экспансии – и у AliExpress в России будет также 1 млн кв. м фулфилмент-центров, что явно не самый приятный факт для остального рынка.

Когда закончится гонка складов для маркетплейсов? В Ozon не смогли ответить на вопрос, какая складская мощность будет достаточна в расчете на одного потенциального клиента.

«Мы полагаем, что важной точкой достижения зрелости рынка в части доступности инфраструктуры (распредцентров и последней мили) электронной торговли в России станет момент, когда проникновение таких объектов в регионах (городах с населением более ста тысяч человек) будет сопоставим с текущим уровнем Москвы и Санкт-Петербурга, – говорит Анна Курбатова. – Согласно данным Data Insight, в 2020 году общее количество ПВЗ и постаматов в России составило 50 тысяч, из них 32 процента расположены в Москве, Московской области, Санкт-Петербурге и Ленинградской области. То есть в столичных регионах одна точка последней мили электронной торговли обслуживает в среднем 1730 человек населения, а в остальной России одна точка приходится на 3500 человек. Для достижения сопоставимого с Москвой и Петербургом охвата точками последней мили всех городов с населением более ста тысяч человек необходимо открыть порядка 30 тысяч точек».

Интернет – торговля требует капитала

Наконец, не стоит сбрасывать со счетов специализированные торговые площадки, такие как третий по обороту Citilink, Lamoda, или онлайн-подразделения традиционных торговых сетей вроде X5. Они развивают в первую очередь доставку продуктов – а значит, составят серьезную конкуренцию в сегменте онлайн-продаж продовольственных товаров, который в ближайшие годы будет расти быстрее других.

Свежий прогноз INFOLine выглядит так: к 2025 году отечественный рынок электронной коммерции превысит 8,9 трлн рублей, его среднегодовые темпы роста составят 25%. Причем продажи продовольственных товаров вырастут более чем в 13 раз и превысят 2,1 трлн рублей (среднегодовой темп роста – 68%).

Ключевые драйверы развития онлайн-продаж в России, по мнению специалистов INFOLine, – это экспресс-доставка и увеличение проникновения в регионах, как в связи с ростом спроса, так и с улучшением сервиса за счет расширения логистической инфраструктуры (пунктов выдачи и постаматов, фулфилмент-центров и сортировочных складов): если в 2020 году на долю регионов России за пределами Москвы и Московской области, Санкт-Петербурга и Ленинградской области приходилось 57% онлайн-продаж, то к 2025 году их доля вырастет до 68%.

Все это учтено в стратегии Ozon: его приоритеты в плане логистики – масштабирование инфраструктуры с фокусом на регионы, быстрая и надежная доставка, выход на новые рынки.

Но тут возникают два потенциальных препятствия. Во-первых, последняя миля и экспресс-доставка для российских регионов обойдутся недешево – даже при том, что пункты выдачи маркетплейсы стараются развивать по франшизе (у Ozon по франшизе работает около 80% пунктов выдачи). Доставка в постаматы и пункты выдачи хороша для непродовольственных товаров, а как будет развиваться экспресс-доставка продуктов?

Во-вторых, чем дальше в регионы будут продвигаться интернет-магазины, тем более важным будет вопрос низких цен. Сама суть интернет-торговли располагает к тому, чтобы тщательно сравнивать цены, открыв несколько разных сайтов. Да и переход покупателей из офлайн-магазинов в онлайн во многом связан с попыткой сэкономить, купив то же самое в интернете дешевле. Ввиду этого снова возникает тот же вопрос: смогут ли маркетплейсы поднять цены, после того как захватят и поделят рынок?

Наконец, в связи с многомиллиардными инвестициями становится интересно, не окажется ли интернет-торговля более капиталоемким бизнесом, чем торговля обычная.

«С точки зрения капиталоемкости бизнес-модели офлайн-ритейла и e-commerce платформы имеет примерно одинаковый масштаб, – комментирует Александр Шубин.

– На один доллар выручки приходится 23 цента инвестиций в материальные активы для e-commerce платформ и около десяти центов – для офлайн-ритейла. Единственное, что первые больше инвестируют в торговую площадь, а вторые – в складскую площадь и логистику (данные Amazon и Walmart). Но при этом важно отметить, что темпы роста для e-commerce платформ гораздо выше, и можно ожидать, что эффективность инвестиций превысит офлайн-бизнес-модели».

Отметим, что все же относительный размер инвестиций на доллар выручки у интернет-платформ превосходит офлайн-магазины вдвое. А в долгосрочной перспективе это может означать, что ходить в магазины когда-нибудь будет дешевле, чем заказывать доставку в интернете, что и логично: ведь часть затрат, временных и материальных, на проезд, покупатель офлайн-магазина берет на себя.

«Риск того, что с учетом всех затрат на склады, фулфилмент и пункты выдачи интернет-торговля будет обходиться покупателям дороже, чем традиционные магазины, есть, но, по данным "Яндекса"/Gfk, хотя фактор цены действительно ключевой, фактор удобства тоже очень важен, – говорит Мария Суханова. – И вполне возможно, что, когда фокус Ozon сместится на рентабельность, чувствительность к фактору цены будет менее существенной, поскольку у большой части населения уже будет привычка покупать онлайн. И не факт, что долгосрочно потребуется существенное повышение цен для выхода на рентабельность, поскольку есть неценовые факторы, которые должны способствовать повышению рентабельности Ozon с ростом масштаба бизнеса. Если посмотреть на глобальные аналоги, например на Amazon, у которого бизнес онлайн-торговли операционно прибылен, основная разница с Ozon – это расходы на доставку (16,6 процента операционных расходов у Amazon и 28 процентов у Ozon. – "Эксперт") и выручка от дополнительных сервисов (рекламы, подписки) как процент оборота. С ростом масштаба Ozon жду улучшения по обоим направлениям – расход на доставку одного заказа Ozon уже на четверть ниже, чем год назад, несмотря на то что компания строит логистические мощности с запасом; а рекламная выручка удваивается год к году».

Не дошли до облаков

Но тут мы опять должны сказать о разнице в том, как развивался Amazon и как развивается его российский аналог Ozon. Amazon начал развивать подписку почти сразу, в 1990-е. В письме к акционерам от 1997 года Безос пишет: «Наши крупные инвестиции в Prime, AWS, Kindle, цифровые медиа и обслуживание клиентов в целом кажутся некоторым слишком щедрыми, безразличными для акционеров или даже несовместимыми с тем, чтобы быть коммерческой компанией. Но я так не думаю. Проактивное удовлетворение клиентов вызывает доверие, которое приносит больше прибыли от этих клиентов, даже в новых сферах бизнеса».

Сначала Amazon Prime означала подписку на видео, музыку и другие онлайн-сервисы, но постепенно она распространилась на все товары. За 13 долларов в месяц покупатель получает право на быструю доставку по определенной цене (или бесплатную в ряде случаев), доступ к распродажам с хорошими скидками, доставку лекарств и т. д. Подписка – отличный ход, так как, во-первых, обеспечивает постоянный поток денег, во-вторых, стимулирует подписчиков чаще и больше покупать, чтобы «окупить» подписку быстрой/бесплатной доставкой и скидками.

Ozon запустил подписку Ozon Premium лишь в феврале 2019 года. Возможно, это связано с особенностями российского рынка и низкими доходами наших покупателей. Ozon Premium дает доступ к бесплатной доставке курьером (но лишь при заказе от 499 рублей и не на все товары) и скидке на быструю доставку Ozon Express, кешбэк до 15%, упрощенным возвратам и выделенной линии поддержки. Стоит Ozon Premium 199 рублей в месяц или 1790 рублей в год.

Ozon поступления от подписки в отчетности пока не выделяет; в выручке Amazon это 7%.

И наконец, следует признать, что в неменьшей мере, чем сама интернет-площадка, у Amazon «выстрелил» облачный сервис AWS. Он продает возможности облачных вычислений, хранилищ, баз данных и других услуг для стартапов, предприятий, правительственных учреждений и академические учреждений по всему миру. Каждый квартал выручка от AWS прирастает примерно на треть, выручка AWS составляет 12% от общей выручки дохода Amazon и почти 47% от общего операционного дохода Amazon, то есть AWS серьезнейшим образом влияет на прибыльность компании в целом.

К похожей ситуации стремится и Alibaba. Облачное подразделение компании Aliyun вышло на прибыль в конце 2020 года после 12 лет существования, правда, в выручке китайского гиганта это пока 7%.

Смогут ли российские маркетплейсы стать устойчиво прибыльными без облачных подразделений, как Amazon, и рынка в миллиард человек с высокой плотностью, как Taobao, мы узнаем приблизительно через пять лет.

Эксперт Понедельник, 13 сентября 2021 г.

СЛОВА И СЛОВОСОЧЕТАНИЯ

окупить	[完] 收回
обвалиться	[完] 倒塌，脱落
обойтись	[完] 花费（多少）
экспоненциально	指数式地
нервничать	[未] 着急
акционер	股东
издержка	费用（复数）
складирование	储存
оперировать	[完，未] 办理业务
конвейер	传送带，传输带，传送装置
именоваться	[未] 叫做
считыватель	[阳] 读出器
штрихкод	条形码
сортировочный	分类的
даркстор	幕后店（dark store），专为在线购物顾客配货的店面，其陈列方式与常规商店并无不同，但不对外开放。
конвертировать	[完，未] 转换
облигация	债券
рентабельность	[阴] 利润率
отслеживать	[未] 跟踪观察
оштрафовать	[完] 罚款
витрина	橱窗
консолидировать	[完，未] 加强
экстраполировать	[完，未] 推论
демпинговать	[未] 抛售
миля	俄里
масштабирование	扩展
франшиза	保险免赔额
сместиться	[完] 移动
подписчик	订户
курьер	递送员

ГЛАВА VII   ДЕЯТЕЛЬНОСТИ ПРЕДПРИЯТИЙ

АДР: Американская депозитарная расписка   美国存托凭证

ПМЭФ: Петербургский международный экономический форум

圣彼得堡国际经济论坛

ПВЗ: пункт выдачи заказов   接送点

УПРАЖНЕНИЯ

I. Выберите правильный вариант.

1. Человек оперировал _____ во все века, а сейчас надо понять, что компьютер – среда для накопления знаний, а также для оперирования и обмена знаниями с другими людьми.

   A) знания   B) знаний   C) знаниям   D) знаниями

2. _____ девушка согласилась на лечение, меньше чем через полчаса ее лицо уже озаряла улыбка, а сама она твердо верила в то, что у нее все получится.

   A) После того как   B) До того как

   C) Перед тем как   D) Пока

3. Я на мгновение _____, потому что первоначально планировал поделиться своими приключениями только с профессором, – человеком хоть и грубоватым, но умным, знающим и порядочным.

   A) придумал   B) задумался

   C) подумал   D) выдумал

4. Ему очень не нравилось, что они чуть было не поссорились _____ какой-то ерунды.

   A) от какой-то ерунды   B) из какой-то ерунды

   C) из-за какой-то ерунды   D) по какой-то ерунде

5. Доставленные товары вполне _____ расходы на предприятие и даже принесли некоторый доход.

   A) накупить   B) закупить

   C) купить   D) окупить

II. Переведите следующие предложения на китайский язык.

1. На российском рынке интернет-торговли начинается жестокая битва между игроками. Победители попробуют окупить многомиллиардные затраты – более крупные, чем у традиционных магазинов.

2. Российский Ozon существует двадцать третий год, но пока не показывает прибыль и вряд ли покажет в ближайшие пару лет. При этом компания бурно растет и как минимум жестко держит позицию на развивающемся рынке.

3. В начале эры интернет-торговли казалось, что интернет-магазин – это бизнес с минимумом издержек по сравнению с обычным магазином, прежде всего можно экономить на торговых площадях.

4. Мы полагаем, что важной точкой достижения зрелости рынка в части доступности инфраструктуры (распредцентров и последней мили) электронной торговли в России станет момент, когда проникновение таких объектов в регионах (городах с населением более ста тысяч человек) будет сопоставим с текущим уровнем Москвы и Санкт-Петербурга.

5. Чем дальше в регионы будут продвигаться интернет-магазины, тем более важным будет вопрос низких цен. Сама суть интернет-торговли располагает к тому, чтобы тщательно сравнивать цены, открыв несколько разных сайтов.

6. Вполне возможно, что, когда фокус Ozon сместится на рентабельность, чувствительность к фактору цены будет менее существенной, поскольку у большой части населения уже будет привычка покупать онлайн.

III. Ответьте на вопросы по тексту.

1. Сколько лет существует Ozon?
2. Как Amazon выходит на прибыль?
3. К чему привел переход людей к покупкам всех возможных товаров в онлайне?
4. Что такое «фулфилмент»?
5. Где расположены распредцентры компании Ozon?
6. От кого компания Ozon получила средства?
7. Почему крупный онлайн-ритейлер имеет большие возможности, чтобы давить на поставщиков?
8. Какие потенциальные препятствия возникают с учетом плана логистики Ozon?

IV. Вопросы для обсуждения.

1. Почему Ozon пока не показывает прибыль?
2. Как вы думаете, по какому сценарию будет развиваться российский рынок интернет-торговли – по китайскому, по американскому или и вовсе по какому-то оригинальному? И почему?

7.2 «Аэрофлот» отправляется на юг

«Аэрофлот», у которого почти 25% парка самолетов простаивали из-за запрета полетов за рубеж, решил перенаправить их на российские черноморские курорты. Количество рейсов в Симферополь, Анапу и Геленджик вырастет в два – четыре раза.

Авиакомпания «Аэрофлот», у которой простаивало почти 25% парка из 221 самолета, решила перенаправить их на полеты на юг России, заявил РБК гендиректор группы «Аэрофлот» Михаил Полубояринов. Из-за пандемийных ограничений в четвертом квартале 2020-го у «Аэрофлота» были не задействованы 55 лайнеров, в первом квартале 2021 года – 52.

Для авиакомпании простой парка – не лучшее решение: затраты «на поддержание парка на бетоне» высоки, отметил Полубояринов. По итогам 2020 года «Аэрофлот», у которого ранее значительная часть доходов приходилась на полеты за рубеж, получил 123 млрд руб. чистого убытка на фоне приостановки рейсов из-за коронавируса.

«Ситуация с открытием зарубежных направлений остается неопределенной, поэтому мы приняли решение и в рамках весенне-летнего расписания 2021 года с апреля будет введено в расписание около 50% незадействованных самолетов, а к 1 июня 2021 года планируется вывести все воздушные суда, ранее простаивавшие на хранении», – сказал топ-менеджер (его слова передала пресс-служба).

По словам Полубояринова, «Аэрофлот», по итогам января – февраля 2021 года перевезший 2,04 млн пассажиров (на 60,5% меньше, чем годом ранее), увеличивает количество рейсов из Москвы на юг, в первую очередь на черноморские курорты, а также планирует полеты по этим направлениям из российских регионов. «Здесь есть рынок, есть платежеспособный спрос», – сказал он.

Куда полетит «Аэрофлот»

Перед «Аэрофлотом» стоит задача – летать максимально много, улучшая финансовый результат, сказал РБК источник в группе. В прошлом году эта задача была не выполнима из-за коронавирусных ограничений, теперь «Аэрофлот» от месяца к месяцу наращивает пассажиропоток, и летом 2021 года пассажиров будет заведомо больше, добавил он.

Другой источник в группе сообщил, что компания планирует увеличить количество рейсов из Москвы (и обратно) в Симферополь, Краснодар и на черноморские курорты. По его данным, с мая количество рейсов в неделю в Краснодар должно вырасти с 49 до 63, в Сочи – с 81 до 91. С середины июня полеты в Анапу планируется нарастить в 2,5 раза (с 21 до 52), в Геленджик – вчетверо (с 7 до 28). Рейсы в Симферополь в летний сезон увеличатся с 42 до 98 в неделю.

«Аэрофлот» также открывает новый хаб в Красноярске, откуда уже с июня будет летать в Сочи (шесть рейсов в неделю), Краснодар и Симферополь (по четыре рейса), сообщил собеседник РБК. «Мы с лета начинаем летать по основным южным направлениям – Симферополь, Сочи, Краснодар. По результатам посмотрим, как уже дальше развивать этот хаб [в Красноярске]», – говорил Полубояринов в интервью РБК, которое вышло в конце февраля.

По сравнению с весенне-летним периодом навигации 2019 года (до кризиса из-за коронавируса) «Аэрофлот» в этом году значительно увеличивает число рейсов на юг России, замечает аналитик корпоративных рейтингов Национального рейтингового агентства Алла Юрова. Так, его недельная частота из Москвы в Анапу в аналогичном сезоне 2019-го составляла 35 рейсов, в Сочи – 77, в Геленджик – 21, а в Симферополь – 84.

Повышение частотности на курортных направлениях – ежегодный тренд, замечает представитель S7, крупнейшего конкурента «Аэрофлота». В условиях, когда большинство международных направлений остаются закрытыми, полеты на черноморское побережье пользуются очевидно повышенным спросом, добавляет он. По его словам, в полетной программе задействован весь флот S7, который насчитывает 101 самолет.

Увеличение частоты рейсов стало экономически целесообразным в условиях ограничений на международные перелеты на фоне бума внутреннего туризма, замечает Юрова. За первый квартал 2021 года пассажиропоток на внутренних линиях аэропорта Сочи вырос на 38% к аналогичному периоду прошлого года, Симферополя – на 10%. Количество обслуженных пассажиров в аэропорту Краснодара в январе – феврале (данных за март пока нет) превысило уровень 2020 года на 11%. Высокий спрос сохранится и в ближайший летний сезон, прогнозирует эксперт.

Сколько туристов ждут на курортах

Сочи этим летом планирует принять более 4 млн туристов (летом 2020 года было более 2,2 млн пассажиров), напоминает президент ассоциации рестораторов и отельеров города Анна Нетягина. Увеличение числа рейсов позволит привлечь в город «кратковременных туристов», которые приезжают на выходные или на два-три дня. Сочинские отельеры также рассчитывают на возобновление в этом году корпоративных и деловых мероприятий, которых не было в прошлом году из-за пандемии, указывает Нетягина. По ее прогнозу, на майские праздники Сочи будет полон туристов, заполняемость отелей на вторую половину мая и начало июня около 70–80%.

Прошлым летом рейсов в Симферополь хватило не всем желающим, но после ослабления ограничений из-за коронавируса загрузка отелей и других средств размещения в Крыму в оставшуюся часть туристического сезона была почти полной, напоминает председатель Ассоциации малых отелей Крыма Наталия Стамбульникова: для туристов сдавалось «все что можно», люди приезжали жить даже в палатках. В 2021 году сезон также ожидается активным: уже сейчас заполняемость на майские праздники близка к 100%, а на оставшуюся часть мая средства размещения заполнены примерно на 80%, добавляет она. Это выше уровня 2019 года на 30%.

Как избежать конкуренции с «Победой» и «Россией»

На черноморские курорты летают еще две «дочки» группы «Аэрофлот» (помимо одноименной компании) – лоукостер «Победа» и авиакомпания «Россия».

«Победа» в летнем расписании, действие которого началось 28 марта, увеличила количество региональных рейсов на 78,3% относительно лета 2020 года и более чем вдвое по сравнению с 2019 годом, сообщала пресс-служба компании. Удвоена частота полетов в Сочи из регионов практически по всем направлениям: по два дополнительных рейса в неделю будет выполняться из Новосибирска, Калининграда и Кирова; по три – из Красноярска и Челябинска. По одному дополнительному рейсу в неделю запланировано из Тюмени и Чебоксар. Количество летних рейсов в Анапу увеличено на 12% относительно прошлогоднего летнего сезона и на 43% по сравнению с 2019 годом.

В итоге из Москвы в Анапу будет 21 рейс в неделю, а из Петербурга – семь, сказал представитель «Победы». В Сочи планируется семь-восемь рейсов в день из Внуково и по два ежедневно из Шереметьево, откуда лоукостер начинает летать после майских праздников.

Авиакомпания «Россия» совместно с компанией «Библио-Глобус» является одним из лидирующих игроков туристического рынка. Сейчас у компании реализованы совместные программы полетов к черноморскому побережью из десяти городов (Москвы, Санкт-Петербурга, Екатеринбурга, Казани, Нижнего Новгорода, Новосибирска, Перми, Самары, Тюмени и Уфы). К лету количество городов будет расширяться, говорит ее представитель. «Это традиционно нас отличает от других авиакомпаний, у компании своя ниша, ориентированная на активных путешественников, которые для комфортного перелета создают индивидуальный продукт (докупают питание, место в салоне и т.д. – РБК) в разной ценовой категории», – добавляет он.

Несмотря на такое большое количество рейсов на юг страны от трех компаний «Аэрофлота», внутригрупповой конкуренции опасаться не стоит, потому что каждая компания занимает свою нишу, сказал РБК источник в группе. Компания «Аэрофлот» должна сосредоточиться на наиболее доходных среднемагистральных и на дальнемагистральных маршрутах премиум-класса, говорил в интервью РБК Полубояринов. Бюджетный сегмент будет развиваться благодаря росту «Победы» и ее код-шеринговому соглашению с «Аэрофлотом», которое предполагает начало полетов лоукостера из Шереметьево. А «Россия» будет в основном занимать место на региональном рынке среднебюджетных перевозок, на социально важных маршрутах и станет использовать российскую технику, объяснял глава группы.

Ранее заместитель гендиректора «Аэрофлота» по стратегии, сервису и маркетингу Андрей Панов отмечал, что присутствие авиакомпании «Аэрофлота» на внутрироссийских рейсах сокращается в том числе из-за того, что она передает часть направлений «Победе» и «России». Но после начала полетов «Победы» из Шереметьево и передачи ей части направлений у лоукостера будет очень мало маршрутов, на которых не будет других компаний группы, уточняет источник в «Аэрофлоте».

За счет разницы в позиционировании и с учетом роста спроса на полеты на Черное море авиакомпания «Аэрофлот» вряд ли «отъест» существенную часть пассажиропотока у «Победы», соглашается Юрова. В условиях повышенного спроса из-за закрытых границ «места под солнцем» может хватить всем авиакомпаниям (не только группы «Аэрофлот»), однако по мере открытия международного авиасообщения спрос на южные российские направления будет снижаться, заключает она.

Хватит ли места в аэропорту Сочи

«Мы видим, что группа «Аэрофлот» очень активно открывает рейсы на юг России – в Сочи, Симферополь, Краснодар и др.», – заявил РБК председатель совета директоров авиакомпании «Азимут» (занимается перевозками на юге России) Павел Удод. По его словам, это оправданно, потому что на этих направлениях достаточно серьезный спрос на фоне почти полного закрытия международных полетов. При этом стоит признать, что в аэропорту Сочи уже сейчас есть проблема со слотами – новые слоты получить авиакомпаниям будет проблематично, предупредил Удод.

Летнее расписание во всех аэропортах уже сформировано, поэтому уже не так много свободных слотов для размещения новых рейсов в летнем сезоне, отмечает представитель группы «Аэродинамика» (управляющая компания аэропортов Сочи, Краснодара и Анапы), совладельцем которой является Олег Дерипаска. По его словам, Сочи по итогам февраля вошел в топ-10 самых загруженных аэропортов мира, по итогам 2021 года пассажиропоток в нем может превысить 9 млн пассажиров.

Популярность курортов Краснодарского края в этом году продолжает расти среди жителей России, что стимулирует авиакомпании и туроператоров заявлять дополнительные рейсы, говорит представитель «Аэродинамики». По его словам, сейчас по многим региональным направлениям из аэропортов Сочи и Анапы уже заявлено от пяти до десяти перевозчиков, что позволит российским туристам иметь большой выбор рейсов для перелета на курорты края.

Газета РБК Пятница, 9 апреля 2021 г.

СЛОВА И СЛОВОСОЧЕТАНИЯ

простаивать	[未]滞留
курорт	疗养地
задействовать	[完]启用
простой	停滞
приостановка	停止
платежеспособный	有支付能力的
пассажиропоток	客流
корпоративный	小团体的
целесообразный	合理的
бум	繁荣
ресторатор	饭店老板
отельер	旅馆老板

возобновление	恢复
заполняемость	[阴]上座率
удвоить	[完]使加倍
ориентировать	[完，未]面向
позиционирование	定位
оправдать	[完]证实
туроператор	旅游观光者，旅游公司

УПРАЖНЕНИЯ

I. Выберите правильный вариант.

1. И хотя деньги эти и по тем временам были маленькие, _____ на помощь родителей Высоцкий не хотел.

   A) рассчитывать   B) высчитывать   C) насчитывать   D) ожидать

2. Сталин попросил, чтобы их англичане не брали в плен и вынудили сдаться _____.

   A) нашими войсками   B) нашим войскам
   C) паши войска   D) наших войск

3. Поэтому, чтобы _____ неприятностей, Парфенов на первых порах никогда с ней надолго не расставался, даже брал ее с собой на гастроли.

   A) отделаться   B) уклониться   C) убежать   D) избежать

4. Вначале он был первым помощником редактора и выполнял много работы по подготовке статей, _____ на общественный интерес.

   A) ориентированные   B) ориентированной
   C) ориентированных   D) ориентированного

5. По всей вероятности, и бабушка со своей стороны употребляла все усилия, чтобы снова _____ к себе сердце внука, а к отцу охладить.

   A) привлечь   B) увлечь   C) привлекать   D) увлекать

II. Переведите следующие предложения на китайский язык.

1. «Аэрофлот», у которого почти 25% парка самолетов простаивали из-за запрета полетов за рубеж, решил перенаправить их на российские черноморские курорты. Количество рейсов в Симферополь, Анапу и Геленджик вырастет в два–четыре раза.

2. Ситуация с открытием зарубежных направлений остается неопределенной, поэтому мы приняли решение и в рамках весенне-летнего расписания 2021 года с апреля будет введено в расписание около 50% незадействованных самолетов, а к 1 июня 2021 года планируется вывести все воздушные суда, ранее простаивавшие на хранении.

3. Повышение частотности на курортных направлениях – ежегодный тренд, замечает представитель S7, крупнейшего конкурента «Аэрофлота». В условиях, когда большинство международных направлений остаются закрытыми, полеты на черноморское побережье пользуются очевидно повышенным спросом, добавляет он.

4. Несмотря на такое большое количество рейсов на юг страны от трех компаний «Аэрофлота», внутригрупповой конкуренции опасаться не стоит, потому что каждая компания занимает свою нишу.

5. В условиях повышенного спроса из-за закрытых границ «места под солнцем» может хватить всем авиакомпаниям (не только группы «Аэрофлот»), однако по мере открытия международного авиасообщения спрос на южные российские направления будет снижаться.

III. Ответьте на вопросы по тексту.

1. Куда «Аэрофлот» решил перенаправить простаивавшие самолеты?
2. Сколько пассажиров «Аэрофлот» перевез с января по ферапь 2021 года?
3. Какая задача стоит перед «Аэрофлотом»? В прошлом году она была выполнима или нет? Почему?
4. Почему в этом году в Сочи приезжает больше туристов, чем в прошлом?
5. Чем отличается «Россия» от других авиакомпаний?
6. На чем должны сосредоточиться компании «Аэрофлот» «Победа» и «Россия» по-своему?
7. Какая проблема сейчас есть в аэропорту Сочи? И почему?

IV. Вопросы для обсуждения.

1. Почему аналитик считает, что «Аэрофлот» в этом году значительно увеличивает число рейсов на юг России?
2. Как «Аэрофлоту» избежать конкуренции с «Победой» и «Россией» по вашему мнению?

ГЛАВА VIII КЛИМАТ И ОКРУЖАЮЩАЯ СРЕДА

8.1 Росгидрометцентр: Глобальное потепление увеличит площади пахотных земель РФ

В рамках мероприятия главный метеоролог страны рассказал о некоторых особенностях лета – 2018.

Июнь в России

Температура

Прошедший июнь в Сибири стал самым жарким в истории регулярных метеонаблюдений в стране, т.е. с 1891 г. (прошлогодний июнь там также относится к экстремально жарким). Аномалии местами превысили +8°C. В некоторых районах столбики термометров вплотную подходили к сорокоградусной отметке, неоднократно устанавливались новые рекорды тепла.

В других регионах страны тепло и холод в течение месяца сменяли друг друга. Так, на европейской территории и на Урале холодная погода (вплоть до заморозков) в первую и вторую декады сменилась жарой в третью. На юге столбики термометров поднимались выше отметки +40°C. В результате, если в Центральном регионе и, особенно на юге ЕТР, жара пересилила холод (аномалии среднемесячной температуры здесь положительные), то на большей части Поволжья и на Урале холод в среднем за месяц взял верх над теплом.

Холоднее обычного было на юге Дальнего Востока, а на севере прохлада, а порой и заморозки, и тепло попеременно сменяли друг друга, и в итоге средняя температура месяца расположилась на третьей строчке самых высокоранжированных значений с 1891 г.

В целом же по России прошедший июнь следует отнести к теплым. Его средняя температура замыкает первую пятерку самых высоких значений с 1891 г.

Осадки

На ЕТР только на севере атмосферных осадков в июне оказалось в норме, а местами и более нее. Далее к югу дождей было совсем мало, а местами они и вовсе не наблюдались за весь месяц. Иногда редкие дожди были очень сильными. Так, в Центральной России в конце первой декады дожди местами носили проливной характер, а в Краснодарском крае то же наблюдалось в начале третьей декады. Тогда за сутки выливалось до 60 мм дождя. В начале месяца на северо-востоке Приволжского федерального округа еще можно было наблюдать снег, сыпавший с неба. В некоторых районах юга страны (Волгоградская и Ростовская обл., республики Крым и Калмыкия) имеет место засуха.

Где дождей оказалось много, так это Урал. Местами здесь нормы превышены в 1,5–2,0 раза и более. На большей части Сибири осадков было немного. Только в Иркутской обл. и Забайкалье они составили норму, а также на Таймыре, причем здесь еще шел снег.

Изобилие осадков пришлось на юг Дальнего Востока. Они не покидали регион всю вторую половину месяца. Здесь нормы осадков местами превышены в 2 раза. За сутки на землю выливалось более 50 мм небесной влаги. На севере региона сухая погода царила в Якутии и на Колыме.

Глобальная температура периода с начала года (январь-июнь 2018)

Средняя глобальная температура поверхности суши и океана за январь-июнь 2018 года составила 0,77°C, что выше среднего значения за 20-ый век (13,5°C). Это четвертое значение по величине глобальной температуры суши и океана за январь-июнь в 1880 – 2018 годах.

По данным Службы климатических изменений (Коперника) Европейского центра среднесрочных прогнозов погоды июнь на планете стал вторым самым теплым в истории, Период с начала года (первое полугодие) самое теплое среди лет, когда наблюдалось явление Ла-Нинья.

ЭНЮК: нейтральные условия, вероятность развития Эль-Ниньо возрастет до 65 % осенью и 70 % зимой 2018–2019.

Средняя за месяц площадь морского льда в Арктике была на 9,0 % ниже среднего показателя 1981–2010 гг., что соответствует четвертому значению среди самых малых. Однако в восточной части залива Гудзона морского льда было больше среднего. Средняя за месяц площадь морского льда в Антарктике была на 3,8 % ниже среднего, это восьмой результат среди самых малых. Образование льда в Антарктике шло со скоростью, превышающей средний показатель в июне, поэтому к концу месяца площадь морского льда приблизилась к норме. (NSIDC/NOAA)

В стратосфере продолжала усиливаться восточная фаза КДЦ.

Аномалии на Северном полушарии в первой половине лета:

– Рекордные дожди в начале июля на западе Японии, сильная и продолжительная жара.

– Очень жаркая погода на Ближнем Востоке (28 июне ночью) в Курият, к югу от Маската, на побережье Омана зафиксировано 42,6°С.

– В Уаргле, в пустыне Сахара в Алжире, 5 июля зарегистрирована максимальная температура 51,3 °С.

– Станция Фернс Крик в национальном парке Долина Смерти в Калифорнии, США, зафиксировала температуру 52,0 °С 8 июля.

– В Квебеке волна тепла стала причиной десятков смертей, в то же время в Восточной Канаде было до -1°С и шел снег.

– Жаркая погода продолжительное время наблюдается в Скандинавии, температура достигает 33–34°С.

Москва

В Москве средняя за июнь температура воздуха +17,3°С, аномалия +0,8°С. Холодная погода в первую (аномалия среднедекадной температуры -2,9°С) уступила место сначала примерно норме во вторую (аномалия +0.9°С), а затем и сильной жаре в третью декаду (аномалия +4.3°С).

В Москве выпало 56 мм дождя или 3/4 от нормы. Напомним, что прошлогодний июнь в столице был очень «мокрым». Тогда осадки превысили норму в 2 раза.

Июль за 29 прошедших дней средняя температура 20,5°С, при норме 18,0°С (1961–1990 гг.) (19,1 1981–2010 г.) Осадков выпало 92,2 мм, при норме 94 мм. (85 мм, 1981–2010 г.)

Европейская часть

Примеры: Мурманск 5 дней с температурой выше 30°С, обновлены 3 рекорда максимальной температуры. Жаркая погода с температурой на 7°С и более градусов выше нормы наблюдалась в Карелии.

В Черноземье и южных округах прошли сильные ливни, когда за короткое время выпадало до 50–70 мм осадков.

15 июля в Волгоградской области на мс Волгоград в период 15 час 40 мин – 16 час 40 мин прошел очень сильный дождь (до 70 мм), гроза, град (диаметр до 11 мм). Норма июля – 35 мм.

В Сочи 15 июля выпало 78 мм осадков, в Краснодаре 16 июля – 64 мм, в Ставрополе 6 июля 50 мм.

Самый интенсивный дождь прошел 24 июля в Воронежской области (Каменная Степь) – до 101 мм за 3 часа 35 мин. Это небольшой город. Большими последствия были в крупных городах, в которых большое количество асфальта и недостаточно мощная ливневая канализация.

Причиной продолжительного периода неустойчивой погоды на юге и в центре Европейской России стал высокий малоподвижный циклон. Его антипод, высокий антициклон, располагается на севере региона. Такая дипольная структура воздушных потоков обеспечивает характерные особенности погоды середины лета. На севере преобладает очень теплая, или даже жаркая погода, с дефицитом осадков и высокими индексами пожарной опасности – в Мурманской и Архангельской областях, Карелии, Коми, на востоке Вологодской области. На юге и в средней полосе очень активны конвективные процессы. Образующиеся высокие конвективные облака там же проливаются сильными ливнями в сопровождении гроз и местами града. И затем все это циклически повторяется.

Азиатская часть

Аналогичный процесс происходил и в азиатской части России, когда в Якутии теплая и сухая погода способствовала высокому классу пожарной опасности, а в Забайкалье и на юге Дальнего Востока шли сильные дожди и отмечались дождевые паводки. Свой вклад также внесли активный дальневосточный муссон и тайфуны с северо-запада Тихого океана, остатки которых, проходили по территории Китая и приносили теплый и влажный воздух в эти регионы.

Снег в Норильске

В середине июля в Норильске шел мокрый снег. Причиной значительного похолодания стало вторжение на Таймырский полуостров арктических воздушных масс. Тем не менее временного снежного покрова не образовалось, снег таял, попадая на землю. При этом это необычное явление для середины июля на Севере случается не так уж редко – раз в восемь – десять лет. И уж тем более он может отмечаться в июне и августе. Даже на европейском Севере заморозки могут наблюдаться в течение всего лета.

Прохладная погода в 3-ей декаде отмечалась на юге Западной Сибири и Урала. Например, в отдельные ночи температура понижалась до 5−10°C, в Кургане было 5−6°C, там обновились ночные минимумы. Это способствовала та же тропосферная ложбина, протянувшаяся из Арктики через северо-запад Якутии, Красноярский край – на юго-запад к Казахстану.

Тропические циклоны на северо-западе Тихого океана

На северо-западе Тихого океана в 2018 году к этому времени уже образовалось 12 тропических циклонов (норма 9), 4 их которых стали тайфунами.

В июле образовалось 6 тропических циклонов (норма 4−5), из них 2 тайфуна. Еще один тайфун Прапирун, образовавшийся в конце июня, продолжал действовать и в начале июля. Только один циклон заполнился над океаном, остальные – вышли на сушу. От них пострадали Япония, Корея, южный и восточный Китай, Филиппины, Вьетнам, Лаос, Мьянма. Остатки сильного тропического шторма Ампил способствовали сильным дождям в Амурской области, в Хабаровском крае и на севере Приморского края.

Это только начало активной фазы сезона тайфунов. Как правило пик сезона на северо-западе наблюдается в августе (норма 5,2); в сентябре (норма 4,8).

Агрометеорологическая ситуация

На ЕТР погода в июле была неустойчивой. В 1-й половине месяца она была теплой, с отдельными холодными, а на юге – с отдельными жаркими днями. Во 2-й половине месяца практически на всей ЕТР преобладала жаркая погода, особенно в Южном, Северо-Кавказском ФО и на большей части территории Приволжского ФО, где максимальная температура воздуха повышалась до 30−36°C, в крайних юго-восточных районах территории (юго-восток Приволжского, большая часть Южного и Северо-Кавказского федеральных округов) до 38−40°C. Среднесуточная температура воздуха в основном на 3-6°C превышала норму.

Особенностью июля можно назвать частые и сильные ливневые дожди, которые прошли во 2й – начале 3й декадах июля в ЦЧ-районе, большей части Южного, в ряде районов Северо-Кавказского и местами в Приволжском ФО, где первая половина июля была очень сухой. В этих районах до середины июля продолжалась сильная атмосферная засуха, достигавшая критериев ОЯ, которая на многих полях сочеталась с почвенной засухой (запасы продуктивной влаги в пахотном слое почвы понижались до 3−7 мм, местами он полностью пересыхал, в метровом – до 50 мм и менее), что крайне негативно отразилось на формировании урожая зерновых, особенно яровых колосовых. На части полей в этих районах из-за засушливых условий у яровых зерновых культур наблюдалось преждевременное пожелтение, засыхание листьев и стеблей, сформировался мелкий колос и отмечалась повышенная щуплость зерна.

Дожди в июле были в основном ливневого характера и выпадали весьма неравномерно. Во многих пунктах суточный максимум осадков составлял 35−45 мм. Местами дожди и переувлажнение почвы вызвали полегание зерновых культур, что будет затруднять уборку. Особенно сильными дожди были в ряде районов центральных черноземных областей, в отдельных северных районах Ростовской, Волгоградской областей. В отдельных пунктах Белгородской, Курской, Смоленской, Калининградской, Ростовской областей и Республики Татарстан, по данным на 25 июля, выпало 120−167 мм осадков, что в 1,5−2,5 раза превышает месячную норму. Так, даже среднее по области количество осадков в Белгородской области, например, составило 132 мм, что наблюдается впервые за период с 1945 года. 25 июля в этой области в связи со сложными погодными условиями (частые дожди и длительное переувлажнение почвы) в период уборки зерновых была объявлена чрезвычайная ситуация. В то же время дожди в ряде этих районов пополнили влагозапасы в почве и улучшили условия для формирования урожая поздних сельскохозяйственных культур.

Следует отметить, что в связи с преобладанием жаркой погоды в южной половине европейской части России и в июне (температура воздуха в среднем за месяц превышала норму на 2−3°C) озимые зерновые культуры достигли полной спелости значительно раньше, чем обычно; уборка их началась на две недели раньше средних многолетних сроков. Сейчас уборка озимых, преобладающих в этих районах, практически заканчивается. Началась уборка уже и в южных районах нечерноземной зоны (к югу от Тулы, Рязани и Саранска), где созрели не только озимые, но и яровые зерновые культуры ранних сроков сева.

В Уральском и Сибирском федеральных округах агрометеорологические условия для формирования урожая зерновых культур в июле были хорошими и удовлетворительными.

Росгидромет составил прогноз валовых сборов зерна. Из-за неблагоприятных условий погоды (засуха) в июне и первой половине июля значительное снижение урожайности зерновых культур ожидается в ряде юго-восточных районов европейской территории (см. вышесказанное). В целом по Российской Федерации валовой сбор зерновых и зернобобовых культур ожидается примерно на 2–4% меньше среднего за последние 5 лет и на 15–20% меньше рекордного урожая, полученного в России в 2017 году.

Гидрологическая ситуация

На ЕТР низкая водность отмечается на отдельных реках северо-запада. Так, в Новгородской области в период с 31 июля по 6 августа уровень воды на р. Мста в районе д. Девкино будет находиться в пределах неблагоприятно низкой отметки, затрудняющей работу речного транспорта.

Кратковременное повышение уровня воды (на 0,2–1,0 м в отдельные сутки) наблюдалось на некоторых реках Алтайского края, Кемеровской и Иркутской областей, Республики Тыва, юга и центра Красноярского края; на Енисее у г. Кызыл затоплена пойма на глубину 47 см.

По состоянию на 31 июля на Амуре гребень паводка проходит среднее течение реки у села Ленинское (Еврейская автономная область – ЕАО). Ниже по течению реки, от с. Ленинское в ЕАО до с. Богородское в Хабаровском крае, наблюдаются подъемы интенсивностью 13–21 см/сутки.

На Амуре у сел Нагибово, Ленинское (ЕАО) уровни воды на 64–117 см выше отметок категории НЯ. В Ленинском районе ЕАО подтоплены дороги местного значения, сенокосы, пастбища, посевы (более 200 га). Пойма Амура на участке с. Кумара в Амурской области до с. Троицкое в Хабаровском крае затоплена на глубину 0,1–2,0 м.

В бассейне Амура остаются затопленными на глубину 0,1–1,2 м также поймы рек Зея, Томь, Завитая – Амурская область, Биджан, Большой Ин – ЕАО, Уссури у с. Новосоветское, Подхоренок, Хор, Кия, Кур, Тунгуска, Амгунь в верхнем течении – Хабаровский край. В районе населенного пункта Лазо поймы рек Хор, Кия затоплены на глубину 0,4–0,7 м.

Гребень паводка на реке Хор у пгт. Хор (приток Нижнего Амура) прошел 30 июля с отметкой 757 см (НЯ 780 см), гребень паводка на р. Кия сегодня смещается у с. Переяславка. Обеспеченность наблюдающихся максимальных уровней дождевых паводков около 20%, повторяемость 1 раз в 5 лет. Из последних лет такие паводки были в 2004, 2009 гг. По сведениям гидрологов и МЧС подтоплены огороды в пгт. Хор, приусадебные участки в с. Кутузовка.

На Амуре у г. Хабаровска пойма затоплена на глубину 1,1 м, подтоплены подходы к дачным участкам на левобережных островах, в течение двух суток ожидается подъем уровня воды на 25–30 см.

Предупреждение. На Амуре у с. Нагибово в течение ближайших двух суток ожидается спад воды на 10–20 см, а у с. Ленинское – подъем на 15–30 см до отметки 820–830 см (ОЯ 850 см).

В ближайшие 5–7 дней водный режим рек бассейна Амура будет зависеть от режима дождей. На отдельных реках имеется вероятность формирования дождевых паводков без угрозы хозяйственным объектам.

На Верхнем Амуре почти повсеместно отмечается понижение уровня воды в реках; гидрологическая обстановка постепенно нормализуется.

Температура воды в Москве-реке у г. Звенигород 21°С.

«В целом тенденции последних лет таковы, что можно констатировать: планета движется к потеплению, что уже в ближайшие годы будет способствовать снижению площадей вечной мерзлоты на территории России и, как следствие, увеличению пахотных земель», – заключил Дмитрий Киктев.

Аргументы и факты, 31 июля 2018 г.

СЛОВА И СЛОВОСОЧЕТАНИЯ

метеоролог	气象学家
метеонаблюдение	气象观测
экстремально	极端地
столбик	圆柱
декада	旬，十天
отнести	[完]列入，归入
замыкать	[未]包围
осадки	[复]降水
Таймыр	泰梅尔半岛

изобилие	大量，丰富
Колыма	科雷马低地
аномалия	异常
стратосфера	平流层
интенсивный	强烈的
циклон	气旋，飓风
паводок	洪水
муссон	季风
похолодание	变冷
покров	覆盖层
образоваться	[未] 构成，形成
тропосферный	对流层的
ложбина	槽形低气压
агрометеорологический	农业气象的
преобладать	[未] 占多数，占优势
критерия	指标，标准
полегание	倒伏
влагозапас	蓄水量
озимый	过冬的，秋播的
пойма	河滩地
сенокос	割草期
пастбища	牧场
посев	作物
ЕТР: Европейская территория России	俄罗斯欧洲部分
Приволжский федеральный округ	伏尔加河沿岸联邦区
ЭНЮК: Эль-Ниньо Южное Колебание	厄尔尼诺南方涛动
залив Гудзона	哈得逊湾
КДЦ: квазидвухлетняя цикличность	准两年周期变化
Черноземье: Центрально-Черноземный экономический район	中央黑土经济区
ФО: Федеральный округ	联邦区
ОЯ: Опасные явления	危险现象

ГЛАВА VIII   КЛИМАТ И ОКРУЖАЮЩАЯ СРЕДА

УПРАЖНЕНИЯ

I. Выберите правильный вариант.

1. Предупреждение о засухе от данной организации можно _____ к желанию запугать и получить рост страхователей – такова схема страхового бизнеса.

   A) отнести   B) нанести

   C) перенести   D) понести

2. Как отметила глава Росздравнадзора, если на каком-то из этапов контроля вакцины не соответствуют _____ качества и безопасности, то такие препараты выбраковываются и уничтожаются.

   A) к критериям   B) критериям

   C) с критериями   D) критериями

3. Первоначальное соперничество между отделами этих организаций в рубеже 1933–1934 годов _____ место сближению и некоторому сотрудничеству.

   A) наступило   B) уступило

   C) поступило   D) отступило

4. Если раньше переживали _____ отсутствия хорошей работы, то, устроившись в престижную компанию, жалуемся на невнимание любимого человека.

   A) из   B) от

   C) из-за   D) с

5. Теперь, выяснив, для чего она нужна, я старался не упустить даже самую малейшую возможность _____ запасы этого ценнейшего сырья.

   A) пополнить   B) заполнить

   C) наполнить   D) выполнить

II. Переведите следующие предложения на китайский язык.

1. Холоднее обычного было на юге Дальнего Востока, а на севере прохлада, а порой и заморозки, и тепло попеременно сменяли друг друга, и в итоге средняя температура месяца расположилась на третьей строчке самых высокоранжированных значений с 1891г.

2. Изобилие осадков пришлось на юг Дальнего Востока. Они не покидали регион всю вторую половину месяца. Здесь нормы осадков местами превышены в 2 раза. За сутки на землю выливалось более 50мм небесной влаги.

3. По данным Службы климатических изменений (Коперника) Европейского центра среднесрочных прогнозов погоды июнь на планете стал вторым самым теплым в истории, Период с начала года (первое полугодие) самое теплое среди лет, когда наблюдалось явление Ла-Нинья.

4. Свой вклад также внесли активный дальневосточный муссон и тайфуны с северо-запада Тихого океана, остатки которых, проходили по территории Китая и приносили теплый и влажный воздух в эти регионы.

5. В ближайшие 5-7 дней водный режим рек бассейна Амура будет зависеть от режима дождей. На отдельных реках имеется вероятность формирования дождевых паводков без угрозы хозяйственным объектам.

III. Ответьте на вопросы по тексту.

1. В каких районах юга в России имеет место засуха в июне?
2. Сколько градусов составила средняя глобальная температура поверхности суши и океана за январь-июнь 2018 года?
3. Когда прошел самый интенсивный дождь в Воронежской области?
4. Что стало причиной продолжительного периода неустойчивой погоды на юге и в центре Европейской России?
5. Сколько тропических циклонов образовалось в июле на северо-западе Тихого океана в 2018 году?
6. Какими были агрометеорологические условия для формирования урожая зерновых культур в июле в Уральском и Сибирском федеральных округах?

IV. Вопросы для обсуждения.

1. Вы согласны с точкой зрения: наша планета движется к потеплению? Почему?
2. Как вы думаете, какое влияние на вашу жизнь оказали изменения климата?

8.2 События 2019 года, которые повлияли на окружающую среду

Лесные пожары

В Сибири. По данным Авиалесоохраны, летом 2019 года горело более 9 млн га сибирского леса. В Красноярском крае, Якутии, Бурятии и Иркутской области был введен режим чрезвычайной ситуации. Правительство выделило на тушение пожаров почти 6 млрд рублей. Потушить пожары удалось к 30 сентября.

Как считает МЧС, причиной катастрофы могли стать поджоги. К такому выводу в ведомстве пришли в результате проведенной авиаразведки, которая показала, что большая часть очагов огня расположена вдоль дорог. Прокуратура возбудила 277 уголовных дел, связанных с лесными пожарами.

Специалист подробно рассказывал о том, к каким последствиям для экологии, экономики и здоровья людей приводят лесные пожары. В их числе – ускорение глобального изменения климата, ухудшение качества воздуха, воды и почвы, гибель животных, потеря урожая, повышенный риск сердечно-сосудистых заболеваний.

В Калифорнии. Пожары в калифорнийском округе Сонома начались 22 октября. Из-за сильных порывов ветра огонь распространился по всему штату: к началу ноября на территории Калифорнии было зафиксировано 16 пожаров, сгорело около 81 тыс. га леса. Власти эвакуировали более 200 тыс. человек. Компании Pacific Gas & Electric Co., которая является одним из главных поставщиков электроэнергии и газа в регионе, пришлось несколько раз отключать электричество. 26 октября без электроснабжения остались 3 млн человек.

Непосредственной причиной пожаров в Сонома могло стать возгорание на линиях электропередач. Несмотря на то, что лесные пожары – обычное для Калифорнии явление, эксперты сходятся во мнении, что изменение климата делает их более интенсивными, а пожароопасный сезон – более длительным.

В Амазонии. В этом году в Бразилии было зарегистрировано более 80 тыс. пожаров

– это самый высокий показатель с 2013 года. Половина из них – 39 тыс. – затронула дождевые леса Амазонии. Пламя охватило территорию в 950 тыс. га. Вероятно, пожары в регионе возникли в результате поджогов: таким образом фермеры расчищали земли для выпаса скота и других сельскохозяйственных нужд.

На ситуацию обратил внимание президент Франции Эммануэль Макрон. «Горят дождевые леса Амазонии, легкие Земли, которые производят 20% кислорода на планете», – написал он в своем Twitter. Макрон предложил странам «Большой семерки» выделить $20 млн на тушение пожаров, однако президент Бразилии Оникс Лоренцони отказался принять помощь.

В Австралии. Сидней заволокло дымом из-за лесных пожаров на западе страны. По данным на конец декабря, сгорело более 3 млн га земли. Восемь человек погибли, разрушено более 700 домов. Местные жители начали протестовать против бездействия властей в борьбе с изменением климата. Жертвами пожаров также стали коалы – огонь уничтожил около 80% их естественной среды обитания, погибли тысячи животных.

Наводнения

В Иркутской области. 96 населенных пунктов Иркутской области оказались этим летом в зоне затопления. Причиной аномального паводка на левых притоках Ангары стали затяжные ливневые дожди, которые шли на западе региона с 24 по 27 июня. Всего от стихийного бедствия пострадали 42 тыс. человек, 25 человек погибли. По мнению ученых, наводнение в Иркутской области – результат климатической аномалии, вызванной редким сочетанием трех циклонов. В Венеции. Во время сильнейшего за последние 50 лет наводнения в Венеции уровень воды достиг 187 см. Это всего на 7 см меньше исторического максимума, зафиксированного в 1966 году. Два человека погибли. Под слоем воды оказалась большая часть городских улиц, площадь и собор Святого Марка, отель Gritti Palace, постояльцами которого были Маргарет Тэтчер и Эрнест Хемингуэй. «Таковы последствия изменения климата», – заявил мэр Венеции Луиджи Бруньяро. Он оценил ущерб от стихийного бедствия в сотни миллионов евро.

Ратификация Россией Парижского соглашения и выход из него США

23 сентября премьер-министр России Дмитрий Медведев подписал постановление о ратификации страной Парижского соглашения по климату. Документ, принятый в

2015 году, регулирует меры по снижению углекислого газа в атмосфере с 2020 года. Страны-участницы обязуются приложить все усилия, чтобы удержать рост температуры в пределах 2°С сверх доиндустриального уровня.

США, напротив, отказались от своих обязательств по борьбе с глобальным потеплением. Государство является одним из лидеров по объему выбросов углекислого газа. 5 ноября госсекретарь США Майкл Помпео направил в ООН уведомление о выходе страны из Парижского соглашения. Процедура выхода займет год и завершится на следующий день после выборов президента в 2020 году. Действующий президент США Дональд Трамп назвал обязательства, накладываемые Парижским соглашением, «драконовским экономическим и финансовым бременем». Он неоднократно подвергал сомнению идею о влиянии человечества на изменение климата. Тем не менее, власти отдельных штатов и городов продолжат борьбу с климатическим кризисом, несмотря на политику федерального правительства.

Запрет пластика

Одноразовые пластиковые вещи составляют примерно 70% морского мусора. В 2019 году Европарламент принял законопроект, запрещающий с 2021 года производство и использование одноразовой пластиковой посуды, ушных палочек, трубочек для напитков.

В ряде стран в 2019 году вступили в силу законы, запрещающие оборот некоторых пластиковых вещей: в Грузии под запрет попали полиэтиленовые пакеты, на Китайском Тайване – коктейльные трубочки, в островном государстве Вануату к списку запрещенных изделий из пластика добавили подгузники. На Бали больше нельзя использовать пластиковые трубочки, полиэтиленовые пакеты и изделия из стирофома. О намерении последовать примеру Евросоюза и к 2021 году запретить одноразовый пластик заявил премьер-министр Канады Джастин Трюдо. Танзания присоединилась к списку из более чем 30 государств Тропической Африки, где действует запрет на пластиковые пакеты.

Мусорная реформа в России

Цель реформы, которая стартовала в стране 1 января – ликвидировать незаконные свалки, создать систему переработки мусора и сократить объем захоронения отходов. За сбор и вывоз мусора в каждом регионе теперь отвечают единые операторы по обращению с отходами, а не множество отдельных муниципальных и частных компаний. Их работу курирует специально созданная структура – «Российский экологический оператор». Региональные операторы должны отслеживать весь путь мусора от места образования до места утилизации. Отсрочку начала реформы до 2022 года получили Москва, Санкт-Петербург и Севастополь.

В большинстве регионов стоимость услуг за обращение с твердыми бытовыми отходами повысилась. Региональные операторы сталкиваются с тем, что и население, и юрлица отказываются оплачивать их услуги. Это становится причиной кассового разрыва, компенсировать который приходится из бюджета.

Строительство новых мусорных полигонов сопровождается протестами. Один из таких полигонов, куда будут свозить отходы из Москвы, должен заработать на станции Шиес Архангельской области. Против этого уже год протестуют местные жители.

«Китовая тюрьма» в Приморском крае

О том, что в вольерах бухты Средняя в Приморье содержат 11 косаток и 90 белух, стало известно еще в октябре 2018 года. В феврале на ситуацию обратил внимание президент России Владимир Путин: он поручил Генпрокуратуре проверить законность содержания животных в бухте. Освободить белух и косаток призвал голливудский актер Леонардо Ди Каприо. 3 апреля в Россию прилетел французский океанолог Жан Мишель Кусто, чтобы вместе с другими экспертами заняться реабилитацией животных.

Морских млекопитающих начали возвращать в естественную среду обитания 20 июня, последнюю группу отвезли к месту вылова 10 ноября. В середине декабря выяснилось, что в «Китовой тюрьме» остаются детеныши моржей.

Массовое вымирание видов

В начале года Международный союз охраны природы обновил список видов, которые находятся под угрозой исчезновения. Благодаря новому методу подсчета, разработанному экологом Лукой Сантини, ученым удалось получить информацию о ранее плохо изученных видах и уточнить уже имеющиеся данные. В результате эксперты обнаружили еще около 600 животных, которые могут оказаться на грани вымирания.

Сейчас на Земле происходит шестое за последние полмиллиарда лет массовое вымирание, напоминает организация Center for Biological Diversity, занимающаяся защитой исчезающих видов. Причины кризиса связаны с деятельностью человека: это уничтожение естественной среды обитания, изменение климата, а также переселение

ГЛАВА VIII КЛИМАТ И ОКРУЖАЮЩАЯ СРЕДА

животных и растений в чуждые им экосистемы. К 2050 году под угрозой исчезновения могут оказаться от 30% до 50% всех существующих на планете видов.

Плюс один, 23 декабря 2019 г.

СЛОВА И СЛОВОСОЧЕТАНИЯ

авиалесоохрана	航空护林
ввести	[完] 推行，采用
выделить	[完] 拨出
тушение	灭火
поджог	放火，纵火
прокуратура	检查机关
возбудить	[完] 对……提起诉讼
зафиксировать	[完] 记录
фермер	农场主
выпас	放牧
скот	家畜，牲畜
протестовать	[未] 提出抗议
коала	考拉
затопление	洪水泛滥
приток	支流
ратификация	批准，使生效
доиндустриальный	工业化以前的
одноразовый	一次性的
полиэтиленовый	聚乙烯的
подгузник	尿布
стирофом	聚苯乙烯泡沫塑料
ликвидировать	[完，未] 清理，废除
свалка	垃圾场
муниципальный	市政的
курировать	[未] 监督
отслеживать	[未] 跟踪
утилизация	废物利用

отсрочка	延期
компенсировать	[未]补偿
вольер	兽栏，鸟笼
млекопитающие	哺乳动物
вымирание	灭绝，破灭
чрезвычайная ситуация	紧急情况，非常局势
МЧС: Министерство по чрезвычайным ситуациям	紧急情况部
уголовное дело	刑事案件
сходиться во мнении	意见一致
подвергать сомнению	对……怀疑起来
ушные палочки	棉签
трубочки для напитков	吸管

УПРАЖНЕНИЯ

I. Выберите правильный вариант.

1. Напротив, путем некоторого, довольно простого размышления можно прийти _____, что всякие лекционные курсы могут быть заменены этим приемом учения.

    A) к выводу B) в вывод C) на вывод D) за вывод

2. Они _____ основы научной деятельности на территории заповедника, начали работу по восстановлению популяции соболя и освоили методы его разведения в неволе.

    A) вложили B) положили C) заложили D) приложили

3. Вас попросят _____ договор, согласно которому вы обязуетесь вернуть им собаку в любой момент, если вдруг поймете, что не можете ее больше держать. место сближению и некоторому сотрудничеству.

    A) написать B) записать C) списать D) подписать

4. Во многих странах женщины имеют все права наравне с мужчинами, _____ в политической жизни.

    A) участвуя B) поучаствовав C) участвующие D) участвовавшие

5. Никакая иная сила не делает человека великим и мудрым, _____ это делает сила коллективного труда.

    A) так B) как C) что D) каким

ГЛАВА VIII   КЛИМАТ И ОКРУЖАЮЩАЯ СРЕДА

II. Переведите следующие предложения на китайский язык.

1. Специалист подробно рассказывал о том, к каким последствиям для экологии, экономики и здоровья людей приводят лесные пожары. В их числе – ускорение глобального изменения климата, ухудшение качества воздуха, воды и почвы, гибель животных, потеря урожая, повышенный риск сердечно-сосудистых заболеваний.

2. По данным на конец декабря, сгорело более 3 млн га земли. Восемь человек погибли, разрушено более 700 домов. Местные жители начали протестовать против бездействия властей в борьбе с изменением климата.

3. Во время сильнейшего за последние 50 лет наводнения в Венеции уровень воды достиг 187 см. Это всего на 7 см меньше исторического максимума, зафиксированного в 1966 году.

4. Действующий президент США Дональд Трамп назвал обязательства, накладываемые Парижским соглашением, «драконовским экономическим и финансовым бременем». Он неоднократно подвергал сомнению идею о влиянии человечества на изменение климата.

5. Строительство новых мусорных полигонов сопровождается протестами. Один из таких полигонов, куда будут свозить отходы из Москвы, должен заработать на станции Шиес Архангельской области. Против этого уже год протестуют местные жители.

III. Ответьте на вопросы по тексту.

1. Что могло стать непосредственной причиной пожаров в Сонома?
2. Сколько населенных пунктов Иркутской области оказались в зоне затопления этим летом?
3. Кто подписал постановление о ратификации страной Парижского соглашения по климату 23 сентября?
4. Какая страна отказалась от своих обязательств по борьбе с глобальным потеплением?
5. Какой законопроект Европарламент принял в 2019 году?
6. В чем заключается цель мусорной реформы в России?

IV. Вопросы для обсуждения.

1. Почему изменение климата делает лесные пожары более интенсивными? Выскажите свою точку зрения!
2. Почему мусорная реформа играет огромную роль в защите окружающей среды? Выскажите ваше мнение!

ГЛАВА IX КАТАСТРОФЫ И АВАРИИ

● 9.1 Столкновение масловоза и пассажирского автобуса в Ростовской области

24 июля 2009 года на юге Российской Федерации произошла автомобильная катастрофа, которая, по сути, потрясла всю страну. Без вмешательства сил природы, без присутствия сложной дорожной обстановки или каких-либо других посторонних факторов на трассе «Дон» погиб 21 человек. Гибель была практически одновременной. «Концентрированная смерть» – так иногда называют подобные кошмарные происшествия, беспощадно вычеркивающие людей из жизни. Трагедия ужаснула жителей Ростовской области, Краснодарского края, да и всех граждан России, кто в состоянии сочувствовать горю соотечественников.

Вместе с ужасом приходило и удивление: очевидных причин для аварии не было. Выдвигаемые следствием версии не подтверждались. По поводу катастрофы, ее вероятных причин и расследования обстоятельств высказывались чиновники самого разного уровня. Жесткие высказывания последовали не только от министра внутренних дел Рашида Нургалиева, но и лично от президента России Дмитрия Медведева. Что же произошло в тот страшный июльский день?

Юг России. Краснодарский край и Ростовская область. Самый разгар лета. Сезон отпусков и школьных каникул. Сады полны сочных зрелых фруктов. На бахчах зреют арбузы. Берега рек заполнены купающимися… Но летняя пора отнюдь не для всех автоматически означает отдых. У кого-то и в середине лета имелись свои хлопоты, заботы, легкие и не очень проблемы. Кто-то не мог в силу разных причин греться на пляже и барахтаться в Дону или в какой-нибудь другой реке – нужно было куда-то спешить. А для кого-то дорога была просто работой. И в июле эта работа оставалась точно такой же, как и в любой другой месяц года. С поправкой на погоду, конечно. Впрочем, 24 июля 2009 года жителям Краснодарского края и Ростовской области на плохую погоду жаловаться не приходилось. С самого утра день выдался ясным и солнечным, и те, кто выбрался тогда в дорогу, могли в лучшем случае сетовать на жару. Правда, основная масса пассажиров автобуса «Икарус», следовавшего по маршруту Курганинск – Таганрог – Ростов-на-Дону, к жаре была вполне привыкшей.

Рассчитанный на 42 посадочных места рейсовый автобус «Икарус» в начале своего маршрута следовал почти пустой. В Курганинске на него сели всего шесть пассажиров, включая маленького ребенка. Однако постепенно число пассажиров увеличивалось. В 12:40 их было уже 28 человек. За рулем автобуса находился тридцатипятилетний Григорий Саврасов (имя и фамилия изменены). Он был опытным водителем. В юности пошел по стопам родителя – вместе с отцом, механиком транспортного предприятия, он много лет проработал в автохозяйстве Курганинского района. Сказать, что очередной рейс вызывал у него какие-то волнения, нельзя. Григорий давно успел пообтесаться и приноровиться к особенностям работы водителя рейсовых автобусов. Отправляясь в путь, он полагал, что и этот рейс будет совершенно обыденным. Точно таким же, как и сотни других, что остались у него за спиной. Пассажиры оказались спокойными. Кто-то уже заснул, кто-то почитывал газеты и журнальчики с кроссвордами. Кто-то тихо переговаривался, не мешая при этом ни водителю, ни другим пассажирам. Благодать, одним словом.

Частному предпринимателю Ярославу Князеву (имя и фамилия изменены) тот день казался вполне удачным. С утра он пригнал в город Батайск цистерну растительного масла и сбыл его оптовикам. Дело для пятидесятичетырехлетнего мужчины было неновым – он и раньше проворачивал подобные операции. Для перевозки масла использовался бензовоз «Мерседес». Естественно, что бензином в его цистерне давно к тому времени и не пахло. Хотя при езде по трассе эту машину все принимали исключительно за бензовоз. Грузовыми перевозками в том или ином их варианте предприниматель начал заниматься еще в молодости. У него был огромнейший опыт работы на грузовиках. Сколь-нибудь серьезных замечаний к нему как к водителю грузовых автомобилей не отмечалось. 24 июля 2009 года, забрав выручку, он сел в кабину грузового «Мерседеса» и направился по трассе в сторону Краснодара. Но какой именно населенный пункт был целью его поездки, мы уже не узнаем. Возможно, Князев планировал сделать еще один или даже несколько рейсов с перевозкой растительного масла.

Трасса, по которой ехали навстречу друг другу рейсовый «Икарус» и масловоз «Мерседес», официально именуется «федеральная автомобильная дорога М4 «Дон». Это автомобильная дорога федерального значения огромной протяженности – почти 1544 километра. Она связывает между собой Москву и Новороссийск. Проходит через многие города, в том числе через Ростов-на-Дону и Краснодар. В 2009 году многие отрезки трассы на участке между Ростовом-на-Дону и Краснодаром подверглись весьма серьезной реконструкции. С учетом большого потока автомобильного транспорта дорога была значительно расширена. В результате реконструкции движение здесь стало четырехполосным. По замыслу авторов проекта это должно было упорядочить автомобильное движение и снизить вероятность дорожно-транспортных происшествий. На момент аварии 24 июля 2009 года часть трассы в 35 километрах от Ростова-на-Дону была практически полностью реконструирована. Единственное, что на тот момент дорожники еще не успели сделать, так это установить отбойники, разделяющие направления. Если бы они были установлены, то авария в районе села Самарское Азовского района имела бы совершенно иной исход…

Григорий Саврасов спокойно вел «Икарус». До Ростова оставалось не так уж и много. Автобус двигался со скоростью не более 80 километров в час. Водитель заботился о том, чтобы не нарушать правила дорожного движения. Где-то в 12:38 он обратил внимание на грузовик с цистерной, который шел со стороны Ростова. Что-то в его движении было непривычным, хотя скорость, если судить на глаз, у «Мерседеса» мало чем отличалась от скорости «Икаруса». Григорий пожал плечами и продолжал вести автобус. Однако в тот момент, когда «Икарусу» и «Мерседесу» оставалось с десяток метров, чтобы поравняться, случилось непредвиденное. «Мерседес» неожиданно изменил направление. Не сбрасывая скорости, он взял чуть в сторону, пересек двойную сплошную и оказался на встречной полосе. Все происходило настолько молниеносно, что водитель «Икаруса» не успел ничего предпринять. «Фура так неожиданно вылетела на встречную полосу, что наш водитель, будь он даже волшебником, все равно не смог бы уклониться от удара», – рассказывал один из выживших после катастрофы пассажиров.

«Мерседес» и «Икарус» столкнулись лоб в лоб. Звук от удара гулким эхом разнесся над окрестностью. Он вполне мог напомнить кому-то артиллерийский выстрел, если бы не последовавший за ним скрежет. Грузовик буквально раздавил водительскую кабину автобуса. Но при этом и кабина грузовика от удара оказалась смятой. Стекло от окон и фар градом обрушилось вниз. Люди, находившиеся в салоне автобуса, едва ли успели осознать, что за напасть на них навалилась. Некоторые, вероятно, даже не успели проснуться и получили смертельные ранения прямо во сне. Многих зажало металлом сплюснутого остова, поранило обшивкой или сорвавшимися сиденьями. Немало пассажиров из-за столкновения по инерции ударились друг о друга, разбивая головы, ломая руки, ноги, ребра. Всюду кровь. Кто-то пытался кричать, звать на помощь. Но когда обе столкнувшиеся машины остановились, стало ясно – львиная доля пассажиров мертва. И лишь раненые, но оставшиеся в живых продолжали взывать о помощи и тихо плакали от боли и ужаса. На большее у них попросту не хватало сил.

Позади автобуса, еще до аварии, на протяжении пяти километров ехал автомобиль «Шевроле Ланос». За его рулем находился сорокачетырехлетний ростовский предприниматель. В машине с ним находились семнадцатилетний сын и двадцатилетний племянник. Все они и стали невольными свидетелями трагедии. По словам водителя «Шевроле», у «Икаруса» постоянно гудел и свистел задний мост. Это его сильно раздражало, и он стремился обогнать автобус. Однако сделать это не удавалось, так как каждый раз что-то мешало. Он также заметил «Мерседес» еще до аварии. По словам предпринимателя, грузовик ехал по самому краю встречной полосы, а потом начал съезжать на нее. Водитель «Шевроле» понял, что дело неладное, и решил притормозить. Он утверждает, что «Икарус» пытался уйти в сторону, но не успел. Водителю автобуса катастрофически не хватило запаса времени на какой-либо обдуманный маневр. Масловоз, который вначале приняли за бензовоз, шел на автобус, словно на таран. Свидетели этого с замиранием сердца наблюдали за трагедией, разворачивающейся прямо на их глазах.

«Автобус смяло в гармошку, – рассказывал позже журналистам ростовский предприниматель. – Впереди поднялся столб пыли, сиденья полетели вперед, по сторонам разбросало одеяла, пакеты. Я даже подумал, что ехали челноки. Людей не было видно. Сын потом увидел, как в задней части автобуса у поручня сидит окровавленный мужчина и мотает головой; с ним рядом лежала женщина. «Пожалуйста, не смотрите!» – попросил я детей. Сам съехал на обочину и начал звонить в единую службу спасения «112». Никто не взял трубку. У меня на телефоне осталось время звонка – 12:42. Поэтому я думаю, что катастрофа произошла в 12:41. Я знал, что у села Самарского есть пост ГАИ. Мы быстрее поехали к нему».

По обе стороны от места аварии образовались пробки. Проехать вперед по трассе было невозможно. Однако водитель «Шевроле» не собирался просто так сдаваться. Желание быстрее вызвать помощь было сильнее возникших на дороге препятствий. Выехав на обочину, он, насколько это получалось, поехал по ней и вскоре добрался до поста. Патрульные еще не были в курсе случившегося. Сразу же были вызваны службы спасения, а сами патрульные направились к месту трагедии.

То, что увидели прибывшие милиционеры, медики и сотрудники МЧС, повергало в шок. От столкновения и автобус, и масловоз превратились в груду искореженного металла. Картина не вписывалась в окружающую действительность. Казалось, что в одночасье стали реальностью кадры из фильмов-катастроф. Было трудно поверить, что все это по-настоящему. Измятый автобус стоял поперек трассы. Недалеко от него, чуть наискосок, находился и грузовик с приплюснутой кабиной и вмятинами на цистерне. На асфальте вперемешку беспорядочно валялись предметы багажа. Вокруг и внутри «Икаруса» на разбросанных вещах, осколках стекла, обломках автобуса лежало множество тел: мужчины, женщины, дети... Выглядело это так, будто некоторых из них невидимая сила выпихнула из автобуса. Кровь, стоны, сдавленные крики. И молчание. Ледяное молчание тех, кто больше не мог издать ни единого звука. «Это был настоящий ужас. Я 25 лет работаю, но такого никогда не видела. И, наверное, никогда не забуду», – отмечала одна из врачей, прибывших на место катастрофы.

У спасателей не было уверенности насчет грузовика с цистерной. Его, как и во многих прежних случаях, приняли за бензовоз и очень сильно опасались вероятности возгорания. Поэтому два пожарных расчета принялись планомерно поливать «Мерседес» пеной из брандспойтов. Ведь если бы цистерна была заполнена – бензином ли, маслом ли, – пожар мог оказаться неизбежным. Трудно даже подумать, к каким последствиям он привел бы! Но все же представим себе эту картину. Происходит столкновение, содержимое цистерны разливается на трассу. Любая случайная искра или преломленный через стеклышко луч солнца приводит к возгоранию. Все пролитое топливо или масло тут же вспыхивает. Автобус и грузовик охватывает пламя. Сгорают живые еще люди и тела погибших. Огонь доходит до бензобаков обеих машин. Происходит взрыв. Горящие обломки летят в разные стороны. Какие-то из них падают на машины, которые застряли в километровых пробках. Водители не успевают отреагировать, и пожар распространяется дальше по трассе... Однако такого кошмара не произошло. В любом случае пожарные расчеты действовали совершенно правильно, исходя из сложившейся на тот момент ситуации.

К месту аварии подъезжало множество автомобилей «Скорой помощи». Они мчались сюда из Азовска и Батайска. Звук их сирен долгое время раздавался почти непрерывно. Однако в большинстве своем им приходилось забирать трупы. Выживших людей было очень мало. До некоторых тел спасателям было очень трудно добраться. Автобус искорежило так, что люди оказались в ловушке. Сотрудники МЧС использовали для их извлечения специальную аппаратуру, разрезая те или иные части автобуса. Обломки автобуса и грузовика погрузили кранами на два тягача с прицепами и увезли с места происшествия. Дорогу после этого промыли водой из цистерны.

Каков же результат этого происшествия? Девятнадцать человек, включая водителей, погибли на месте, еще двое скончались при доставке в медицинские учреждения. Тела погибших были развезены по моргам Азова и Батайска. Судмедэксперты незамедлительно приступили к идентификации останков. Это было очень сложной задачей, так как тела получили сильные повреждения. Большое количество жертв при отсутствии возгорания специалисты объяснили силой удара. В результате столкновения отдельным погибшим пассажирам оторвало конечности. У всех выживших пассажиров автобуса оказались очень тяжелые травмы – позвоночника, грудной клетки и головы. Среди погибших было два ребенка.

Едва стало известно о катастрофе в районе села Самарского, как на спасательные службы обрушился шквал телефонных звонков. Жители Краснодарского края и Ростовской области, беспокоясь о судьбе родственников, пытались выяснить их судьбу. Для многих из них не находилось слов утешения. Родственники пострадавших и погибших своим ходом поспешили в район трагедии. Спасателями был организован штаб для их встречи и размещения. Туда же специально прибыли психологи для оказания помощи людям, шокированным гибелью своих близких. Ведь большинство родственников болезненно переживали утрату, и реакция у всех была однозначной. Кому-то хватало общения с психологами, а кому-то требовались лекарства. Один из прибывших на место аварии сотрудников ГИБДД опознал среди пострадавших свою мать и сына. Женщина погибла сразу после столкновения, а мальчик от полученных травм умер по дороге в больницу. Между тем среди оставшихся в живых был мужчина, который совершил несколько убийств и скрывался от правосудия.

ДТП у села Самарского вызвало широкий общественный резонанс. Следующий день по указу губернатора Ростовской области был объявлен днем траура по погибшим. 27 июля траур объявили и в Краснодарском крае. Когда в Ростове-на-Дону на стадионе

«Олимп-2» проходил футбольный матч, ростовские игроки вышли на поле с черными повязками на руках. В тот день не было привычной для болельщиков музыки и развлечений во время перерыва между таймами.

По факту происшествия глава МВД России пообещал провести комплексную проверку ситуации на дорогах, а всех водителей призвал быть аккуратными, не нарушать правила, не превышать скорость. В своих высказываниях он был очень резок: «За последние годы мы предпринимаем усилия для того, чтобы на дорогах страны был порядок. И в целом, по сути дела, нам это удается. Однако единичные факты, неординарные, которые затрагивают жизнь человека, говорят о том, что на дорогах страны еще есть произвол и вакханалия».

На заседании Совета безопасности, проводимом в тот же вечер по горячим следам трагедии, президент России высказался не менее жестко: «Речь идет, конечно, и том, чтобы дороги приводить в порядок. Но, на мой взгляд, такого рода абсолютно невозможные, невообразимые события случаются далеко не потому, что дороги безобразного качества (это составляющая), это еще и следствие того, каким образом осуществляется контроль на дорогах, и расхлябанности, преступной разболтанности участников дорожного движения. Это очень часто не казусы – просто преступления. Мы не можем хоронить такое количество людей из-за того, что у нас так организован процесс управления дорожным движением».

Но если Нургалиев и Медведев оценивали и давали характеристику проблеме в целом, то следствию предстояла рутинная работа по выяснению конкретных причин жуткого ДТП в Ростовской области. Уже в день аварии было высказано предположение, что ее виновником был водитель «Мерседеса». Спустя несколько дней были обнародованы результаты автотехнической экспертизы. Эксперты пришли к заключению, что водитель масловоза Ярослав Князев грубо нарушил правила дорожного движения, по причине чего грузовик и столкнулся с рейсовым автобусом. Впрочем, заключение экспертизы не отвечало на вопрос, почему произошел выезд «Мерседеса» на встречную полосу. Ведь нарушение правил дорожного движения Князевым было абсолютно немотивированным. Он никого не обгонял и не объезжал какое-либо препятствие. Поэтому появились и другие версии, связанные с неисправностью транспорта и человеческим фактором.

Версия о том, что «Мерседес» был неисправным, практической проверке подлежать не могла. По оставшимся обломкам масловоза оказалось невозможным что-либо установить. Были подняты все данные по техническому осмотру и ранее выявленным поломкам грузовика, однако и они не сумели дать какого-либо внятного ответа. Поэтому основным направлением следствия стало выяснение состояния Князева на момент аварии. Знакомые водителя высказывали предположения, что у того могло прихватить сердце.

Специалисты изъяли для изучения его медицинскую документацию. Началась судебно-медицинская экспертиза тела Ярослава Князева. Прежде всего она показала, что водитель в день катастрофы не употреблял алкоголь или наркотические вещества. Аналогичные результаты дало вскрытие тела водителя «Икаруса» Григория Саврасова.

Для выяснения состояния здоровья Князева перед гибелью понадобилась специальная гистологическая экспертиза. Именно она могла доказать или опровергнуть версию о том, что у водителя масловоза случился сердечный приступ и он уже в полубессознательном состоянии выехал на встречную полосу. По результатам данной экспертизы было выяснено, что тот не имел проблем с сердцем. Однако не исключалась вероятность его нахождения в бессознательном состоянии в момент столкновения «Мерседеса» с «Икарусом». Высказывалось предположение, что Князев, проехав пост ГИБДД, уснул за рулем. И хоть данное предположение стало основным, оно все-таки вызывает сомнения. Опытный водитель в трезвом состоянии едет из Батайска, везет большую сумму денег, проезжает стационарный пост ГИБДД – и через два километра засыпает? Выглядит немного странно.

К сожалению, причина выезда «Мерседеса» на встречную полосу так и не была достоверно выяснена. В начале декабря 2009 года следователи закрыли уголовное дело по факту столкновения рейсового автобуса Курганинск – Таганрог – Ростов-на-Дону и масловоза «Мерседес» в районе села Самарского Ростовской области. Дело, возбужденное по ст. 264 УК РФ – «нарушение правил дорожного движения, повлекшее по неосторожности смерть человека», было прекращено в связи с гибелью водителя масловоза. Отличная формулировка, не находите?

Повлияла ли каким-то образом данная катастрофа на положение дел на дорогах Ростовской области? Сказать однозначно нельзя. С одной стороны, был срочно проведен завершающий этап реконструкции указанного участка трассы «Дон», установлены отбойники, которых так не хватало в день аварии. По мнению специалистов и опытных водителей, отбойники способны в некоторой степени ограничить выезды на встречную полосу. На уровне Министерства транспорта было отмечено, что трассы должны строиться таким образом, чтобы у водителей не было физической возможности выезжать на сторону встречного движения. Кроме того, в Минтранспорта заявили о необходимости обязательного использования тахографов, чтобы в дальнейшем избежать такого большого количества жертв. Тахограф – это специальный бортовой прибор в составе транспортного средства. Он предназначен для контроля и регистрации таких параметров, как скорость движения, пробег автомобиля, периоды труда и отдыха экипажа. Оснащение всех автобусов и грузовых транспортных средств, осуществляющих междугородние перевозки, должно произойти постепенно, так как требует немалых затрат.

Петля безопасности: хроника автомобильных катастроф, 22 ноября 2013 г.

СЛОВА И СЛОВОСОЧЕТАНИЯ

столкновение	碰撞
потрясти	[完] 使震动
трасса	路线
концентрированный	集中的
бахча	瓜地
сетовать	[未] 抱怨
пообтесаться	[完] 变得文明些
приноровиться	[完] 能适应
кроссворд	填词游戏
благодать	[阴] 富足
проворачивать	[未] 迅速办好
реконструкция	改造
отбойник	挡板
поравняться	[完] 赶上
уклониться	[完] 躲开
скрежет	摩擦声
раздавить	[完] 压坏
зажать	[完] 挤压
сплюснутый	压扁的
остов	骨架
обшивка	挡板
инерция	惯性

ребра	肋骨
притормозить	[完] 稍稍刹车
съезжать	[未] 滑下去
катастрофически	灾难性旋涡
таран	对头撞击
смять	[完] 压皱
гармошка	波纹套
патрульный	巡逻的
развезти	[完] 分运到各处
рутинный	墨守成规的
гистологический	组织学的
опровергнуть	[完] 驳斥
лоб в лоб	迎面
ГАИ: государственная автомобильная инспекция	交警队
ГИБДД: Государственная инспекция безопасности дорожного движения	国家交通安全局
ДТП: дорожно-транспортное происшествие	交通事故
МВД: Министерство внутренних дел	内务部
уголовное дело	刑事案件

УПРАЖНЕНИЯ

I. Выберите правильный вариант.

1. Нет, он хотел для начала _____ в безопасное место и уже там принять ряд важных решений и разобраться в сложившейся ситуации.

   A) выбраться   B) набраться   C) избраться   D) подобраться

2. Особенно они ждали, когда их знакомый шофер разрешит сесть им _____ грузовика и вести машину.

   A) в руль   B) за руль   C) на руль   D) к рулю

3. Это были очень длинные пальцы с аккуратно подстриженными ногтями, и эти пальцы прохладные и пахнущие осенними листьями напомнили _____ о приближающейся зиме.

   A) у мальчика   B) мальчиком   C) о мальчике   D) мальчику

4. То здесь, то там среди волн мелькали разрубленные тела; окровавленные головы с пустыми глазами беззвучно _____; связанные руки пытались, но не могли достать берег.

  A) называть на помощь   B) называть к помощи

  C) взывать на помощь   D) взывать к помощи

5. В статье мы попытаемся выяснить, как правильно _____ свое время.

  A) выделить   B) отделить   C) распределить   D) уделить

II. Переведите следующие предложения на китайский язык.

1. Григорий давно успел пообтесаться и приноровиться к особенностям работы водителя рейсовых автобусов. Отправляясь в путь, он полагал, что и этот рейс будет совершенно обыденным. Точно таким же, как и сотни других, что остались у него за спиной.

2. Люди, находившиеся в салоне автобуса, едва ли успели осознать, что за напасть на них навалилась. Некоторые, вероятно, даже не успели проснуться и получили смертельные ранения прямо во сне.

3. Водители не успевают отреагировать, и пожар распространяется дальше по трассе… Однако такого кошмара не произошло. В любом случае пожарные расчеты действовали совершенно правильно, исходя из сложившейся на тот момент ситуации.

4. В результате столкновения отдельным погибшим пассажирам оторвало конечности. У всех выживших пассажиров автобуса оказались очень тяжелые травмы – позвоночника, грудной клетки и головы. Среди погибших было два ребенка.

5. По факту происшествия глава МВД России пообещал провести комплексную проверку ситуации на дорогах, а всех водителей призвал быть аккуратными, не нарушать правила, не превышать скорость.

III. Ответьте на вопросы по тексту.

1. Когда и где произошла автомобильная катастрофа, которая потрясла всю страну?
2. Сколько человек сели в автобус «Икарус» в Курганинске?
3. На какой дороге «Мерседес» и «Икарус» столкнулись лоб в лоб?
4. Кто стал невольными свидетелями трагедии?
5. Когда траур объявили в Краснодарском крае?

IV. Вопросы для обсуждения.

1. Как вы считаете, почему произошел выезд «Мерседеса» на встречную полосу?
2. Кроме водителей, кто еще должен ответить за это происшествие? Почему?

9.2 Наводнение. Год спустя

В июне и июле 2019 года Иркутская область пережила страшное наводнение, эхо которого доносится до сегодняшних дней.

Конец июня 2019 года. В Иркутской области из-за повышения уровня рек, затопило несколько населенных пунктов. Первая волна паводка оставила без жилья тысячи людей, вторая – забрала надежду на будущее. Спустя год, Приангарье продолжает восстанавливаться после трагедии.

Хронология наводнения

Режим повышенной готовности из-за повышения уровня воды в нескольких реках Иркутской области ввели 25 июня в Нижнеудинском и Черемховском районах. Вода стала подниматься из-за обильных осадков. В Нижнеудинском районе эвакуировали более 400 человек из детского оздоровительного лагеря «Заря».

В этот же день в поселке Новостройка Черемховского района вышедшая из берегов река Белая подтопила четыре приусадебных участка. Вода также вышла на участок дороги, соединяющей Черемхово и населенные пункты Инга, Чернушка и Чернушка-2.

На следующий день, 26 июня, режим ЧС из-за наводнения ввели в Тайшетском районе. Там подтопило поселки Сереброво, Соляная. К утру того же дня вода зашла в Нижнеудинск. Региональное управление МЧС предупредило, что 27–28 июня может затопить населенные пункты в Тайшетском, Нижнеудинском, Тулунском и Шелеховском районах.

К 27 июня в Иркутской области было затоплено более 800 домов в Нижнеудинском, Тайшетском и Тулунском районах, а власти объявили режим ЧС уже во всем регионе. Тогда же иркутское отделение Красного Креста стало собирать гуманитарную помощь для пострадавших.

Первые жертвы стихии появились 28 июня. Это была семья из двух человек, жившая в деревне Евдокимовка Тулунского района. По информации правительства Иркутской области, до наступления критической ситуации они отказались эвакуироваться вместе с другими жителями. Когда вода зашла в деревню, они попытались выбраться оттуда на лодке, но произошел несчастный случай, и семья утонула.

В этот же день началась эвакуация жителей Тулуна, а премьер-министр России Дмитрий Медведев отправил руководителя МЧС РФ Евгения Зиничева на организацию работы по оказанию помощи пострадавших от наводнения. Максимальный уровень воды в реке Ия составлял около 14 метров – то есть в два раза выше критической отметки.

На пятый день паводка, 29 июня, «большая вода» пришла в Чунский район. Там подтопило населенные пункты Баер, Баянда, Бунбуй, Октябрьский, Пионерский, Приудинск и Тахтамай, а районные власти были вынуждены ввести режим ЧС.

В ночь на 30 июня в Иркутскую область впервые прилетел президент России Владимир Путин. Он провел совещание в аэропорту Братска с губернатором Приангарья Сергеем Левченко, полпредом Сергеем Меняйло и представителями профильных министерств. Президент поручил «уже сейчас» начать оценку объема восстановительных работ, определить необходимые дополнительные ресурсы и мощности, стройматериалы, технику.

Кроме того, глава государства заявил о необходимости создания правительственной комиссии по ликвидации последствий наводнения, ее возглавил вице-премьер РФ Виталий Мутко.

В Иркутской области начали собирать добровольцев для ликвидации последствий паводка, а Владимир Путин подключил армию. Сергей Левченко попросил военных развернуть мобильный хлебозавод в Тулуне.

Первые аварийно-восстановительные работы в Тулуне начались 1 июля – сотрудники спасательных подразделений совместно с волонтерами стали откачивать воду и разрушать дамбу для отведения воды с подтопленных территорий. Кроме того, на правом берегу Тулуна восстановили электроснабжение.

4 июля Владимир Путин объявил наводнение в Иркутской области чрезвычайной ситуацией федерального масштаба. На следующий день в регион прибыл Виталий Мутко, которому областные власти отчитались, что в Приангарье почти 80% пострадавших получили матпомощь в 10 тысяч рублей. При этом, пока в Тулуне и других районах вода стала понемногу спадать, к критической отметке подошла река Иркут в окрестностях областного центра. К счастью, в Иркутске все обошлось.

Во второй раз президент России прибыл в Приангарье 19 июля. В частности, он побывал в затопленном Тулуне и пообещал 6-летнему Матвею Сафронову проследить за ремонтом «утонувшего» детского сада «Родничок» (который, правда, решили не восстанавливать), посетил пункт временного размещения пострадавших, а по итогам своего визита коротко охарактеризовал ситуацию с ликвидацией последствий паводка: «ничего хорошего» и «неразбериха».

Еще один раз глава государства приезжал в Приангарье в начале сентября, через месяц после второй волны паводка. Он вновь пообщался с жителями, а потом призвал региональные власти не затягивать со строительством школ и детских садов, попутно покритиковав некоторых муниципальных руководителей.

В 20-х числах июля МЧС предупредило о возможном повышении уровня рек в Зиминском, Тулунском и Нижнеудинском районах Приангарья. Мэр Тулуна Юрий Карих призвал горожан быть готовым к новой волне паводка и эвакуации. Сергей Левченко напротив попытался всех успокоить и заявил, что новых критических подтоплений не ожидается.

Тем не менее, вторая волна наводнения все-таки случилась: 26 июля из-за осадков поднялся уровень грунтовых вод в Нижнеудинском и Черемховском районах. 27 июля вновь был затоплен Тулун – там за сутки выпала месячная норма осадков, река Ия снова вышла из берегов. Во время второй волны ее уровень поднялся до 10,6 метра при критической отметке в 7 метров.

Опасная ситуация возникла и в Слюдянском районе, где из-за сильных дождей на трассу «Байкал» сошел оползень и обрушился ведущий к Байкальскому целлюлозно-бумажному комбинату мост через реку Солзан. Из-за угрозы подтопления эвакуировали жителей Байкальска и Слюдянки.

Сильно пострадал и Шелеховский район. Там поднялись реки Олха и Иркут. Эвакуировали отдыхающих девяти детских лагерей, несколько садоводств и поселок Олха. В общей сложности вторая волна затронула более 30 населенных пунктов Иркутской области.

В результате двух наводнений пострадали около 45 тысяч человек. Первоначальный ущерб, нанесенный паводками, оценивался в районе 35 миллиардов рублей (сюда входят потери жилья, объектов инфраструктуры, административные здания и тому подобное). В декабре 2019-го глава МЧС Евгений Зиничев заявил, что ущерб для федерального бюджета составил более 40 миллиардов.

Правительство России в сентябре 2019 года утвердило программу по восстановлению инфраструктуры и жилья в пострадавших от паводков районах Иркутской области. В нее вошло более 200 объектов – школы, детские сады, участки автомобильных дорог, административные здания. На ее реализацию до 2023 года планируется затратить более 40 миллиардов рублей.

Первые выплаты пострадавшим – по 10 тысяч рублей – стартовали 30 июня. Кроме того, была введена компенсация за частичную (50 тысяч) или полную (100 тысяч) утерю имущества. Деньги выделялись из федерального бюджета.

Еще одной мерой поддержки для пострадавших стала выдача жилищных сертификатов, по которым можно было либо приобрести готовое жилье, либо начать собственное строительство. Все сертификаты (более 7,2 тысячи) были выданы к апрелю 2020-го, из них было оплачено 92% от общего числа. При этом прием заявлений на покупку жилья по ним был продлен до 30 июня.

Кроме того, власти Приангарья компенсировали пострадавшим от наводнения потерю урожая (максимальный размер матпомощи составил 67,5 тысячи рублей), возместили ущерб фермерам и пчеловодам, а также бесплатно выдали землю под огороды и садовые домики (от 4 до 20 соток на человека).

Новые дома для пострадавших от наводнения в Тулуне начали строить 1 августа. Для людей, потерявших жилье во время паводка, решили построить два микрорайона. Первый расположится возле уже существующего микрорайона Угольщиков, там должны были возводиться двухэтажные дома на четыре квартиры. Еще один микрорайон, получивший название «Березовая роща», стал новым, там было решено возводить только индивидуальные жилые дома. Кроме того, там активно строятся две школы на 1,2 тысячи мест каждая.

Предполагалось, что новые жилые дома в «Березовой роще» будут сданы в эксплуатацию в декабре 2019 года, в микрорайоне Угольщиков – к марту 2020-го, но в обозначенные сроки этого не произошло. Для того, чтобы ускорить процесс строительства жилья, в Тулуне запустили два новых бетонных завода. При этом сдачу многоквартирных домов перенесли на август. К июню 2020-го около 95% пострадавших от паводка уже приобрели новое жилье, в том числе благодаря вмешательству прокуратуры.

Жертвами летнего наводнения 2019 года стали 25 человек, еще шестеро жителей Приангарья пропало без вести. В Тулуне, пострадавшем сильнее других территорий области, 28 июня открыли мемориал в честь годовщины разрушительного наводнения. Памятный камень на пересечении трассы М-53 и улицы Юбилейной в районе моста через реку Ию станет еще одним напоминанием о стихии, которая стерла с лица Земли треть города.

Новости Иркутска, 1 июля 2020 г.

СЛОВА И СЛОВОСОЧЕТАНИЯ

затопить	[完] 使淹没
хронология	年表
эвакуировать	[完，未] 疏散
утонуть	[完] 淹死
паводок	洪水
ликвидация	清理
возглавить	[完] 领导
подключить	[完] 使加入
спадать	[未] 下落
неразбериха	一团糟
муниципальный	市政的
оползень	[阳] 滑坡
ущерб	损失
инфраструктура	基础设施
компенсация	补偿
сертификат	证明文件
пчеловод	养蜂人
возводить	[未] 修建
прокуратура	检察机关
пересечение	交叉点
стереть	[完] 消除
населенный пункт	居民点
приусадебный участок	自留地
ЧС: чрезвычайная ситуация	紧急情况
гуманитарная помощь	人道主义援助
Красный Крест	红十字会
сдать в эксплуатацию	交付使用

УПРАЖНЕНИЯ

I. Выберите правильный вариант.

1. Человек не всегда _____ мотивы своих поступков, желаний, стремлений, внутренние взаимоотношения с окружающим миром.

    A) признает   B) познает

    C) осознает   D) узнает

2. Внешнее _____ эмоций находится под контролем, но это не свидетельствует о низкой эмоциональной чувствительности, скорее справедливо обратное.

    A) проявление   B) появление

    C) заявление   D) объявление

3. Помимо школьной успеваемости помочь детям _____ свои способности поможет какой-либо вид творчества – танцы, балет, рисование, пение или спорт.

    A) накрыть   B) покрыть

    C) прикрыть   D) раскрыть

4. Некоторое время он лежал в темноте, прислушиваясь _____ за окном и пытаясь понять, почему странный сон оставил после себя такое тяжелое, неприятное впечатление.

    A) к дождю   B) в дождь

    C) под дождь   D) из-за дождя

5. Вы держите в руках книгу, каждая страница которой пронизана любовью и уважением к очень известным _____ спортсменам, гордостью за их достижения.

    A) в то время   B) в свое время

    C) в их время   D) в последнее время

II. Переведите следующие предложения на китайский язык.

1. К 27 июня в Иркутской области было затоплено более 800 домов в Нижнеудинском, Тайшетском и Тулунском районах, а власти объявили режим ЧС уже во всем регионе. Тогда же иркутское отделение Красного Креста стало собирать гуманитарную помощь для пострадавших.

2. В Иркутской области начали собирать добровольцев для ликвидации последствий паводка, а Владимир Путин подключил армию. Сергей Левченко попросил военных развернуть мобильный хлебозавод в Тулуне.

3. Еще один раз глава государства приезжал в Приангарье в начале сентября, через месяц после второй волны паводка. Он вновь пообщался с жителями, а потом призвал региональные власти не затягивать со строительством школ и детских садов, попутно покритиковав некоторых муниципальных руководителей.

4. Опасная ситуация возникла и в Слюдянском районе, где из-за сильных дождей на трассу «Байкал» сошел оползень и обрушился ведущий к Байкальскому целлюлозно-бумажному комбинату мост через реку Солзан. Из-за угрозы подтопления эвакуировали жителей Байкальска и Слюдянки.

5. Первые выплаты пострадавшим – по 10 тысяч рублей – стартовали 30 июня. Кроме того, была введена компенсация за частичную (50 тысяч) или полную (100 тысяч) утерю имущества. Деньги выделялись из федерального бюджета.

III. Ответьте на вопросы по тексту.

1. Когда и где ввели режим повышенной готовности из-за повышения уровня воды в нескольких реках Иркутской области?
2. Кто впервые прилетел в Иркутскую область в ночь на 30 июня?
3. Когда случилась вторая волна наводнения?
4. Сколько человек пострадали в результате двух наводнений?
5. Какую программу утвердило правительство России в сентябре 2019 года?

IV. Вопросы для обсуждения.

1. Автор написал, что вторая волна паводка забрала надежду на будущее. Как вы понимаете его слова, выскажите свое мнение!
2. Правительство России приняло ряд мер по восстановлению. Как вы оцените эти меры?

ГЛАВА X СПОРТ И ДОСУГ

10.1 Призеры 25 лет спустя: Россия впечатляет в гимнастике и плавании

У наших спортсменов сразу две исторические победы за один день, плюс второе золото в тхэквондо. Эта неделя пока волшебно складывается для сборной России на Олимпиаде в Токио. После суперуспешного понедельника завершился еще более крутой вторник. Рано утром по Москве случилось историческое событие: первая победа России в плавании за 25 лет. Больше того, получился настоящий победный дубль: 100 м на спине выиграл Евгений Рылов, у Климента Колесникова – серебро. Наших парней разделили всего 0,02 секунды. А уже ближе к окончанию соревновательного дня золотой запас нашей сборной пополнили тхэквондист Владислав Ларин (тхэквондо становится нашей коронной дисциплиной!) и женская сборная по спортивной гимнастике, которая обошла США в многоборье. Впервые в истории российского спорта. Также во вторник вновь отличились стрелки. Свою вторую медаль Игр-2020 завоевала Виталина Бацарашкина (серебро в дуэте с Артемом Черноусовом), а бронзу буквально выгрызли Юлия Каримова и Сергей Каменский (соревнование смешанных команд в стрельбе из пневматической винтовки с 10 м).

После Игр в Атланте-1996, где блистал Алексей Немов, у России не было побед в командных соревнованиях у гимнастов. Столько же – четверть века – золотых медалей в плавании, со времен не менее великого Александра Попова. И теперь эта 25-летняя стена неудач сломана. В понедельник Нагорный и компания обошли Японию и Китай, а во вторник чудо совершили Рылов и Колесников.

В финале 100 м на спине Рылов и Колесников сражались между собой с первых метров. Климент, спринтер по природе, выигрывал после первого полтинника. Евгений,

гений тактики и раскладки по дистанции, выдал все лучшее на втором.

– Я перебрал. Шел на пределе, практически за гранью. Еще мгновение – и Климент бы «съел» меня, – рассказывал счастливый победитель после заплыва. – Испытываю очень крутые ощущения! Раньше американцы никогда не проигрывали спину, а тут мы вдвоем забираем у них первые два места.

Американец Райан Мерфи, на которого все делали ставки, остался третьим. А наших ребят разделили всего 0,02 секунды. Хронометристы рассказывали, что 0,04 секунды – это 1 см. Получается, Рылова и Колесникова разделили 0,5 см. Вот она, цена олимпийского золота.

– Проигрывать столько – безумно обидно, – не стал отрицать Климент Колесников. – Но главное, что мы никого не пропустили.

Впереди у Климента 100 м кролем, а у Рылова – 200 м на спине. Цель у обоих только одна – золото. И это абсолютно реально.

Если триумф мужской команды в спортивном многоборье накануне был относительно предсказуем – наши гимнасты все-таки действующие чемпионы мира, то от девушек победы не ожидал никто. Самая опытная в нашей команде – 21-летняя Ангелина Мельникова. Также в составе две 16-летних юниорки: Виктория Листунова и Владислава Уразова. Лилии Ахаимовой 24, но для нее это дебют на Играх, а в личных соревнованиях она ни разу не брала медали на крупных турнирах. Так что расклады были точно не в нашу пользу. Повторение результата Рио-2016 – второе место вслед за США с неподражаемой Симоной Байлз – считалось пределом мечтаний.

Если в команде Байлз, то с американками бороться бесполезно, – это аксиома последних пяти-шести лет. Но в Токио Симона явно не в своей тарелке. Не впечатлила в квалификации на отдельных снарядах, а в командном многоборье, похоже, получила травму. На первом же снаряде четырехкратная олимпийская чемпионка допустила ошибку, а потом и вовсе переоделась в тренировочный костюм. Стало ясно, что она завершила свое выступление.

Наши девчонки получили уникальный шанс. Без Байлз американки превратились просто в хорошую команду. Сильную, но отнюдь не непобедимую. В отсутствие Симоны лидерство на себя взяла 18-летняя Сунина Ли, но ее превосходных выступлений хватило только на, чтобы отыграть у россиянок совсем немного. Перед бревном наши девушки выигрывали уверенные 2,5 балла. А вот дальше начались нервы.

Первой упала Уразова, за ней и Мельникова. Последней на бревно у нас вышла

16-летняя Виктория Листунова – самая молодая не только в этой команде, но и вообще в российской сборной в Токио. И от нее зависело, будут у нас еще шансы на золото или нет. И Виктория выстояла! Именно ее шикарные баллы позволили нам остаться в игре. Перед вольными упражнениями мы выигрывали у американок символические 0,8 балла.

В вольных упражнения Листунова поймала кураж и вновь была великолепна, а жирную точку в соперничестве с американками поставила Мельникова. Она была так уверена в себе, что даже не выражала никаких эмоций после объявления результатов. Впрочем, как и остальные наши девушки.

– Пока не могу описать словами, не могу поверить в то, что произошло, – сказала журналистам Виктория Листунова. – Мы не так громко радовались относительно масштаба этой победы, но мы просто не поверили до конца. Мы настолько выложились, что сейчас все стоять уже просто не могут. Что уж говорить, у нас мысли даже путаются. Мы правда максимально выложились, именно эмоционально. После квалификации на нас обрушился такой эмоциональный момент, потому что мы поняли, что это возможно. Мы правда боролись за золото сегодня. До этого мы боролись только за серебро и бронзу. А сегодня именно за золото, и этот момент эмоционально давил. Сейчас все опустошены. Признаюсь, что нас очень воодушевила вчерашняя победа ребят.

Великолепное выступление сборной России по тхэквондо в Токио закончилось золотой медалью 25-летнего Владислава Ларина в самой тяжелой весовой категории – свыше 80 кг. Как и Максим Храмцов днем ранее, Ларин не испытал никаких проблем и подтвердил статус первого номера мирового рейтинга. Сначала он разобрался с представителем Тонга Питу Тофатофуа (24:3), затем вынес словенца Ивана Трайковича (16:3), а в полуфинале смял китайца Хонгуя Суя (30:3).

В финале его ждал македонец Деян Георгиевски – главная сенсация олимпийского турнира по тхэквондо. 39 номер рейтинга убрал со своего пути сразу двух потенциальных претендентов на золото – кубинца Рафаэля Альба в 1/8 финала и корейца Ин Ке-дона в полуфинале. Своим выходом в финал Георгиевски перевыполнил все мыслимые и немыслимые планы, поэтому на решающую схватку македонец вышел без какого-либо давления. Он дрался в свое удовольствие. В итоге после второго раунда Ларин вел 9:7 – очень скользкое преимущество.

Но в начале заключительной двухминутки Влад выбросил великолепный хай-кик, а затем добавил еще несколько очков ударами ногой в корпус. Это позволило установить окончательный счет – 15:9.

— Мы брали во внимание опыт предыдущих Олимпийских игр, где уже случалось, что далеко проходили люди, от которых этого вообще никто не ожидал, – сказал Ларин на пресс-конференции. – Когда Деян дошел до финала, мы подготовили геймплан, я вышел с четким пониманием, что от меня требуется. Когда оставалась минута и я вел два балла, то четко понимал, что нужно делать. Можно так сказать – я был больше готов к победе, чем мой оппонент.

Так у России появилось второе золото в тхэквондо. Это что-то из области фантастики. До Токио у нас вообще не было наград высшего достоинства Игр в этом виде спорта.

Второе золото могла выиграть во вторник и Виталина Бацарашкина. Но еще раз чуда не случилось. Если в личном турнире последний выстрел из пневматического пистолета принес ей победу, то здесь они в дуэте с Артемом Черноусовым чуть дрогнули именно в последней попытке. Это позволило сборной Китая опередить нас на финише.

Известия Среда, 28 июля 2021 г.

СЛОВА И СЛОВОСОЧЕТАНИЯ

тхэквондо	跆拳道
волшебно	神奇地，奇妙地
дубль	[阳] 双丰收
тхэквондист	跆拳道选手
многоборье	全能
выгрызть	[完] 咬破，咬穿
блистать	[未]（在某方面）表现出众
полтинник	50 米（游泳）
раскладка	分摊
заплыв	（游泳）比赛
хронометрист	计时员
кроль	[阳] 爬泳，自由泳
юниорка	女青少年运动员
дебют	首次亮相
аксиома	明显的道理
отыграть	[完] 赢回
бревно	平衡木

кураж	激情
выложиться	[完] 使出全部力量
опустошить	[完] 使精神空虚
вынести	[完] 赢得，赢（某人）
смять	[完] 击溃
хай-кик	高踢腿
геймплан	比赛（体育比赛中的一局）策略
дрогнуть	[完] 震动一下
пневматическая винтовка	气枪
вольные упражнения	自由体操

УПРАЖНЕНИЯ

I. Выберите правильный вариант.

1. А когда гид работает только за чаевые, его гонорар напрямую зависит от того, насколько он _____ на прогулке, насколько людям понравился его рассказ.

    A) выкладывался   B) выложился   C) разбивался   D) разбился

2. Как кажется сегодня, тренеру удалось наконец-то _____ жирную точку в давних спорах о допустимости и возможности совмещения руководящих постов в клубе и сборной, ставшего своего рода нашим фирменным национальным развлечением.

    A) доставить   B) доставлять   C) поставить   D) поставлять

3. Итальянская актриса Орнелла Мути _____ в том, что учит русский язык, и хотела бы получить российский паспорт.

    A) раскаялась   B) раскаивалась   C) призналась   D) признавалась

4. В аналогичном опросе среди подростков варианты «AirPods», «одежда» и «iPhone» получили по 16 процентов каждый и _____ между собой первую-третью строчки.

    A) выделяли   B) выделили   C) разделяли   D) разделили

5. «Обсуждалась ситуация в Венесуэле, снова была отмечена необходимость того, чтобы страна самостоятельно _____ во внутриполитическом кризисе без какого бы то ни было иностранного вмешательства», – рассказал представитель Кремля.

    A) разбиралась   B) разобралась   C) выяснялась   D) выяснилась

II. Переведите следующие предложения на китайский язык.

1. После Игр в Атланте-1996, где блистал Алексей Немов, у России не было побед в командных соревнованиях у гимнастов. Столько же – четверть века – золотых медалей в плавании, со времен не менее великого Александра Попова. И теперь эта 25-летняя стена неудач сломана. В понедельник Нагорный и компания обошли Японию и Китай, а во вторник чудо совершили Рылов и Колесников.

2. Американец Райан Мерфи, на которого все делали ставки, остался третьим. А наших ребят разделили всего 0,02 секунды. Хронометристы рассказывали, что 0,04 секунды – это 1 см. Получается, Рылова и Колесникова разделили 0,5 см. Вот она, цена олимпийского золота.

3. Лилии Ахаимовой 24, но для нее это дебют на Играх, а в личных соревнованиях она ни разу не брала медали на крупных турнирах. Так что расклады были точно не в нашу пользу. Повторение результата Рио-2016 – второе место вслед за США с неподражаемой Симоной Байлз – считалось пределом мечтаний.

4. Своим выходом в финал Георгиевски перевыполнил все мыслимые и немыслимые планы, поэтому на решающую схватку македонец вышел без какого-либо давления. Он дрался в свое удовольствие. В итоге после второго раунда Ларин вел 9:7 – очень скользкое преимущество.

5. Когда Деян дошел до финала, мы подготовили геймплан, я вышел с четким пониманием, что от меня требуется. Когда оставалась минута и я вел два балла, то четко понимал, что нужно делать. Можно так сказать – я был больше готов к победе, чем мой оппонент.

III. Ответьте на вопросы по тексту.

1. Кто занял первое и второе места в финале 100 м на спине? А кто третье?
2. Как вы понимаете, что в Токио Симона явно не в своей тарелке?
3. Как выступала 16-летняя Виктория Листунова в Олимпийских играх в Токио?
4. Что сказала журналистам Виктория Листунова?
5. Что сказал Ларин на пресс-конференции?

IV. Вопросы для обсуждения.

1. Почему эта неделя считается волшебной для сборной России на Олимпиаде в Токио?
2. Чем закончилось выступление сборной России по тхэквондо в Токио в самой тяжелой весовой категории – свыше 80 кг.? Расскажите подробнее о нем!

10.2 Худрук МХАТ Эдуард Бояков: "Скоро здесь будет абсолютно другая реальность"

Художественный руководитель МХАТ имени Горького Эдуард Бояков рассказал о том, что ждет зрителей в новом сезоне. По его словам, театр не намерен сбавлять темп, взятый в предыдущем сезоне, когда было представлено 15 премьер. Кроме того, МХАТ покажет несколько давно обещанных спектаклей, работа над которыми прерывалась из-за пандемии.

«История очень серьезная»

«У нас такое отношение к будущему сезону: это вторая половина той работы, которую мы должны сделать в целом, – объяснил Эдуард Бояков. – Цель этой работы – создание нового репертуара, формирование новой репертуарной политики. Именно с этим связано то огромное число премьер, которое мы запланировали и часть которых уже показали».

Среди ключевых премьер прошлого сезона были такие спектакли, как «Лавр» по роману Евгения Водолазкина, «Лес» по Островскому и «Красный Моцарт» – музыкальный спектакль об Исааке Дунаевском.

Первой среди знаковых премьер нового сезона худрук МХАТ назвал постановку «Женщины Есенина» по недавно написанной Захаром Прилепиным подробнейшей биографии поэта. В книге и в созданной по ее мотивам пьесе Еленой Исаевой прослеживается, как много общего было в ярких романах Есенина, и как этот повторяющийся сценарий был связан со взаимоотношениями родителей поэта. «История очень большая, очень серьезная и, не побоюсь этого слова, психоаналитическая», – сказал Бояков.

Спектакль ставит Галина Полищук, известный режиссер, живущая в Риге. В работе над постановкой задействован Айгарс Озолинс, один из главных современных латышских художников. Из приглашенных артистов в «Женщинах Есенина» играют Агния Кузнецова, Екатерина Волкова, Елена Захарова, а из мхатовских – Алиса

Гребенщикова, Лидия Кузнецова и другие.

«Я очень много от этого спектакля жду. Мы с Захаром очень волновались, но теперь, когда уже многое видели из этой работы, мы рады», – рассказал Эдуард Бояков.

«Мы любим провоцировать публику»

Другой значимой премьерой станет «Розовое платье» по пьесе Натальи Мошиной, которую Бояков называет своим любимым современным драматургом. «Я прочитал эту пьесу и влюбился в нее несколько лет назад, еще до работы во МХАТ», – сказал худрук.

Это будет уже второй спектакль нового МХАТ по пьесе Мошиной: два года назад Грета Шушчевичуте ставила ее «Звездную пыль».

«Новая постановка рассчитана на то, что вы должны очень хорошо знать «Три сестры» Чехова, и даже не только пьесу, а классический спектакль Немировича-Данченко, – комментирует Бояков, – в пьесе мы оказываемся в 1930-х и видим героиню Чехова, некогда молодую Наташу. Что происходит с ней и с другими героями пьесы, вы узнаете из спектакля».

«Мы любим провоцировать публику», – говорит худрук МХАТ. – «Розовое платье» будет очень необычным спектаклем, и по продюсерским, и по постановочным ходам. В нем будет намек на популярный жанр иммерсивного театра, и так называемые бродилки».

Спектакль будет начинаться в 10 часов вечера и идти в те дни, когда во МХАТ играют «Три сестры». Возможно, кто-то из зрителей захочет посетить оба спектакля последовательно. Главную роль исполнит Евдокия Германова, знаменитая актриса Театра Олега Табакова.

Художник и царь

Журналист и культуролог Соломон Волков, автор нашумевших книг «Свидетельство» и «Диалоги с Бродским», впервые выступит как драматург: специально для постановки во МХАТ он написал пьесу «Сумбур и музыка», посвященную сложным взаимоотношениям композитора Дмитрия Шостаковича и Иосифа Сталина. «Он рассматривает модель взаимоотношений царя и художника. Это вечная тема Волкова», – говорит Бояков.

У Шостаковича было некое «ноу-хау», которое позволило ему победить в этой борьбе титанов, чего, по мнению Волкова, не произошло в случае Бориса Пастернака и Михаила Булгакова, которые Сталину проиграли. За счет чего композитору удалось выиграть поединок? «Наблюдения Волкова невероятно интересны, – отмечает Бояков, – он знает Шостаковича, как никто из нас».

«Работать с ним и счастье, и большая ответственность, – говорит Бояков о Соломоне Волкове, – мы уже обсуждаем с ним и следующий проект».

В спектакле будет много музыки Шостаковича, причем в живом исполнении. По словам худрука, музыкальный руководитель постановки Василий Поспелов из множества сочинений композитора выбирает те, которые наиболее выразительно рассказывают о его личности.

Ставит «Сумбур и музыку» Ольга Субботина, московский режиссер, известная как своими театральными проектами, так и телесериалами и даже работой над гигантским рок-фестивалем «Нашествие». Совсем недавно Субботина поставила в Театре имени Вахтангова «Театр» по роману Сомерсета Моэма.

Фантастика на сцене

Будет в новом сезоне и режиссерская работа самого Боякова. Он ставит «Хлорофилию» по одноименному роману-антиутопии Андрея Рубанова. Действие книги происходит в начале XXII века: население России сократилось до 40 миллионов, и все живут в Москве. Живут припеваючи, так как всю территорию к востоку от Урала сдают в аренду Китаю за большую ренту. Россия становится самым богатым государством по уровню жизни.

«Зубодробительный сюжет, – говорит Бояков. – Кроме того, меня всегда интересовало, как поставить фантастику в театре. В отличие от кино, где эффекты могут создать любую реальность, в театре сделать это гораздо сложнее».

Над фантастическим спектаклем работает та же команда, что делала «Лавра». «Художник-постановщик Саша Цветной придумал невероятную декорацию: город небоскребов, это непросто описать словами. Думаем о том, как ее воплощать», – рассказал Бояков. Также в спектакле будет много музыки.

Долгожданное

Речь о том, что Андрей Кончаловский поставит во МХАТ «На дне», шла еще в конце 2019 года, но из-за пандемии работу пришлось отложить. «На дне» – основополагающая пьеса для МХАТ. Бояков считает, что именно после ее постановки в 1902 году Художественный театр, бывший до того площадкой «модного, богемно-дворянского привкуса», стал поистине национальным, общедоступным театром.

«На дне» ставилась во МХАТ многократно. Учитывая это, новая постановка должна быть чем-то особенным. «Кончаловский справится, он мой любимый режиссер», – говорит Бояков.

Еще один спектакль нового сезона, давно задуманный и отложенный из-за пандемии и локдауна, – это «Песочный человек», мюзикл по одноименной новелле Эрнста Теодора Амадея Гофмана. Над ним работает знаменитый художник Михаил Шемякин, для которого Гофман – один из главных авторов и объект пристального изучения. Десять лет назад Шемякин поставил в Мариинском театре «Щелкунчика».

«Спектакль будет очень современный, крутой, питерский драматург Ольга Погодина-Кузмина работает над пьесой», – рассказал Эдуард Бояков.

Вне плана

Скорее всего, в будущем сезоне зрители увидят новую постановку с участием телеведущего и киноактера Леонида Якубовича, который недавно впечатляюще дебютировал на сцене МХАТ, сыграв старца Никандра в «Лавре». «Леонид Аркадьевич пришел и оказался таким близким и родным, – сказал Бояков. – Надеюсь, в новом сезоне мы успеем с ним сделать невероятно интересную, невероятно важную для нас работу». Деталей худрук не раскрыл, но подчеркнул, что это будет «суперклассика».

Говоря о том, как формируется репертуар театра, Эдуард Бояков заметил: «Должен быть мудрый подход. Безусловно, необходимо планировать какие-то вещи – и сейчас мы уже обсуждаем некоторые проекты 2023 и даже 2024 года, – но при этом параллельно должна быть возможность сделать что-то если не буквально завтра, то по крайней мере очень быстро и спонтанно».

Детям

В новом сезоне МХАТ продолжит и традицию спектаклей для детей. Их ожидается по меньшей мере два: «Пиноккио», который ставит Арина Мороз, и «Сказки в шатре» Алисы Гребенщиковой.

«Алиса ворвалась в нашу труппу и очень хорошо влилась в коллектив, сыграла важнейшие роли в «Лавре» и «Лесе», – говорит Бояков, – Она уже много работает как постановщик, у нее есть ряд очень успешных поэтических представлений и спектаклей».

«Сказки в шатре» – это спектакль по мотивам рассказов Михаила Пришвина. Он будет в буквальном смысле проходить в шатре, который установят прямо на сцене. Зрителей пригласят внутрь, и для детей это будет необычный, удивительный опыт.

«Пиноккио» – история о театральном закулисье, в которой будет звучать много музыки из опер Россини, Верди, Пуччини, Доницетти в исполнении солиста Большого театра тенора Валерия Макарова и оркестра.

Труппа

Одной из самых главных задач ближайшего будущего МХАТ худрук называет формирование труппы. Для современного российского театра существование настоящей труппы, объединенной общими идеями, целями, духом – большая редкость, считает Бояков. Присутствие талантливых, блестящих актеров в театре совсем не гарантирует образование полноценного коллектива. «Это явление связано не с артистами, а с режиссерами, лидерами, которые задают принцип».

«Это чудо – как семья, как любая команда. Она годами складывается. Но я чувствую, что у нас эти процессы идут, и безумно этому радуюсь. Если Бог даст, через два года здесь будет абсолютно другая реальность. Я вижу эти перспективы», – говорит Бояков.

В постановках нового МХАТ нередко участвуют приглашенные звезды: Дмитрий Певцов, Анна Большова, Андрей Мерзликин и другие.

«Это родные для нас люди, – объясняет Бояков, – например, Певцов, который в июне играл шесть спектаклей подряд. Они не оставили своих трудовых книжек, но эти люди входят в наш театр. Я чувствую, что и с Дусей Германовой у нас похожий процесс».

И все же, говоря о звездах, Бояков подчеркивает: «Я хочу построить театр, в которой главной звездой будет труппа».

Профиль, 9 августа 2021 г.

СЛОВА И СЛОВОСОЧЕТАНИЯ

сбавлять	[未] 放慢
репертуар	剧目
латышский	拉脱维亚的
провоцировать	[未] 挑动
драматург	剧作家
иммерсивный	沉浸式的
бродилка	冒险游戏
культуролог	文化学家，文化学者
сумбур	混乱
ноу-хау	专有技术，技术诀窍
титан	巨擘，泰斗
припеваючи	生活得很快乐，很美好
рента	租金
зубодробительный	能打掉牙齿的
новелла	短篇小说
Щелкунчик	胡桃夹子
дебютировать	[完，未] 初次登台，首次亮相
старец	老翁，长者
спонтанно	自发地，顺其自然
Пиноккио	匹诺曹
труппа	剧团
влиться	[完] 加入
закулисье	后台
солист	独奏家
тенор	男高音歌唱家
одноименный роман-антиутопии	同名反乌托邦小说
богемно-дворянский привкус	波希米亚贵族风格
сказки в шатре	帐篷里的故事
Худрук: Художественный руководитель	艺术指导，艺术总监
МХАТ: Московский художественный академический театр имени М. Горького	
	莫斯科高尔基模范艺术剧院

УПРАЖНЕНИЯ

I. Выберите правильный вариант.

1. Если с 1886 по 1893 год было продано всего 25 единиц Benz, то за 1893 год, когда _____ более дешевая модель Victoria, своих покупателей нашли 45 автомобилей.

    A) показала   B) вышла

    C) дебютировала   D) выступила

2. Племянница мужчины уточнила, что со времен службы в армии у него не работает правая рука, и поэтому она не могла быть _____ для самозащиты.

    A) задействована   B) задействовать

    C) использована   D) использовать

3. Документ был закончен в марте текущего года, но правительство _____ его публикацию, ранее назначенную на 28 октября.

    A) затягивало   B) затянуло

    C) откладывало   D) отложило

4. По данным института Гутмахера, это связано с тем, что во всем мире каждая вторая нежелательная беременность _____, и запрет абортов приводит лишь к росту подпольных операций, которые чреваты серьезными осложнениями: ежегодно от них погибает 30 тысяч женщин.

    A) прервется   B) прерывается

    C) перестанет   D) перестает

5. Теперь мы должны продолжать двигаться вперед и усердно работать над тем, _____ ничего подобного больше не повторилось, – сказано в заявлении.

    A) чтобы   B) как

    C) что   D) когда

II. Переведите следующие предложения на китайский язык.

1. По его словам, театр не намерен сбавлять темп, взятый в предыдущем сезоне, когда было представлено 15 премьер. Кроме того, МХАТ покажет несколько давно обещанных спектаклей, работа над которыми прерывалась из-за пандемии.

2. «Новая постановка рассчитана на то, что вы должны очень хорошо знать «Три сестры» Чехова, и даже не только пьесу, а классический спектакль Немировича-Данченко, – комментирует Бояков, – в пьесе мы оказываемся в 1930-х и видим

героиню Чехова, некогда молодую Наташу. Что происходит с ней и с другими героями пьесы, вы узнаете из спектакля».

3. Говоря о том, как формируется репертуар театра, Эдуард Бояков заметил: «Должен быть мудрый подход. Безусловно, необходимо планировать какие-то вещи – и сейчас мы уже обсуждаем некоторые проекты 2023 и даже 2024 года, – но при этом параллельно должна быть возможность сделать что-то если не буквально завтра, то по крайней мере очень быстро и спонтанно».

4. Одной из самых главных задач ближайшего будущего МХАТ худрук называет формирование труппы. Для современного российского театра существование настоящей труппы, объединенной общими идеями, целями, духом – большая редкость, считает Бояков. Присутствие талантливых, блестящих актеров в театре совсем не гарантирует образование полноценного коллектива. «Это явление связано не с артистами, а с режиссерами, лидерами, которые задают принцип».

5. «Это чудо – как семья, как любая команда. Она годами складывается. Но я чувствую, что у нас эти процессы идут, и безумно этому радуюсь. Если Бог даст, через два года здесь будет абсолютно другая реальность. Я вижу эти перспективы», – говорит Бояков.

III. Ответьте на вопросы по тексту.

1. Какое отношение к будущему сезону в МХАТ?
2. Какая первая среди знаковых премьер нового сезона худрук МХАТ?
3. Кто ставит спектакль «Женщинах Есенина»? Кто он такой?
4. Какую пьесу написал журналист и культуролог Соломон Волков? О чем говорит эта пьеса?
5. Что вы знаете о спектакле «На дне»?
6. Какие спектакли для детей часто показываются в МАХТ?

IV. Вопросы для обсуждения.

1. Сколько спектаклей будет ставить в новом сезоне? Расскажите о них? Какой спектакль вам больше понравился? Почему?
2. Что является одной из самых главных задач ближайшего будущего МХАТ? Почему?

ГЛАВА XI МЕЖДУНАРОДНЫЕ СОБЫТИЯ

11.1 Выбор президентов: чем Путин и Байден обнадежили мировое сообщество

Лидеры России и США анонсировали практические шаги после саммита на ближайшие месяцы.

Саммит президентов России и США, продолжавшийся чуть менее четырех часов, закончился лучше, чем ему предрекали. Подписано совместное коммюнике по стратегической стабильности, послы обеих стран в ближайшие дни возвращаются для работы над двусторонними отношениями, в течение следующих шести месяцев МИД РФ и Госдеп должны найти компромисс по возвращению заключенных из тюрем, а экспертная группа соберется по вопросам кибербезопасности. Позитивный тон переговоров отметили и Владимир Путин, и Джо Байден. Российский лидер назвал доверие между двумя странами несемейным, хотя «его зарницы» все же промелькнули, считает он. А хозяин Белого дома напомнил, что ситуации, когда два президента более двух часов общались тет-а-тет без помощников, дипломатов, военных, еще не было. Практические итоги встречи можно будет увидеть уже в ближайшие месяцы – на это надеются и главы двух государств. «Известия» следили за происходящим из Женевы.

По протоколу и без

Центр Женевы 16 июня затих: в преддверии долгожданной встречи Владимира Путина и Джо Байдена швейцарские силовики перекрыли всю территорию, прилегающую к вилле Ла-Гранж. Поэтому привычки местных жителей – пробежка по набережной или купание в еще прохладной воде Женевского озера – превратились в этот день в невыполнимую задачу. Единственным, что нарушало полную тишину, был грандиозный фонтан Же-До, который в течение предыдущих дней обретал цвета флагов двух стран.

Само место переговоров вызывало исключительно положительные эмоции. Неброская приозерная усадьба расположена на небольшом холме в центре парка, в котором, кстати, можно было даже обнаружить клумбу с русскими огурцами. К слову, американских овощей обнаружить не удалось. Повсеместная зелень, жаркая солнечная погода и кваканье местных лягушек задали тон умеренно дружелюбной атмосфере саммита.

Первым к вилле подъехал кортеж президента Швейцарии Ги Пармелена, который на крыльце поместья XVIII века ожидал своих гостей. Вначале – практически по расписанию, около 13:00 – на место прибыл Владимир Путин. Следом до Ла-Гранж добрался и его американский коллега Джо Байден, который по каким-то причинам некоторое время после приезда не выходил из лимузина.

После прибытия двух лидеров состоялась протокольная фотосессия у входа в виллу с традиционным рукопожатием. По ее завершении представители американской прессы, по всей видимости, решили не словом, а делом доказать свою напористость, попытавшись попасть на начало переговоров в узком составе. В итоге практически всех швейцарцы вывели за дверь.

Саммит продлился 3 часа 57 минут: сначала в узком составе, потом в расширенном. Помимо главы МИД РФ Сергея Лаврова, в состав российской делегации вошли посол России в США Анатолий Антонов, начальник Генштаба Валерий Герасимов, замглавы внешнеполитического ведомства Сергей Рябков, пресс-секретарь Владимира Путина Дмитрий Песков, помощник президента РФ Юрий Ушаков, замглавы администрации президента Дмитрий Козак и спецпредставитель главы государства по Сирии Александр Лаврентьев.

Но самыми важными часами стала встреча президентов тет-а-тет. Как отметил Владимир Путин уже по ее итогам, не со всеми президентами можно общаться в таком формате. Уникальность ситуации отметил и Джо Байден, который не смог припомнить, чтобы когда-то такое вообще происходило.

С подачи американской стороны было решено провести две отдельные пресс-конференции – чтобы, по словам Джо Байдена, ответы на вопросы не превратились в соревнование, кто лучше выступит перед прессой.

Вопреки традиционной форме, когда лидерам задают по два заранее согласованных вопроса, и Владимир Путин, и Джо Байден ответили на более чем 10 обращений, которые порой дублировали друг друга. Стоит отметить, что американские журналисты с легкостью попали на пресс-конференцию российского президента, а вот российским СМИ к Джо Байдену вход был воспрещен.

«Дух 1985-го»

Одним из главных итогов стало совместное заявление двух президентов по стратегической стабильности. Его опубликовали еще до того, как Владимир Путин закончил отвечать на вопросы журналистов. В небольшом тексте из трех абзацев российский и американский лидеры заявили о приверженности принципу, «согласно которому в ядерной войне не может быть победителей и она никогда не должна быть развязана».

Интересно, что впервые этот принцип был озвучен 36 лет назад именно в Женеве – после первой встречи советского и американского лидеров Михаила Горбачева и Рональда Рейгана. О ней в последние дни вспоминали часто: и потому, что для Швейцарии встреча Владимира Путина и Джо Байдена – первый с 1985 года российско-американский саммит, и потому, что он проложил дорогу к окончанию холодной войны, и потому, что именно тогда стартовала работа по контролю над вооружениями.

36 лет назад Москва и Вашингтон признали: важно предотвратить любое вооруженное противостояние и отказаться от военного превосходства друг над другом. По словам Джо Байдена, во время встречи 16 июня он увидел, что никто из сторон не хочет второй холодной войны.

Подспорьем для нынешнего заявления лидеров двух стран послужили наработки предыдущих лет, а именно договор о СНВ, единственный документ, который остался от всех предыдущих договоренностей по контролю над вооружениями. В феврале 2021 года Россия и США продлили его на максимально возможный срок в пять лет и таким образом выиграли время, чтобы разработать новую систему в этой сфере. Как говорится в документе, в ближайшее время Россию и США ждет «предметный и энергичный» диалог по стратегической стабильности. «Посредством такого диалога мы стремимся заложить основу будущего контроля над вооружениями и мер по снижению рисков», подчеркивается в заявлении.

Отдельно зашла речь о кибербезопасности – этот вопрос очень интересовал иностранных журналистов на пресс-конференции Владимира Путина. В течение последних лет США неоднократно обвиняли Москву в кибератаках на американские госучреждения и объекты инфраструктуры. Президент РФ, отвечая на эти выпады, отметил: по данным именно американских источников, большинство кибератак в мире идут из США, Канады и Великобритании.

Москва считает кибербезопасность важнейшей сферой, и именно поэтому стороны решили начать консультации по этой теме, отметил российский лидер. Джо Байден, в свою очередь, сообщил, что Штаты передали России список из 16 секторов инфраструктуры, которые ни в коем случае не должны подвергаться кибератакам. Решением этого вопроса займутся американские и российские эксперты, подчеркнул президент США.

Символическое значение

Еще одним практическим итогом стало решение вернуть в столицы послов России и США, которые на фоне дипломатического обострения были отозваны для консультаций еще в марте 2021 года. Как рассказали «Известиям» источники, представитель РФ Анатолий Антонов, скорее всего, вернется в Вашингтон в ближайшие дни.

По оценке директора Центра военно-политического анализа в Институте Хадсона Ричарда Вайца, это решение имеет символическое значение. Если после этого в дипмиссии вернется часть дипломатических работников, это упростит выдачу виз, отметил в беседе с «Известиями» эксперт.

Однако если обмен послами считался одним из наиболее очевидных практических исходов саммита, то с другой проблемой – обменом заключенных в США и РФ – ясности не было вплоть до итоговых пресс-конференций. Так, Владимир Путин, отвечая на вопрос корреспондента «Известий» Дмитрия Лару о том, затрагивался ли этот вопрос на встрече и могут ли заключенные в Штатах граждане РФ вернуться на родину, заявил, что здесь стороны могут пойти друг другу навстречу.

– Мы говорили об этом, президент Байден поднял этот вопрос применительно к американским гражданам, находящимся в местах лишения свободы в РФ. Мы это пообсуждали, там могут быть найдены определенные компромиссы. МИД России и Госдеп США поработают в этом направлении, – ответил российский лидер.

Одним из самых известных россиян, сидящих в американских тюрьмах по надуманным обвинениям, является летчик Константин Ярошенко. Спецслужбы США похитили его в Либерии в 2010 году, позднее обвинив его в намерении перевезти большую партию кокаина в Америку. В Штатах его приговорили к 20 годам тюрьмы. Накануне саммита супруга россиянина Виктория обратилась к Джо Байдену с просьбой о помиловании.

– Надежда появилась, конечно, после этого заявления нашего президента. Теперь ждем этих подвижек. И очень хочется верить, что ждать надо будет недолго! Как сказал Сергей Рябков (замглавы МИД РФ. – «Известия»): «Мы можем это решить на раз». Хотелось бы, чтобы так и было! – заявила «Известиям» Виктория Ярошенко.

Еще один гражданин РФ, за чье возвращение борется Москва, – Виктор Бут, экстрадированный из Таиланда в 2010 году и осужденный в США на 25 лет за незаконную торговлю оружием. Ранее его включали в список тех, на кого Россия готова обменять американских граждан. При этом до сих пор остается открытым вопрос, как будет происходить этот обмен: в соответствии с Конвенцией Совета Европы о передаче заключенных или за счет помилования президентами обеих стран.

Джо Байден, комментируя этот вопрос, заметил, что подвижки могут произойти в течение следующих шести месяцев. С американской стороны он имел в виду заключенных в России Пола Уилана, осужденного за шпионаж на 16 лет колонии, и Тревора Рида, приговоренного к девяти годам за нападение на полицейского. Он также упомянул ситуацию с международным инвестором Майклом Калви, привязав ее к состоянию инвестиционного климата в России.

При этом президент США отметил, что Вашингтон заинтересован в процветании российского народа, и рассказал о желании Штатов активизировать торговлю с Россией.

Американский вопрос

Самый часто задаваемый вопрос от американских СМИ в этот день касался ситуации вокруг Алексея Навального, который отбывает срок в колонии; иностранные журналисты задавали его в разных формулировках по меньшей мере пять раз.

По словам Владимира Путина, осужденный блогер сознательно нарушал закон и вернулся в Россию с полным пониманием того, что он будет задержан на ее территории.

– По поводу нашей несистемной оппозиции и гражданина, которого вы упомянули. Человек этот знал, что нарушает действующий в России закон, он обязан был отмечаться, как лицо, дважды осужденное к условной мере наказания. Сознательно, хочу это подчеркнуть, игнорируя это требование закона, этот господин выехал за границу на лечение, – сказал глава РФ, отметив, что пока Навальный находился в Германии, российские органы регистрации от него не требовали.

Требование возникло, когда блогер вышел из больницы. Выполнено оно не было, и его объявили в розыск.

– Зная об этом, он приехал, – сказал президент. – Исхожу из того, что сознательно шел на то, чтобы быть задержанным. Сделал то, что хотел, так что о чем тут можно говорить.

Эта тема прозвучала и на пресс-конференции Джо Байдена. Его, в частности, спросили, что будут делать Штаты, если Алексей Навальный умрет в тюрьме. Американский президент называть конкретные шаги не стал. Он лишь сказал, что смерть россиянина стала бы «трагедией» и она навредит отношениям России с остальным миром, в том числе и с США.

Были затронуты и темы совместных действий в Арктике. Оба президента сошлись во мнении, что это регион, где должен быть задействован механизм сотрудничества, а не конфронтации. При этом Москва сейчас занимается восстановление разрушенной инфраструктуры в Арктике. Что же касается ситуации с проходом во внутренних водах России в этом регионе – это суверенное право страны, которым она, кстати, никогда не злоупотребляла. Обсуждались и региональные вопросы, в частности Украина, которой, кстати, было уделено неожиданно мало времени, ситуация в Афганистане и вывод оттуда американских войск и ядерная сделка с Ираном, где, кажется, тоже есть проблески взаимопонимания.

В завершающем вопросе канадская журналистка попросила Владимира Путина объяснить на языке ее девятилетней дочери значение встречи для мира. Президент России с удовольствием ответил, что главы двух мировых ядерных держав пытаются сделать этот мир безопасным для всех жителей планеты, обсуждая вопросы ограничения оружия, защиты окружающей среды и здравоохранения. Кажется, диалог с глазу на глаз, и правда, оказался полезным для каждой из сторон. И хотя прошел он без семейного доверия, но с иллюзией на его зарождение.

Известия Четверг, 17 июня 2021 г.

СЛОВА И СЛОВОСОЧЕТАНИЯ

обнадежить	[完]使相信能如所愿
анонсировать	[完，未]宣布
предрекать	[未]预示
коммюнике	[中，不变]公报
компромисс	互让，折衷
кибербезопасность	[阴]计算机安全
зарница	启明星
промелькнуть	[完]闪现
тет-а-тет	俩人单独见面
прилегать	[未]邻接
вилла	别墅
обретать	[未]找到，得到
обнаружить	[完]使显露
клумба	花坛
кваканье	（青蛙）呱呱的叫声
кортеж	队列
поместье	庄园
лимузин	高级轿车
протокольный	礼节性的
фотосессия	拍照环节
напористость	[阴]坚决
дублировать	[未]仿效
приверженность	[阴]尊崇
развязать	[完]发动
предотвратить	[完]及时防止
подспорье	助力
кибератак	计算机攻击，网络攻击
применительно	针对……的情况
спецслужба	情报机关
похитить	[完]窃去
кокаин	可卡因,古柯碱（可做局部麻醉剂）
помилование	特赦令

экстрадировать	[完, 未] 引渡
формулировка	措辞
игнорировать	[完, 未] 忽视
розыск	调查
конфронтация	冲突
суверенный	主权的
задать тон	定调
СНВ: стратегические наступательные вооружения	战略进攻武器

УПРАЖНЕНИЯ

I. Выберите правильный вариант.

1. Учение Аристотеля о месте представляло собой конкретизацию теории континуума применительно _____.

   A) проблемы пространства   B) к проблеме пространства
   C) по проблеме пространства   D) о проблеме пространства

2. Мне оказалось достаточно провести три дня среди эмерслейкеров, понять суть проблемы и найти способ изящно обойти ее на вираже..

   A) чтобы   B) что
   C) как   D) будто

3. Можем сойтись _____, _____ разойтись, нормально.

   A) со мнениями; в чем-то   B) во мнениях; с чем-то
   C) со мнениями; с чем-то   D) во мнениях; в чем-то

4. _____ врачи погрузили пострадавшего на носилки быстро.

   A) Вопреки ожиданиям   B) За ожидания
   C) На ожидания   D) Из ожиданий

5. Если же он уступал право первого хода другим, то это означало, что данный вопрос казался ему не столь существенным, чтобы _____ тон обсуждению.

   A) подавать   B) выдавать
   C) задавать   D) отдавать

II. Переведите следующие предложения на китайский язык.

1. Позитивный тон переговоров отметили и Владимир Путин, и Джо Байден. Российский лидер назвал доверие между двумя странами несемейным, хотя «его

зарницы» все же промелькнули, считает он. А хозяин Белого дома напомнил, что ситуации, когда два президента более двух часов общались тет-а-тет без помощников, дипломатов, военных, еще не было.

2. Само место переговоров вызывало исключительно положительные эмоции. Неброская приозерная усадьба расположена на небольшом холме в центре парка, в котором, кстати, можно было даже обнаружить клумбу с русскими огурцами.

3. С подачи американской стороны было решено провести две отдельные пресс-конференции – чтобы, по словам Джо Байдена, ответы на вопросы не превратились в соревнование, кто лучше выступит перед прессой.

4. Мы говорили об этом, президент Байден поднял этот вопрос применительно к американским гражданам, находящимся в местах лишения свободы в РФ. Мы это пообсуждали, там могут быть найдены определенные компромиссы.

5. В завершающем вопросе канадская журналистка попросила Владимира Путина объяснить на языке ее девятилетней дочери значение встречи для мира. Президент России с удовольствием ответил, что главы двух мировых ядерных держав пытаются сделать этот мир безопасным для всех жителей планеты, обсуждая вопросы ограничения оружия, защиты окружающей среды и здравоохранения.

III. Ответьте на вопросы по тексту.

1. Сколько времени продолжался саммит президентов России и США?
2. Кто присутствовал на саммите?
3. Какая часть саммита является самой важной? Почему?
4. Что случилось 36 лет назад?
5. Почему решение вернуть в столицы послов России и США имеет символическое значение?
6. Что вы знаете о летчике Константине Ярошенко?
7. В каком мнении об Арктике сошлись оба президента?

IV. Вопросы для обсуждения.

1. Что вы знаете о российско-американском саммите 1985 года?
2. Что вы знаете о кибератаках между странами в современном мире? Приведите примеры.

11.2 Фрау-эффект: о чем Меркель три часа говорила с президентом РФ

И почему визит уходящего канцлера был важен для двусторонних отношений

20 августа канцлер ФРГ Ангела Меркель приехала в Москву со своим последним официальным визитом в РФ. В ходе встречи в Кремле политики обсудили текущую ситуацию в Афганистане. На фоне провального ухода военных США и их союзников из этой страны Владимир Путин напомнил об угрозах, которые несут в себе попытки экспорта демократических ценностей без учета местных обычаев. Беседа политиков не обошлась и без обсуждения «Северного потока – 2» (СП-2).

До свидания, госпожа Меркель

В пятницу Ангела Меркель в последний раз посетила Россию в качестве главы правительства Германии. Спустя почти 16 лет непрерывного правления ФРГ тефлоновый канцлер все же решила в возрасте 67 покинуть большую политику. Несмотря на то что до очередных парламентских выборов в Германии остается чуть больше месяца (голосование состоится 26 сентября), она продолжает вести активную деятельность на дипломатическом поприще.

Свой «прощальный» визит Ангела Меркель начала с возложения венка к Могиле Неизвестного Солдата. После памятной церемонии глава немецкого правительства отправилась в Кремль, где ее с букетом цветов ожидал Владимир Путин. Во время открытой части переговоров царила дружественная атмосфера, которую не нарушил даже телефон госпожи Меркель, зазвонивший в самом разгаре беседы.

– А сейчас хотел бы отметить, что Федеративная Республика остается одним из основных партнеров для нас и в Европе, и в мире в целом, в том числе и благодаря вашим усилиям на протяжении предыдущих 16 лет в качестве федерального канцлера, – сделал комплимент российский лидер.

Ангела Меркель, в свою очередь, поддержала тон беседы, назвав президента РФ дорогим Владимиром и обращаясь к нему на ты.

– Несмотря на то что у нас есть разногласия во мнениях, я думаю, это хорошо, что мы говорим друг с другом, и мы намерены и дальше поддерживать контакт и говорить друг с другом, – подчеркнула она.

Владимир Путин и Ангела Меркель – политические тяжеловесы, которые на протяжении многих лет не отказывались от взаимного диалога даже в моменты, когда складывалось впечатление, что отношения России и коллективного Запада заходят в тупик. При этом возможность общаться без переводчика – на русском или немецком языках – всегда способствовала налаживанию весьма открытых отношений между политиками. Российский лидер несколько лет назад даже рассказал о том, как Ангела Меркель иногда присылает ему в подарок местное пиво. Во время недавнего общения со СМИ Владимир Путин и вовсе заметил, что будет скучать по коллеге после ее ухода с поста.

Об Афганистане

Российско-немецкие переговоры в Кремле продлились около трех часов. Обе страны – ключевые игроки на мировой арене, которые вовлечены в урегулирование многих региональных проблем. На этом фоне неудивительно, что в центре внимания беседы двух лидеров оказались именно вопросы международной повестки. В частности, политики обсудили ситуацию в Афганистане, который после ухода из страны США и их союзников, вновь перешел под контроль «Талибана» (запрещенная в РФ организация).

– Это реалии, и именно из этих реалий нужно исходить, не допуская, безусловно, развала афганского государства, – заявил на итоговой пресс-конференции Владимир Путин. – Нужно прекратить безответственную политику по навязыванию извне чьих-то сторонних ценностей, стремления строить в других странах демократии по чужим «лекалам», не учитывая ни исторические, ни национальные, ни религиозные особенности, полностью игнорируя традиции, по которым живут другие народы.

Глава РФ напомнил, что талибы уже объявили о завершении боевых действий и приступили к наведению общественного порядка. При этом они дали гарантии насчет безопасности местных жителей и иностранных дипмиссий. Владимир Путин выразил надежду, что талибы сдержат слово. Вместе с тем российский лидер заявил о необходимости «не допустить проникновения террористов всех мастей на территории сопредельных с Афганистаном государств, в том числе под видом беженцев».

– Афганистан – важная тема для переговоров, так как страной сейчас руководит запрещенная террористическая организация. В том числе талибы владеют оружием и складами боеприпасов, оставленными странами НАТО, – отметил в беседе с «Известиями» депутат бундестага Вальдемар Гердт. – Надо понимать, что ситуация в сфере безопасности может ухудшиться. А это негативно повлияет прежде всего на приграничные с этим государством страны.

Ангела Меркель тем временем заявила о необходимости помочь афганцам, которые сотрудничали с немецкими вооруженными силами и чья жизнь сейчас находится под угрозой. По ее словам, ФРГ готова предоставить им убежище. Канцлер попросила российскую сторону обсудить с представителями движения «Талибан» вопросы обеспечения гуманитарной помощи со стороны организации ООН в Афганистане.

О коррупции и «бизнес-проектах»

Иностранные журналисты вполне ожидаемо задали канцлеру ФРГ и вопрос о дальнейшей судьбе Алексея Навального. Глава немецкого правительства назвала приговор блогеру неприемлемым и заявила, что во время беседы с Владимиром Путиным потребовала освобождения осужденного.

Навальный был осужден за криминальное правонарушение в отношении иностранных партнеров, а не за свою политическую деятельность, напомнил президент РФ, отвечая на этот вопрос.

– Никому не следует прикрываться политической деятельностью для осуществления бизнес-проектов, тем более с нарушением закона, – подчеркнул он.

Напомнил Владимир Путин и о том, как к несистемной оппозиции относятся на Западе.

– Я что-то не вижу, чтобы в западных странах, в Европе и США, достаточно вспомнить движение Occupy Wall Street или движение «желтых жилетов» во Франции, чтобы этих людей особенно поддерживали при продвижении их, скажем, в представительные органы власти, в том числе в парламент, – заметил президент РФ. – Более того, когда люди вошли в конгресс после известных выборов в США с политическими требованиями, против них возбудили свыше 100 уголовных дел.

Борьба с коррупцией – очень важная вещь, подчеркнул Владимир Путин. Однако она не должна использоваться как инструмент политической борьбы, уверен он.

Надо обсуждать

Еще одной темой разговора политиков стал «Северный поток – 2». Президент РФ напомнил, что до завершения строительства газопровода осталось 15 км по морю. При этом, по его словам, Ангела Меркель во время переговоров о проекте всегда ставила вопрос о продолжении транзита газа через Украину. Российский лидер подчеркнул: РФ выполнит все свои обязательства по транзитному контракту с Киевом и не откажется от них даже после того, как канцлер ФРГ сложит полномочия.

Кроме того, РФ готова и после 2024-го поставлять газ через территорию Украины. Однако для этого нужно получить ответ от европейских партнеров, сколько они готовы закупать.

— С учетом зеленой повестки в Европе у нас возникает вопрос, а будут ли они вообще закупать газ. Это надо обсуждать, — отметил Владимир Путин.

При этом в настоящий момент более надежного энергетического источника, чем российский газ, у немецких и европейских потребителей нет, добавил президент.

— Немецкий бизнес в России надеется, что и вторая ветка трубопровода станет объединяющим звеном между Россией и Германией и не приведет к спорам в будущем, — заявил «Известиям» председатель правления Российско-Германской внешнеторговой палаты (ВТП) Маттиас Шепп.

Глава ВТП Райнер Зеле в разговоре с «Известиями» подчеркнул, что теперь крайне важно в сфере возобновляемых источников энергии продолжить то энергетическое партнерство России и Германии, которое в течение десятилетий с успехом развивалось в области нефти и газа. По его словам, СП-2 дает наилучшие возможности для будущего, в том числе и с учетом возможной транспортировки водорода.

Известия Пятница, 20 августа 2021 г.

СЛОВА И СЛОВОСОЧЕТАНИЯ

канцлер	（德、奥帝国和现在联邦德国的）首相
поприще	领域，舞台
разгар	高潮
комплимент	恭维话
разногласие	意见分歧
тяжеловес	重量级人物
налаживание	建立
вовлечь	[完]引入
повестка	议程
развал	倒塌

ГЛАВА XI   МЕЖДУНАРОДНЫЕ СОБЫТИЯ

извне	从表面上
лекало	模型
дипмиссия	外交使团
сопредельный	接壤的
боеприпас	弹药
приграничный	沿边境的
убежище	避难所
коррупция	腐败
блогер	博主
неприемлемый	不能接受的
криминальный	刑事的
правонарушение	违法，犯罪
Северный поток – 2	北溪二号
ФРГ: Федеративная Республика Германии	德意志联邦共和国
NATO: Организация Североатлантического договора	北大西洋条约组织
МГИМО: Московский государственный институт международных отношений	莫斯科国际关系学院

УПРАЖНЕНИЯ

I. Выберите правильный вариант.

1. Для размещения семей военнослужащих было решено приступить _____.

   A) устройства общежитий   B) устройству общежитий
   C) по устройству общежитий   D) к устройству общежитий

2. Я хочу стать таким, как старые коммунисты-подпольщики, которые еще при царизме, не боясь каторги и смерти, выступали _____.

   A) за народное дело   B) народное дело
   C) перед народным делом   D) к народному делу

3. Вопрос о том, с какого возраста стоит _____ ребенка к компьютеру, до сих пор открыт.

   A) пропускать   B) допускать   C) опускать   D) выпускать

4. Полицейские органы, в том числе и политическая полиция, _____ деятельность в области внутренних дел государства.

   A) оказывают   B) делают   C) водят   D) ведут

201

5. Было трудно поверить, что кто-то мог целенаправленно заехать в эту смертельную ловушку, _____ днем, при ярком солнечном свете.

 A) тем не менее   B) более или менее

 C) тем более   D) более чем

II. Переведите следующие предложения на китайский язык.

1. 20 августа канцлер ФРГ Ангела Меркель приехала в Москву со своим последним официальным визитом в РФ. В ходе встречи в Кремле политики обсудили текущую ситуацию в Афганистане.

2. В пятницу Ангела Меркель в последний раз посетила Россию в качестве главы правительства Германии. Спустя почти 16 лет непрерывного правления ФРГ тефлоновый канцлер все же решила в возрасте 67 покинуть большую политику.

3. Владимир Путин и Ангела Меркель – политические тяжеловесы, которые на протяжении многих лет не отказывались от взаимного диалога даже в моменты, когда складывалось впечатление, что отношения России и коллективного Запада заходят в тупик.

4. Глава РФ напомнил, что талибы уже объявили о завершении боевых действий и приступили к наведению общественного порядка. При этом они дали гарантии насчет безопасности местных жителей и иностранных дипмиссий.

5. Еще одной темой разговора политиков стал «Северный поток – 2». Президент РФ напомнил, что до завершения строительства газопровода осталось 15 км по морю. При этом, по его словам, Ангела Меркель во время переговоров о проекте всегда ставила вопрос о продолжении транзита газа через Украину.

III. Ответьте на вопросы по тексту.

1. С чего начался визит Ангелы Меркель в РФ?

2. Как проходила открытая часть переговоров?

3. Как Ангела Меркель относится к афганцам?

4. Как Ангела Меркель думает о приговоре Алексею Навальному?

5. Сколько осталось до завершения проекта «Северный поток – 2»?

IV. Вопросы для обсуждения.

1. Что вы знаете об Ангеле Меркель?

2. Как вы думаете, какие возможности Северный поток – 2 дает для будущего России и Германии?

ГЛАВА XII ВОЕННОЕ СТРОИТЕЛЬСТВО

12.1 Вооруженные Силы России сделали огромный рывок в развитии

Реализация кардинальных мер по военной реформе позволила по ряду направлений обогнать самые сильные армии мира и надежно гарантировать безопасность Отечества.

Министр обороны Российской Федерации генерал армии Сергей Шойгу в рамках просветительского онлайн-марафона «Новое знание» рассказал о кардинальных переменах в Вооруженных Силах РФ, о результатах разработки и внедрения в армии и на флоте современных инновационных решений, поделился мнением о перспективах их применения в гражданской сфере, коснулся темы деятельности Русского географического общества по всемерному сохранению и расширению историко-географических познаний о нашей необъятной Родине.

– Сергей Кужугетович, сейчас возрождается общество «Знание». Мы все прекрасно помним еще советское общество с таким названием, издательство… И все же современное общество «Знание» – это современная наука, медицина. Чем армия может быть полезна этому обществу?

– Я бы не стал разделять – отдельно общество «Знание», отдельно армия. Это вещь всеобъемлющая, всепоглощающая. Если говорить об армии, то я просто расскажу, что делается для повышения ее дееспособности, для продвижения военной науки. И не только военной. Науки, связанной с созданием нового оружия. Что вообще сделано за последнее время для того, чтобы наша армия была современной во всех смыслах этого слова.

Сделан огромный рывок. Он, кстати сказать, начался по историческим меркам не так давно. Когда пришло осознание того, что необходимо принимать кардинальные меры и была принята большая программа по реформе нашей армии.

Если помните, на одной из встреч нашего Верховного Главнокомандующего с моряками после трагедии с подводной лодкой «Курск» он сказал, что здесь, с этой трибуны, он обещает сделать все, что в его силах, чтобы армия была другой, современной.

Сегодня, если говорить о Стратегических ядерных силах, мы имеем уровень современности 86 процентов. Такого уровня не имеет ни одна армия мира. Это очень высокий показатель. Если говорить об остальных видах Вооруженных Сил, то практически везде в целом уровень современности – выше 70 процентов. И этот показатель продолжает увеличиваться. За счет того, что наша промышленность встала на достаточно надежные, основательные рельсы.

Все это шло за счет программного, планового подхода. Конечно, было огромное количество сложностей, трудностей. Никто не мог ответить, а что же делать? И тогда эта программа начала отвечать на первый вопрос: каким образом сделать так, чтобы деньги, которые появились, тратились рационально, рачительно и с максимальной эффективностью.

Многое нужно было сделать. В том числе людям разных профессий. Выстроить систему военной приемки. Она на тот момент была практически полностью ликвидирована как орган, который должен контролировать качество оружия. Многое нужно было сделать для того, чтобы установить контроль за финансами. И тогда была создана система, которая позволяет сегодня очень жестко контролировать выполнение государственного оборонного заказа, жестко контролировать финансовые средства.

Сегодня наша система в части финансового контроля позволяет контролировать до трети уровня кооперации. Есть головное предприятие, конструкторское бюро, которое занимается разработкой техники, а дальше идут те, кто комплектует. Если есть желание, можно и дальше пойти – до пятого и шестого уровней кооперации, но я думаю, что доходить «до болтов» не следует. Я понимаю, что у каждого предприятия есть свои нужды: и жилье надо приобрести, и детский сад построить. Много чего... Но все это не должно решаться за счет государственного оборонного заказа.

В целом эта система – одна из частей системы управления обороной Российской Федерации. Собственно, началось все с создания Национального центра управления обороной Российской Федерации. Это было создано, построено за 333 дня. Это то, что позволяет нам максимально эффективно управлять всеми ресурсами. Я считаю, что это самая эффективная система управления.

Система управления, которая предполагает не только большие знания, но и концентрацию всего накопленного до этого опыта. А следовательно, должен быть очень большой массив информации, которая одномоментно, единовременно обрабатывается и позволяет вырабатывать единственно верное и правильное решение. Для этого нужна супермашина (которая, как вы понимаете, тоже есть), нужен огромный объем программного продукта.

Здесь появилась необходимость в наших молодых ребятах, программистах. Они были собраны и объединены.

Было время, когда максимальное количество тех, кто работал над созданием программного продукта для Национального центра управления, а это основной инструмент управления, доходило до 2,5 тысячи программистов. Они писали и делали программы.

Это позволяет нам сегодня предельно эффективно управлять всем хозяйством, потому что сам по себе центр состоит из крупных блоков. Это Центр повседневного управления и Центр боевого управления. Мы можем сделать отдельную лекцию для общества «Знание» по системам управления в Вооруженных Силах. Оно, кстати сказать, должно быть, на наш взгляд, применено и в гражданской сфере, в управлении субъектами Российской Федерации.

Сегодня созданы простые вещи, например для сельского хозяйства, когда можно сделать спутниковые снимки посевов и определить урожайность. Есть и другие спутниковые системы, которые в состоянии определить урожайность и на конкретном гектаре, и по всей стране... Это может быть применено для гражданской сферы.

Или аэрофотосъемка, допустим, при помощи тепловизора тепловых сетей больших городов, мегаполисов. Для того чтобы понять качество состояния сетей по завершении отопительного сезона. Это то, что может быть взято из нашей военной управленческой системы.

Я спрашиваю некоторых губернаторов – вы знаете, сколько вы потребляете тепла и энергии? Вы не назовете ни одного города, в котором мэр скажет, сколько за день потребили электроэнергии, воды, тепла, газа. А мы не просто с ходу можем назвать, но и на каждый час, сколько потребили Вооруженные Силы.

Это современные системы управления. Когда мы поняли, что мы имеем во всех Вооруженных Силах, на флотах, всего 2,4 процента от необходимого количества приборов учета, стало понятно, что эту задачу надо решать. И решать достаточно энергично. И мы практически за год установили все приборы учета – почти 120 тысяч. Это газ, электричество, вода, тепловая энергия. Эффект не заставил себя долго ждать – 3,5 млрд рублей экономии. Мы перестали относиться к, казалось бы, мелочам без должного внимания. Все мелочи учитываются, и это естественным образом влияет на качество службы.

Вы видите, что у нас войска переодеты, переобуты. Мы ушли от шинелей, от портянок, ушли от сапог и подворотничков. Душевые кабины – отдельная история. Первый вопрос, который ошарашивал сразу, – сколько раз вы ходите в душ? Минимум раз в сутки – утром или вечером. Или дважды, если был трудный день. Тогда почему все остальные должны ходить в баню один раз в семь дней?

Мы поставили за полгода 14 900 душевых кабин во всех казармах, во всех гарнизонах. Дальше – больше. Приобрели и поставили во все казармы пылесосы. Сегодня уборка – это одна из технологических операций, которая необходима в любом доме. И она стала не какой-то унизительной процедурой, а совершенно естественной вещью для дежурных. Кстати, по большей части это все происходит по аутсорсингу.

Я привожу только простые примеры, которые лежат на поверхности. Задавая самим себе, казалось бы, простые, житейские вопросы, начиная на них отвечать, начинаются поиски не просто новых элементов управления, а поиск целых новых координатных систем управленческой науки.

Пришло осознание того, что необходимо принимать кардинальные меры, и была принята большая программа по реформе нашей армии.

Коль скоро мы говорим об обществе «Знание», важно понимать, насколько эффективно мы используем знания. Мы здесь, в Министерстве обороны, задали себе этот вопрос. Это, безусловно, тоже можно подсчитать.

Когда вы берете и определяете количество призывников с высшим образованием. Их процент растет. Но другое дело, как мы их используем. Когда вы понимаете, что мы человека с неоконченным средним образованием используем так же, как человека с высшим университетским образованием, то становится понятно, что это крайне неэффективно. Мы для чего его призвали – чтобы обучить ползать по полигону и стрелять из автомата? Или мы все-таки хотим с учетом его высшего образования получить из него человека, который будет обслуживать сложные системы?

Таким образом появилась идея, и сегодня она довольно хорошо прижилась в Вооруженных Силах, это создание научных рот. Мы на сегодня создали уже 18 научных рот. Для того чтобы попасть туда служить, конкурс – 25 человек на место.

– Серьезнее, чем конкурс в самые престижные вузы в стране…

– И не только в нашей стране. Вообще трудно найти службу, куда будет такой конкурс. А тут – срочная служба…

Мы, конечно, ушли от этого, когда поняли, что это крайне востребовано. Скажу, может быть, крамольную вещь – во многом мы увидели это, когда пришло понимание, что этих людей надо использовать максимально. В данном случае я бы не хотел, конечно, сравнивать это все. Но подход примерно такой же – максимально эффективное использование тех знаний и того опыта, который эти ребята приобрели. Сегодня это десятки изобретений с патентами. Причем изобретений внедренных. Это огромное количество программного продукта, который делают эти научные роты, и который, естественно, используется у нас на направлении и тактического звена, и на других направлениях.

Конечно, здесь мы должны говорить не только о тех, кого мы призываем после университетов. Но и о тех, кого мы учим у себя. И здесь, конечно, нужна – не буду говорить новая, современная, – но эффективная система образования, которую надо выстраивать по-новому, не разрушая старое.

Нужна оптимизация, нужны новые подходы к управлению. В чем они заключаются? У нас есть возможность не только декларировать и определять узкие места, но и расшивать их. Все в наших руках. Если за забором Вооруженных Сил сегодня говорят и много обсуждают: семь учебников истории – для чего они нужны в системе образования, то мы провели конкурс и выбрали учебник истории. Мы на эту тему не спорим – у нас учебник истории понятный и ясный.

Надо преподавать то, что действительно говорит об истории нашей страны, а не разного рода домыслы и фантазии, которыми обросла историческая наука.

Дальше пошло все, что связано с созданием электронной библиотеки. Единая электронная библиотека – библиотечный фонд всех Вооруженных Сил и учебных заведений. Мы этому уделили огромное внимание, приобрели большой объем оборудования для оцифровки. А с учетом того, что у нас есть открытая часть и есть закрытая, ее надо каким-то образом сделать доступной тем, кому она должна быть доступной. А с другой стороны, чтобы это все было оперативно.

Сейчас мы находимся на стадии ухода от этих больших портфелей с учебниками и тетрадками. Занимаемся тем, чтобы у нас у всех курсантов и слушателей были ноутбуки, чтобы они могли из любой точки войти в Сеть. Во многих учебных заведениях это уже сделано. Конечно, есть сложности, есть трудности. Но все это преодолимо и решаемо.

Дальше у нас идет, естественно, дистанционное преподавание. Дальше мы идем к привлечению лучших специалистов по преподаванию. Мы, естественно, смотрим за внешним периметром и видим лучших экспертов. Их привлекаем для чтения лекций в наших высших учебных заведениях. У нас начали преподавать конструкторы самого современного оружия.

И здесь возник следующий вопрос. Вообще, вся жизнь состоит из вопросов, ответы на которые, казалось бы, лежат на поверхности. Почему мы в состоянии подготовить офицера за два года военной кафедры и за полтора месяца полевых сборов и не в состоянии за то же время подготовить рядового или сержанта, который бы мог работать на современной технике, обслуживать ее и встать в мобилизационный резерв?

Тогда мы посмотрели – а действительно, почему? Человек учится в институте, после этого он должен на год оторваться от профессии и уйти служить. Не по профессии. И после этого вернуться, может быть, утратив те возможности, которые у него были изначально после окончания высшего учебного заведения.

Президент России в одном из своих посланий дал нам поручение. Оно было отработано, и сегодня мы имеем в 109 вузах, центрах подготовки 60 тысяч человек, проходящих службу без отрыва от учебы. Главное, мы за это время подтягиваем и выбираем тех специалистов, которые в дальнейшем могут пойти на контрактную службу и служить на «Искандерах», на С-300, С-400. На сложных системах.

Конечно, очень много таких ребят, которые, обретя эту профессию, имеют возможность пойти служить на контракт. Увидев это и поняв, что это достаточно важная составляющая для военно-промышленного комплекса, когда можно пройти службу и дальше работать в ВПК, мы создали уже научно-производственные роты.

И я надеюсь, что этот наш опыт будет распространяться, потому что мы бы хотели, чтобы создание мобилизационного резерва приобрело новое качество. Это не просто те, как в советское время их называли, «партизаны», которых сняли с комбайна, сказали – вот тебе танк, будем «воевать». Сейчас нужно, чтобы этот резерв был хорошо подготовлен, обучен, чтобы мы его отмобилизовывали осознанно. Не как живую силу, когда надо сформировать полк Сухопутных войск. Нет, это тот резерв, который готов, который уже состоит из людей, профессионально подготовленных.

Здесь я перехожу к проверке всего того, что было наработано нашим военно-промышленным комплексом за это время, военной наукой. Где можно еще проверить оружие? На войне. Как бы мы ни хотели, государственные испытания, войсковые испытания – это, конечно, хорошо. Но главная оценка все-таки ставится в зачетку.

И тут мы не можем обойти Сирию. Что нам дала Сирия? Я понимаю, что в простом, обывательском ухе застревает то, что ему туда посылают каждый день и по многу раз. «Зачем нам эта война? К чему мы там?»

Я попробую вытащить эти «беруши». У нас были моменты, когда на авиабазе Хмеймим были конструкторы и специалисты из 76 различных предприятий и КБ. Мы специально построили там цех, там и сегодня есть оборудование. Мы отработали более 300 видов разного оружия. Прямо скажу – мы там встретили очень большое количество неприятных неожиданностей. То оружие, которое принято на вооружение и прошло госиспытания, оружием по сути своей не является. Это и связь, и средства радиоэлектронной борьбы и разведки, и ударные комплексы. Мы полтора десятка образцов просто вообще сняли с вооружения и перестали производить.

Здесь я должен сказать слова благодарности нашей науке, которая очень оперативно включилась в это. Она, собственно, довела все то, что у нас сегодня находится на вооружении, до верхней планки. И сегодня армия у нас является хорошо обученной, хорошо оснащенной. Она является одной из лучших армий мира.

– Мы живем в мире, в котором все очень быстро меняется. Ежедневно, ежеминутно. Появляются новые цели, новые вызовы – внешние и внутренние. Что значит сегодня быть военным?

– Быть военным сегодня – это очень престижно. Наш Верховный Главнокомандующий принимал решения, которые, казалось, на тот момент были трудновыполнимыми. Он принял решение о том, что денежное довольствие наших офицеров должно быть выше, чем в ведущих отраслях промышленности. И это действительно сегодня соблюдается. Сделано все, чтобы служба в Вооруженных Силах была действительно службой Родине, а не службой на выживание.

Многое еще надо сделать, но у наших военнослужащих – гарантированное получение жилья. Мы как таковую жилищную проблему просто сняли. Ее нет. Мы ушли от той сложной конструкции, когда надо было жилье построить, потом оно должно было устроить того, кто уволился из армии. Человек вынужденно продолжал служить.

Исходя из этого было предложено и принято Президентом России и Правительством РФ решение о том, что мы выдаем денежную компенсацию. Если военнослужащий хорошо служил, если у него 25 лет выслуги, трое детей, то он получает сумму, достаточную для того, чтобы приобрести квартиру там, где он хочет. То есть эту проблему мы в целом сняли, я про какие-то отдельные примеры не говорю.

Медицинское обеспечение. У нас, в Вооруженных Силах, медицина бесплатная. Мы делаем многое, строим много госпиталей.

Центр повседневного управления занимается ежесуточным контролем за устройством детей военнослужащих в детские дошкольные учреждения. Я могу поднять трубку, и мне ответят, сколько детей, в каких регионах, в каких гарнизонах должно быть устроено. То же самое касается трудоустройства жен наших офицеров – это тоже под контролем. Это не просто статистика, это постоянная, каждодневная работа.

Нам есть чем похвастаться. Мы создаем многое для того, чтобы в самых дальних гарнизонах были возможности заниматься спортом. Мы строим катки, бассейны, спортивные сооружения. Нам очень хочется, чтобы наши офицеры и их семьи – все, кто служит и работает в Вооруженных Силах, не ощущали себя какими-то изгоями.

Создан второй Пансион воспитанниц. Кто-то оценивает это как «институт благородных девиц».

Мы бы очень хотели, чтобы дети наших офицеров, в данном случае дочери, имели возможность получить образование от лучших преподавателей, чтобы они стали настоящими леди. Мы создаем те возможности, которых нет в наших отдаленных гарнизонах.

– Такие возможности есть далеко не у каждой московской школы. Уровень образования, условия, в которых находятся девочки…

– Не буду сравнивать с московскими школами. Слава богу, это удалось. Появился Пансион воспитанниц в Санкт-Петербурге. Здесь растут достойные, настоящие леди.

Если говорить о Стратегических ядерных силах, мы имеем уровень современности 86 процентов. Такого уровня не имеет ни одна армия мира.

– Сергей Кужугетович, возвращаясь к теме подготовки в вузах. В Военной академии РВСН имени Петра Великого сейчас изучают комплекс «Авангард». Он еще только поступает в войска, а курсанты и слушатели уже вовсю с ним работают. Какие новые образцы вооружения и военной техники появятся в Вооруженных Силах или разрабатываются сейчас? Что-то из области фантастики?

– Разрабатывается очень многое. Многое уже видно. Это лазерное оружие. Раньше, вы помните, это была фантастика. 20 лет назад лазерными мечами в фантастических фильмах кто-то с кем-то сражался. Сегодня это действительность. Комплексы «Пересвет», с одной стороны, уже стоят на вооружении, с другой – они не прекратили своего движения в развитии.

Там очень большое поле деятельности. Гиперзвук. Сегодня Россия обладает оружием, которого не имеет ни одна страна. Сегодня «Авангарды» заступили на боевое дежурство, их поступление продолжается. Ракета «Циркон» морского базирования – тоже гиперзвуковая ракета. Это новое слово.

Для того чтобы достичь гиперзвука, надо было сделать очень многое. Трудно себе представить, чтобы 20 лет назад были материалы, которые позволяли выдержать температуру и не потерять управление.

А потом пришел искусственный интеллект… Появились уже не просто экспериментальные образцы – началось серийное производство боевых роботов. Роботов, которых действительно можно показывать в фантастических фильмах, которые способны самостоятельно воевать. Для начала серийного производства необходимо было пройти путь. Но самое главное, что на этом все не останавливается. Движение продолжается.

Я не могу обойти вниманием то, что называется оружием завтрашнего дня. Здесь тоже идет достаточно большая работа.

Без общества «Знание» не обойдешься, это параллельные вещи. Мы бы очень хотели, чтобы у общества «Знание» одной из основных задач было все-таки использование военной науки, военных разработок и их применение для гражданского сектора, для мирной жизни. Лозунг мы видели в советское время – «Перекуем мечи на орала». Совсем в нашей сегодняшней жизни перековывать не надо… Но у нас есть то, что может быть применимо в гражданской сфере.

– Ни для кого не секрет, что авторитет армии сегодня очень высок. В том числе среди молодежи. Какие возможности открываются перед молодым человеком, если он выбирает военную карьеру? Чем это лучше, чем интереснее и перспективнее, если бы он выбрал какую-то гражданскую специальность, гражданское направление?

– Мы, естественно, продолжаем пропагандистскую работу. Делаем дни открытых дверей, устраиваем экскурсии. Очень много помогает в этом наш телеканал «Звезда».

Программы, которые на нем появились, я считаю очень и очень важными и нужными в том, что касается открытия и показа лица современной армии.

Почему молодой человек должен идти служить? На первом месте, естественно, стоит долг перед Отечеством. Второе. Я не хочу уподобляться призывам «Приходи к нам, у нас зарплата выше и в столовке кормят лучше и бесплатно». Но я считаю, что социальный пакет, который сегодня имеет военнослужащий, – это тот, который он должен иметь. С социальной защищенностью военнослужащих сегодня намного лучше.

– С учетом развития новых технологий – какие возможности открываются для женщин в армии? Танкисты, подводники, летчики?

– Надо понимать, что мы не должны делать разного рода экзотические вещи. Из службы женщин не надо делать экзотику. Это тяжелая служба, и женщин надо все-таки поберечь.

Другое дело, когда есть их огромное желание. Мы, когда делали первый набор первых военных летчиц в училище, где готовят специалистов для истребительной, штурмовой авиации, не предполагали, что будет такое количество желающих. Пришлось взять больше. Одна из девочек сказала: делайте со мной что хотите, я отсюда никуда не уеду. Она проходила по всем показателям, но количество мест было ограничено.

Управление военной техникой, с одной стороны, становится сложнее. Но и легче. Если раньше тот же танк – это фрикционы, а переключение передач – так там вообще без ноги и не справишься, то сегодня есть уже другие возможности.

Мы говорим о роботах, о робототехнике. 50-тонная машина, которая тушит пожары в агрессивных средах – я имею в виду склады с боеприпасами – в химически опасных, радиационно опасных средах, – там управление на дистанции два километра с помощью джойстика. Беспилотная авиация, все наши цифровые технологии, тот же самый искусственный интеллект, центры управления. При том уровне ответственности, обязательности и исполнительности, который есть у женщин, они там востребованы.

Еще раз повторю то, с чего начал: служба женщин в Вооруженных Силах перестала быть экзотикой. Это не какое-то такое сверхъестественное явление. Я помню шутку – «Женщины у вас служат? – Да пока не решили, куда лампасы пришивать, – на юбку или на колготки». Это, слава богу, уже прошло.

– Сергей Кужугетович, сейчас многие говорят о патриотизме, делают какие-то патриотические проекты. Многие из них действительно очень достойные. Но, как кажется, неотъемлемой частью нашего патриотизма является знание и понимание географии своей страны, географии России. Русское географическое общество делает очень много ярких, масштабных проектов: тот же Всероссийский географический диктант, куча экспедиций – сложнейших, уникальных. Какова на сегодня цель РГО, какова миссия организации?

– То, что касается РГО и как мы видим его сегодня, его задачи. Задачи прежние. Но мы для себя сделали вывод после некоторых исследований. Мы люди, что называется, не со стороны, не сторонние, живем в обществе. И понимаем, что в общем-то далеко не все знают нашу страну. Ее историю, географию – это довольно часто пересекается. Это показали те опросы, которые мы проводили в ряде высших учебных заведений. Меня больше всего потряс вопрос, когда мы спросили, куда впадает Волга.

– Есть разные версии?

– Не представляете, трое ответили, что в Байкал, пятеро – что вообще никуда не впадает. Из десяти человек правильно ответили лишь двое. Поэтому здесь речь даже не о патриотизме. Речь о простом банальном знании своей страны. Если ты не знаешь своей страны, то о каком вообще патриотизме можно говорить?

Наша задача – показать, представить и изучить нашу страну заново. Открыть Россию заново для нескольких поколений, во всяком случае для двух. Эти поколения в этом нуждаются, чтобы мы открыли для них страну заново.

– Сейчас, кстати, многие начали ее для себя открывать…

– Конечно. И когда вы сказали о географическом диктанте… Его пишут в 120 странах мира. Называли всероссийским, а сейчас его уже назвать таковым нельзя. Всемирный диктант. 19 тысяч площадок, на которых он пишется. Это же огромное дело.

Экспедиции, которые делаются. Плавучий университет – их у нас уже два. Студенты плывут, изучают. Экспедиции, которые позволяют познать и изучить народонаселение страны, ее традиции, фольклор, культуру за 200–300 лет.

Задач очень много. Причем это задачи, которые не надо придумывать и изобретать. Я понимаю, что сейчас другое время. Появились новые, современные способы путешествий. Купил телефон – и путешествуй себе. Боюсь, что уже есть целые группы молодых людей, у которых от этого появились ощущения. Упрощенное впечатление. Синтетическая жизнь. Как можно в экранчике, пусть даже если вывести изображение на большой экран, почувствовать атмосферу плато Путорана?

Поэтому у РГО огромное количество задач, невероятно интересной работы. Мы снимаем кино, переиздаем книги, издаем новые, проводим экспедиции, делаем исследования. Отвечаем на те загадки, которые есть.

Я помню, какое-то время назад появилось – вот, ищем библиотеку Ивана Грозного. Ходили по Москве и искали ее. Хотя, по сути, таких задач у нас по стране – просто немерено. В любой регион приезжай, там обязательно есть свои загадки и свои задачи. Экспедиции Дежнева, Беринга, затонувшие суда. Исследовательские, экспедиционные, военные. Наши и не наши. На острове Котельный мы нашли бочки 1943 года выпуска с немецко-фашистской символикой. Что они там делают? Новосибирские острова – это черт-те где, это Якутия. Потом выясняется, что они там были, подошли к метеостанции, которая там была, два раза выстрелили и убежали.

Это наша страна, которую надо знать. И задача Русского географического общества – увлечь за собой. Не заставлять, а увлечь. Чтобы не аэрозольный запах тайги был, а настоящий.

У нас много планов. Планы интересные, важные. И я бы хотел, чтобы их было как можно больше. Мы подписали соглашение с министром высшего образования и науки, и у нас сейчас в университетах появятся студенческие отделения РГО. Я думаю, что это будет большая работа.

– В завершение нашей беседы вспоминается название советского журнала «Знание – сила». И как раз именно про общество «Знание» говорит руководитель самого главного силового ведомства. Так что «Знание – сила» – девиз нашей сегодняшней небольшой лекции.

Красная звезда, 24 мая 2021 г.

СЛОВА И СЛОВОСОЧЕТАНИЯ

необъятный	无边无际的
всеобъемлющий	包罗万象的
всепоглощающий	引人入胜的
дееспособность	[阴] 能力
рельс	正常的运行轨道
рачительно	节俭地
единовременно	一次性
урожайность	[阴] 产量
тепловизор	热成像仪，红外成像仪

мегаполис	特大都市，特大城市
отопительный	供暖的，采暖的
портянка	包脚布
ошарашивать	[未]窘住，难住
житейский	日常的，平常的
призывник	（适龄）应征入伍者
востребовать	[完]要求
патент	专利
декларировать	[完，未]宣布，公开
домысел	猜测，推测
обрасти	[完]增添，出现
периметр	周边，周围
подтягивать	[未]调集，集中
обывательский	庸俗的，心地狭窄的
застревать	[未]阻塞，塞住
беруши	防噪声器，耳塞
пансион	寄宿学校
авангард	前卫，先锋
Пересвет	佩列斯韦特
уподобляться	[未]比作，类似
экзотический	新奇的
фрикцион	摩擦离合器
джойстика	操纵杆
лампас	彩色镶条
пришивать	[未]缝在
народонаселение	人口，全体居民
метеостанция	气象站
отмобилизовывать	[未]充分动员，全部动员
Верховный Главнокомандующий	最高统帅
подводная лодка	潜水艇
стратегические ядерные силы	战略核力量
КБ: конструкторское бюро	设计局

Национальный центр управления обороной Российской Федерации
俄罗斯联邦国防指挥中心

узкие места	薄弱环节，瓶颈制约
мобилизационный резерв	动员后备，动员潜力
контрактная служба	合同兵役
ВПК: Военно-промышленный комплекс	军工综合体
Сухопутные войска	陆军
денежное довольствие	津贴
уволиться из армии	退役
институт благородных девиц	贵族女子中学
РВСН: ракетные войска стратегического назначения	战略导弹部队
боевое дежурство	战斗值班
перековать мечи на орала	铸剑为犁
плато Путорана	普托拉纳高原

УПРАЖНЕНИЯ

I. Выберите правильный вариант.

1. Власти США признали, что не _____ остановить реализацию «Северного потока – 2» даже с помощью санкций. Однако, несмотря на это, в американской администрации намерены препятствовать реализации других российских проектов в сфере энергетики.

    A) в силе B) в силу
    C) в состоянии D) в состояние

2. Она более чем в два раза _____ вторую самую высокооплачиваемую женщину в музыке – Бейонсе, которая заработала $ 81 млн.

    A) обогнала B) обгоняла
    C) догнала D) догоняла

3. Способность Соединенных Штатов удерживать свои позиции _____ под сомнение очень и очень серьезно. И союзники Соединенных Штатов беспокоятся о надежности США.

    A) помещает B) помещается
    C) ставит D) ставится

4. Женщина-адвокат продала свою квартиру многодетному отцу, получила деньги, а затем обманом _____ его расторгнуть сделку.

 A) заставляла   B) заставила

 C) поставляла   D) поставила

5. Она _____ 19 проектов, таких как, в частности, конкурс управленцев «Лидеры России», студенческая олимпиада «Я – профессионал», международный конкурс «Мой первый бизнес», всероссийский конкурс «Доброволец России», проект «Профстажировки».

 A) объединяла   B) объединила

 C) соединяла   D) соединила

II. Переведите следующие предложения на китайский язык.

1. Сегодня, если говорить о Стратегических ядерных силах, мы имеем уровень современности 86 процентов. Такого уровня не имеет ни одна армия мира. Это очень высокий показатель. Если говорить об остальных видах Вооруженных Сил, то практически везде в целом уровень современности – выше 70 процентов. И этот показатель продолжает увеличиваться. За счет того, что наша промышленность встала на достаточно надежные, основательные рельсы.

2. Коль скоро мы говорим об обществе «Знание», важно понимать, насколько эффективно мы используем знания. Мы здесь, в Министерстве обороны, задали себе этот вопрос. Это, безусловно, тоже можно подсчитать.

3. Когда вы понимаете, что мы человека с неоконченным средним образованием используем так же, как человека с высшим университетским образованием, то становится понятно, что это крайне неэффективно. Мы для чего его призвали – чтобы обучить ползать по полигону и стрелять из автомата? Или мы все-таки хотим с учетом его высшего образования получить из него человека, который будет обслуживать сложные системы?

4. Тогда мы посмотрели – а действительно, почему? Человек учится в институте, после этого он должен на год оторваться от профессии и уйти служить. Не по профессии. И после этого вернуться, может быть, утратив те возможности, которые у него были изначально после окончания высшего учебного заведения.

5. Многое еще надо сделать, но у наших военнослужащих – гарантированное получение жилья. Мы как таковую жилищную проблему просто сняли. Ее нет. Мы ушли от той сложной конструкции, когда надо было жилье построить, потом

оно должно было устроить того, кто уволился из армии. Человек вынужденно продолжал служить.

III. Ответьте на вопросы по тексту.

1. Какой уровень современности имеют стратегические ядерные силы РФ?
2. Что такое система управления обороной Российской Федерации? Какую роль она играет?
3. Какие условия жизни имеются в казармах и гарнизонах Российской армии?
4. Как используются призывники с высшим образованием в ВС РФ?
5. Что нам дала Сирия? Зачем нам эта война? К чему мы там?
6. Что значит сегодня быть военным в России?
7. Какие новые образцы вооружения и военной техники появятся в Вооруженных Силах или разрабатываются сейчас?

IV. Вопросы для обсуждения.

1. В чем заключаются эффективная система образования и ее оптимизация в ВС РФ?
2. Какие возможности открываются перед молодым человеком, если он выбирает военную карьеру?
3. Какова на сегодня цель РГО, какова миссия организации?

12.2 Мужские игры на свежем воздухе Сергей Шойгу - о танковом биатлоне

22 августа в подмосковном парке «Патриот» стартуют VII Армейские международные игры и форум «Армия-2021». Рассказывает министр обороны РФ Сергей Шойгу.

Играют 459 тысяч человек

Игорь Черняк, «АиФ»: Сергей Кужугетович, танковый биатлон же вы когда-то придумали. Какова была цель?

Сергей Шойгу: Главная цель – повышение боеспособности Вооруженных сил. В 2012 г. мы начали делать первые внезапные проверки, и стало понятно, что военнослужащие не очень готовы, а по отдельным подразделениям совсем не готовы. И тогда был принят ряд кардинальных мер, чтобы войска были обучены не только на бумаге. Появились программы по приведению в порядок полигонов, была поставлена задача по увеличению расхода боеприпасов: в 5 раз по всем направлениям – и артиллерии, и авиации, и мотострелкам. Что, собственно, и было выполнено. При этом надо было вовлечь в процесс практически всех, кто служит на высокотехнологичной технике и связан с нею. Исходя из этого мы решили провести состязания внутри танковых войск.

– То есть идея была внести какую-то интересную и в то же время полезную обучающую новацию в форме игры?

– Ну сейчас это уже далеко не игра. Я бы сказал, это битва военных, но не на поле боя, а на полигонах. Но свое мастерство показывают не только военные экипажи, но и инженеры, технологи, предприятия и компании, которые каждый год к играм весьма серьезно готовятся. В этом году в соревнованиях участвуют 459 тысяч военнослужащих. Это летчики, техники, танкисты, водители боевых машин, операторы систем ПВО, врачи. А еще флот и флотские системы ПВО – практически все, кто предназначен для ведения боевых действий.

– **459 тысяч – это почти половина всей российской армии.**

– Да, если убрать учебные заведения, в которых, кстати, тоже проходят свои состязания. Так что убирать их совершенно неправильно, там тыловые службы также занимаются подготовкой техники, обслуживанием всех этих состязаний. У нас сегодня задействована вся вертикаль – от полков до армий и округов. Поэтому соревнования уже стали абсолютно системным, программным, штатным занятием для всех подразделений.

При этом мы не пошли по пути спорта высоких достижений. Это принципиальная позиция, в положении так и записано: занявший первое место в следующем году может участвовать только в качестве инструктора.

Есть правило: внутрироссийские состязания каждый год проводить на разных площадках. Благодаря чему мы привели в порядок практически все полигоны в РФ.

– *СЕРГЕЙ ШОЙГУ*

– **То есть многократных чемпионов Армейских игр нет?**

– Нет и быть не должно. Победители могут показывать свое мастерство уже в других местах. Как, например, наши летчики в Сирии. Или вот даже не победитель, а призер танкового биатлона, который в ночном бою сжег шесть танков противника (по сведениям «АиФ», это произошло в Пальмире. – Ред.).

География – от Вьетнама до Катара

– **Итак, танковый биатлон стал первым шагом по организации Армейских игр. А как вы так быстро увлекли этим делом представителей едва ли не половины армий мира?**

– В 2013 г., когда все начиналось, в соревнованиях участвовали 4 страны. Помимо России это, естественно, наши ближние соседи – Белоруссия, Армения и Казахстан. Вскоре заинтересовались и наши дальние коллеги из стран НАТО. В 2014 г. я говорил с итальянцами, они собирались приехать, англичане тоже, с Германией были достаточно успешные переговоры, с Израилем, еще много с кем. Но потом, вы помните, все они немножко на нас обиделись. Хотя при согласовании дошло до того, что в танковом биатлоне решили было даже вводить еще одну дисциплину – колесные танки. У некоторых стран же нет гусеничной техники.

В общем, в 2014 г. к танковому биатлону добавился конкурс «Авиадартс», и в соревнованиях приняли участие уже 11 национальных команд. А в следующем году мы впервые провели Армейские игры. Было уже 13 конкурсов по полевой, воздушной и морской выучке. Начали соревноваться водолазы по работе под водой – в частности, ремонт, разминирование и многое другое. С тех пор интерес к играм растет. Расширяется и география.

– **В этом году игры одновременно проходят в 11 странах. В каких?**

– Это Армения, Белоруссия, Казахстан, Китай, Иран, Узбекистан, а также Алжир, Вьетнам, Сербия и Катар, которые примут игры впервые.

Один из глав государств сказал, что соревноваться в этом деле с русскими сегодня – это очень большие имиджевые потери для производителей техники.

– СЕРГЕЙ ШОЙГУ

11 – это очень много. Ведь что значит провести конкурс у себя? Ты должен в течение года отправлять своих представителей на семинары судей, отобрать этих судей, обучить, подготовить. Плюс выполнить все необходимые мероприятия по подготовке полигонов. У нас в этом году соревнования пройдут на 34 из них. Кстати, есть правило: внутрироссийские состязания каждый год проводить на разных площадках. Благодаря чему мы привели в порядок практически все полигоны в РФ.

По сравнению с прошлым годом почти вдвое увеличилось количество команд. Их стало более 290 из 44 стран. Впервые будут участвовать военнослужащие Бразилии, Буркина-Фасо, Кипра, Малайзии, Камеруна и Королевства Эсватини.

В этом году предполагается задействовать 11 групп наблюдателей. Четыре из них – из стран НАТО. Успехи, естественно, прогрессируют, и некоторые страны проводят по этому поводу чуть ли не заседания Политбюро – в чем участвовать, на чем участвовать и в каких странах. К примеру, Индия и Пакистан – конечно, мы понимаем всю сложность их отношений, но тем не менее они приезжают к нам и соревнуются.

Конечно, смотрят на нас со всех сторон и страны НАТО, и другие. Пытаются делать нечто подобное и среди танковых экипажей, и среди мотопехотных подразделений, воздушно-десантные и военно-прикладные соревнования.

– **Нас не приглашают?**

– Нет. Один из глав государств сказал, что соревноваться в этом деле с русскими сегодня – это очень большие имиджевые потери для производителей техники. Мы же приглашаем всегда и всех, и я убеждён, что с каждым годом участников будет всё больше и в конце концов мы перешагнём тот рубеж, который препятствует нормальным отношениям. И, как и на тех же Олимпийских играх, сможем встречаться независимо от политических разногласий.

Военнослужащие из Лаоса, прошедшие обучение в российских военных вузах, в 2020 г., впервые участвуя в конкурсе «Чистое небо», заняли 2-е место вслед за нашей командой. Что ещё раз доказывает: отечественная система подготовки остаётся одной из лучших в мире.

– СЕРГЕЙ ШОЙГУ

Среди лучших – Китай и Белоруссия

– А в международное олимпийское движение в дальнейшем не подумываете влиться? Ведь у вас тоже соревнования.

– У нас цель другая – сделать нынешние Армейские игры военными Олимпийскими играми, где будут совершенно понятные конкурсы и состязания. Будет понятное судейство, понятные технические оценки и характеристики техники.

– Были ли на играх достижения мирового уровня?

– Естественно, есть и рекорды, за всё это время их установлено 37 – по скорости, точности, глубинам. Из них 10 принадлежат иностранным командам (6 – Узбекистану, 3 – Белоруссии и 1 – Китаю). Так что мы тут не одни, что называется, в «поле самые лучшие», а все стремятся показать себя.

– Кого из соперников вы бы выделили?

– Традиционно успешно выступают коллеги из Китая и Белоруссии. Всеми специалистами отмечается прогресс военнослужащих Узбекистана, команда которого в прошлом году заняла 3-е место в общем зачёте. Сборной Вьетнама удалось с 11-го места переместиться на 4-е. Традиционно в первую десятку входят страны ШОС и ОДКБ. Военнослужащие из Лаоса, прошедшие обучение в российских военных вузах, в 2020 г., впервые участвуя в конкурсе «Чистое небо», заняли 2-е место вслед за нашей командой. Что ещё раз доказывает: отечественная система подготовки остаётся одной из лучших в мире.

– Сколько конкурсов будет в этом году и каких?

– В программу включены 34 конкурса. Один из них – соревнование горных подразделений в зимних условиях «Саянский марш» – прошёл в апреле в Красноярском крае. Участвовало 7 команд. Золотые медали завоевали военнослужащие России. Серебро у Китая, бронза у Узбекистана. С 22 августа по 4 сентября будут проведены остальные 33 конкурса.

– Есть ли среди них новые?

– Три. Это «Тактический стрелок», армейская стрельба, участвуют 17 команд. «Меридиан» – соревнования военных топографов, которые должны будут по незнакомой местности с использованием современных средств навигации выстроить полетное задание для высокоточного оружия. Заявились 6 команд. Ну и 20 команд примут участие в конкурсе «Армия культуры».

– А что они будут делать? Петь? Плясать?

– Совершенно разные номера. Ведь у каждого народа свои музыкальные традиции.

– В общем, кто на что горазд?

– Не кто на что горазд, а кто что хочет показать всему миру, так это назовем. У нас выступают и те, кто пел в Ла Скала, и солисты польской и китайской оперы, и из Индии, Вьетнама, Лаоса огромные коллективы приезжают. Это не конкурс самодеятельности, а профессиональные артисты вооруженных сил разных стран – как у нас ансамбль Александрова. Кстати, и судейство профессиональное.

Чтобы парень захотел пойти в армию, мы должны, что называется, показать товар лицом: на чем он будет воевать, в чем ходить, что есть, где жить, с кем будет рядом и т. д.

– СЕРГЕЙ ШОЙГУ

– Команда какой страны самая большая?

– Китайская. Они приезжают со своей техникой, у них обычно свои ГСМ, боеприпасы. Практически три железнодорожных эшелона. И все продукты свои. И повара тоже, но это не говорит о том, что у нас плохо кормят. Естественно, и у нас идет большая подготовка, чтобы мы, как всегда, отличались хлебосольством и гостеприимством. Кстати, между поварами тоже проходит конкурс. Его очень сложно судить, поэтому они иногда приглашают судьями министров обороны. Но там к четвертому или пятому участнику подходишь – и уже ничего судить не можешь. Ты так наелся, что тебе ни на что смотреть не хочется.

— А как будет обеспечена COVID-безопасность?

— Этот вопрос сегодня на первом месте. Российская команда, включая судей и тренеров, механиков, техников и экипажи, – все вакцинированы на 100%. У иностранных коллег в пунктах пропуска в Россию проверяются сертификаты, паспорта вакцинации, справки. Спланированы карантинные мероприятия с проведением ПЦР-исследований. И конечно, мы поможем вакцинироваться тем, у кого есть такое желание. Надеюсь, все это, как и в прошлом году, позволит избежать вспышек инфекции.

«Там шпионки с крепким телом»

— В эти же дни в «Патриоте» откроется форум «Армия-2021». Какова цель его проведения и чего вы от него ждете?

— Форум является одной из крупнейших мировых выставок вооружения, военной и специальной техники и включает обширную программу выставочных, демонстрационных и научно-деловых мероприятий. На его площадках создаются уникальные возможности для общения, обмена опытом, взаимодействия российских и иностранных специалистов в военно-технической сфере. Открываются новые перспективы в вопросах укрепления научно-технических и производственных кооперационных связей.

И еще одна важная цель форума. Когда мы все это начинали, конечно, не предполагали, что будет на выходе. А сегодня не просто догнали, но многих и обогнали и понимаем: чтобы людям хотелось идти на контрактную службу, им нужно видеть, что это такое. Чтобы парень захотел пойти в армию, мы должны, что называется, показать товар лицом: на чем он будет воевать, в чем ходить, что есть, где жить, с кем будет рядом и т. д. Чтобы видел: мы ничего не скрываем, но и показать нам есть что.

Мероприятия форума пройдут не только в Конгрессно-выставочном центре «Патриот», но и в Кубинке, на полигоне Алабино, во всех военных округах и на Северном флоте.

— А здесь сколько стран будет представлено?

— Ожидаем делегации из 97 стран. Из них 34 возглавят руководители военных ведомств. Свою продукцию продемонстрируют 1,5 тыс. предприятий (в том числе из 12 иностранных государств), это 20 тыс. образцов военного и двойного назначения. Национальные экспозиции представят Белоруссия, Индия, Казахстан и Пакистан.

— В чем отличие «Армии-2021» от других военных выставок?

— Военно-технические форумы проводятся в Париже (Ле Бурже), Лондоне

(«Фарнборо»), ОАЭ («Дубай Эйршоу» и «Айдекс Абу-Даби»), Сингапуре («Сингапур Эйршоу»), Индии («Дефэкспо Индия») и еще в ряде стран. Так вот наш, по словам партнеров, не только не уступает зарубежным по уровню представительства и масштабам, но и во многом их превосходит. Уникальность «Армии» в том, что мы показываем статику и динамику – как летают самолеты и вертолеты, ездят танки и самоходки, стреляют системы залпового огня и беспилотные летательные аппараты. Многое из техники, которая будет представлена, уже в этом году поступит в войска.

Форум стал очень притягательным. Туда с грибными корзинами, в панамах дачников приезжают представители военных атташатов разных стран.

– СЕРГЕЙ ШОЙГУ

– Например?

– В 2021 г. мы получим четыре подводные лодки, из них три атомные и одну дизельно-электрическую, боевые надводные корабли, 6 единиц. Серийные многофункциональные истребители пятого поколения Су-57. Межконтинентальные баллистические ракеты – мы продолжаем осовременивать ракетные войска стратегического назначения, в этом году, наверное, выйдем на 86% современности РВСН. На вооружение поступит 15 таких ракет. Береговые комплексы «Бастион», зенитные ракетные комплексы и системы – 7 единиц. Теперь уже серийные модернизированные танки «Армата» и Т-90М, машины просто шикарные. Разведывательно-ударные беспилотники среднего и тяжелого класса – комплексы, в которые входит от 3 до 5 летательных аппаратов. В этом году мы их получим 18. Завершаем испытание гиперзвуковой ракеты «Циркон», недавно у нас были очередные успешные испытания.

– А дальность ее какая?

– Хорошая дальность. И я вам так скажу – та точность, которую мы проверили на испытаниях по морским целям, она никаких шансов, в общем, не оставляет. Как и «Кинжал». То есть мы имеем весь арсенал. Можем с моря, можем с воздуха, как в том фильме: можем спички, можем соль, можем то, чем травят моль. Ожидаем в этом году принятие на вооружение военно-транспортного самолета Ил-112В, а также модернизированных Ан-124-100, парк которых мы восстанавливаем достаточно высокими темпами, и вертолетов Ми-8АМТШ-ВН. Завершается испытание вертолета

Ми-38, это средний между восьмеркой и двадцать шестым. Все это позволит довести долю современного оружия в Вооруженных силах до 71,9%.

– Каковы прогнозы по числу и сумме контрактов, которые будут заключены на форуме?

– Планируем подписать 45 госконтрактов на 500 млрд руб.

– А публики сколько ожидаете?

– В прошлом году было 1,5 млн. В этом будет больше. Форум стал очень притягательным. Туда с грибными корзинами, в панамах дачников приезжают представители военных атташатов разных стран.

– Шпионы?!

– И, как в песне, «шпионки с крепким телом»...

Что посмотреть на «Армии-2021»?

Советы от Сергея Шойгу

«На территории КВЦ "Патриот" в рамках проводимого в России Года науки и технологий в павильоне "А" будет развернут кластер радиоэлектронных и информационных технологий, а также искусственного интеллекта. Это такое очень-очень важное направление. Покажем то, где мы сегодня находимся. Без прикрас. Но там есть хорошая динамика.

На экспозиции Военного инновационного технополиса "ЭРА" у нас спланированы лучшие разработки победителей выставок "День инноваций Минобороны России" в вузах и научно-исследовательских организациях Министерства обороны. Будет интересно.

Совместно с коллегией Военно-промышленной комиссии формируем экспозицию "Диверсификация оборонно-промышленного комплекса России". Вы знаете задание нашего президента: 2025 г. – 30%, 2030 г. – 50%.

На открытой площадке КВЦ "Патриот" будут продемонстрированы перспективные образцы вооружений и военной техники, применяемые в Арктической зоне.

В авиационном кластере на аэродроме Кубинка представим экспозиции современной и перспективной авиационной техники и вооружения. Будет показана вся авиация, пилотажные группы, но главное, конечно, – первые вертолеты и авиационная техника для спецназа и Сил специальных операций. И это уже совсем другое дело. Если раньше у нас спецназ и ССО летали на том, на чем и все остальные, то сегодня у них появляется техника, облегчающая ведение разведки, и многие другие составляющие, которые нужны в работе.

Демонстрационная программа на полигоне Алабино подготовлена в виде тактических эпизодов по показу возможностей вооружений и военной техники видов Вооруженных сил и родов войск.

Формат летной программы предусматривает участие пилотажных групп Воздушно-космических сил, полеты ретроавиации и авиационных моделей.

25 и 26 августа пройдет чемпионат по управлению беспилотными летательными аппаратами и робототехническими комплексами "Дронбиатлон". В этом году он будет включать соревнования не только команд профессиональных пилотов, но и команд Министерства обороны, Росгвардии и МЧС. Там покажем то, что уже сегодня применяется в Сирии, – в частности, боевые роботы, роботы-разведчики, роботы разминирования, "роботы-саперы", роботы для тушения и работы в опасных средах».

АиФ, № 33, 2021 г.

СЛОВА И СЛОВОСОЧЕТАНИЯ

боеспособность	[阴] 战斗力
артиллерия	炮兵
авиация	航空兵
мотострелок	摩托化步兵
Авиадартс	航空飞镖
водолаз	潜水员
разминирование	排雷
Буркина-Фасо	布基纳法索
Камерун	喀麦隆
Королевство Эсватини	埃斯瓦蒂尼王国
Лаос	老挝
судейство	裁判
Меридиан	子午线
горазд	善于，长于
хлебосольство	好客，慷慨款待
вакцинировать	[未] 给……接种（疫苗）
карантинный	检疫的

панама	巴拿马帽
атташат	（驻外使馆的）随员机构（常指武官处）
моль	[阴] 蛾子
кластер	密集区
прикраса	夸张，修饰
технополис	科技城，技术园区
ретроавиация	逆向航空
Дронбиатлон	无人机两项竞赛
ПЦР: Полимеразная цепная реакция	聚合酶链式反应
танковый биатлон	坦克两项竞赛
отдельное подразделение	独立分队
ПВО: противовоздушная оборона	防空
Зенитный рекетный комплекс «Бастион»	"棱垒"防空导弹系统
танк «Армата»	"阿尔马塔"坦克
гиперзвуковая ракета «Циркон»	"锆石"高超音速导弹
тыловая служба	后勤，后方勤务
мотопехотное подразделение	摩托化步兵分队
ГСМ: горюче-смазочные материалы	燃滑油料
система залпового огня	多联装火箭炮
беспилотный летательный аппарат	无人驾驶飞行器
Межконтинентальные баллистические ракеты	洲际弹道导弹
КВЦ: Конгрессно-выставочный центр	会展中心
ССО: Силы специальных операций	特种作战部队

УПРАЖНЕНИЯ

I. Выберите правильный вариант.

1. По версии Следственного комитета России, в марте 2014 года подозреваемая создала преступную группу, в которую в разные периоды времени _____ своих подчиненных.

    A) вовлекала B) вовлекла

    C) увлекала D) увлекла

2. Они набросились на идущую в школу девочку: одна из них схватила ту за волосы и повалила на асфальт, затем _____ телефон и карманные деньги.

   A) отобрала B) отбирала
   C) взяла D) брала

3. Низкоорбитальная система подвижной спутниковой связи «Гонец» _____ для глобального обмена информацией с подвижными и стационарными объектами, а также для организации каналов ретрансляции.

   A) применяется B) применена
   C) употреблена D) предназначена

4. Компания сделала ремонт в помещении, _____ в порядок документацию, нашла арендаторов.

   A) приводила B) привела
   C) уводила D) увела

5. Напомним, закон, принятый Госдумой в ноябре 2019 года, _____ обязательную предустановку на смартфоны, компьютеры и ТВ отечественного софта.

   A) рассматривает B) рассмотрел
   C) предусматривает D) предусмотрел

II. Переведите следующие предложения на китайский язык.

1. И тогда был принят ряд кардинальных мер, чтобы войска были обучены не только на бумаге. Появились программы по приведению в порядок полигонов, была поставлена задача по увеличению расхода боеприпасов: в 5 раз по всем направлениям – и артиллерии, и авиации, и мотострелкам.

2. По сравнению с прошлым годом почти вдвое увеличилось количество команд. Их стало более 290 из 44 стран. Впервые будут участвовать военнослужащие Бразилии, Буркина-Фасо, Кипра, Малайзии, Камеруна и Королевства Эсватини.

3. Мы же приглашаем всегда и всех, и я убежден, что с каждым годом участников будет все больше и в конце концов мы перешагнем тот рубеж, который препятствует нормальным отношениям. И, как и на тех же Олимпийских играх, сможем встречаться независимо от политических разногласий.

4. Кстати, между поварами тоже проходит конкурс. Его очень сложно судить, поэтому они иногда приглашают судьями министров обороны. Но там к четвертому или пятому участнику подходишь – и уже ничего судить не можешь. Ты так наелся, что тебе ни на что смотреть не хочется.

5. В авиационном кластере на аэродроме Кубинка представим экспозиции современной и перспективной авиационной техники и вооружения. Будет показана вся авиация, пилотажные группы, но главное, конечно, – первые вертолеты и авиационная техника для спецназа и Сил специальных операций.

III. Ответьте на вопросы по тексту.

1. Какова была цель танкового биатлона?
2. Почему многократных чемпионов Армейских игр нет?
3. В каких странах одновременно проходят игры в этом году?
4. Какие страны традиционно входят в первую десятку армейских игр?
5. В чем отличие «Армии-2021» от других военных выставок?

IV. Вопросы для обсуждения.

1. Какова цель проведения форума «Армия-2021»?
2. Какие советы дал Сергей Шойгу?